打造不一样的幼儿园
——怎样提升园长领导力

[德]拉贝出版社编辑部　编

柯莱特学前教育研发中心　译

教育科学出版社
·北京·

出 版 人	所广一			
策划编辑	白爱宝			
责任编辑	王春华			
版式设计	北京八度出版服务机构		吕 娟	
责任校对	贾静芳			
责任印制	叶小峰			

图书在版编目（CIP）数据

打造不一样的幼儿园：怎样提升园长领导力／德国拉贝出版社编辑部编；柯莱特学前教育研发中心译. — 北京：教育科学出版社，2014.12（2022.3重印）

ISBN 978-7-5041-8273-9

Ⅰ.①打… Ⅱ.①德…②柯… Ⅲ.①幼儿园—管理—研究 Ⅳ.①G617

中国版本图书馆CIP数据核字（2014）第019331号

北京市版权局著作权合同登记 图字：01-2014-7371号

Copyright by Dr. Josef Raabe Verlags-GmbH, Stuttgart, Deutschland.

打造不一样的幼儿园——怎样提升园长领导力

DAZAO BUYIYANG DE YOU'ERYUAN —— ZENYANG TISHENG YUANZHANG LINGDAOLI

出版发行	教育科学出版社			
社　　址	北京·朝阳区安慧北里安园甲9号	市场部电话	010-64989009	
邮　　编	100101	编辑部电话	010-64989395	
传　　真	010-64989419	网　　址	http://www.esph.com.cn	
经　　销	各地新华书店			
制　　作	北京八度出版服务机构			
印　　刷	保定市中画美凯印刷有限公司			
开　　本	720毫米×1020毫米 1/16	版　　次	2014年12月第1版	
印　　张	21.5	印　　次	2022年3月第7次印刷	
字　　数	290千	定　　价	65.00元	

如有印装质量问题，请到所购图书销售部门联系调换。

目录 CONTENTS

第一章　园长领导力提升

001

如何打造幼儿园理念 002
如何找到合适的教育模式 017
怎样进行自我激励 031
怎样进行自我反思 040
怎样克服压力 051
怎样缓解疲劳综合征 063
怎样进行个人时间的管理 075

第二章　团队建设

083

如何制订教师培训计划 084
激励教师十大方案 095
如何有效解决团队中的冲突 105
如何共同解决问题 114
时间都去哪儿了 128
如何召开员工会议 133
如何提高团队会议效率 141
怎样有效面试新员工 149
如何让新的员工尽快投入工作 161
与员工谈话的技巧 172

第三章　家园合作

183

如何在报名日赢得家长的信赖 184

如何进行家长满意度调查 190

如何成功举办家长会 199

如何利用接送时间与家长沟通 210

如何通过有效对话解决与家长的矛盾 216

如何应对家长投诉 226

第四章　幼儿园的对外事务

235

如何利用数字技术展示幼儿园的风采 236

如何建设幼儿园网站 248

如何制作幼儿园宣传单 256

如何制作幼儿园园报 265

如何计划幼儿园开放日 272

如何做好幼小衔接 280

第五章　幼儿园安全工作

285

如何有效预防火灾 286

如何正确和及时处理卫生保健问题 300

如何保持幼儿园各个环节的卫生 308

如何确保室外安全 326

幼儿园外出活动的安全预案 333

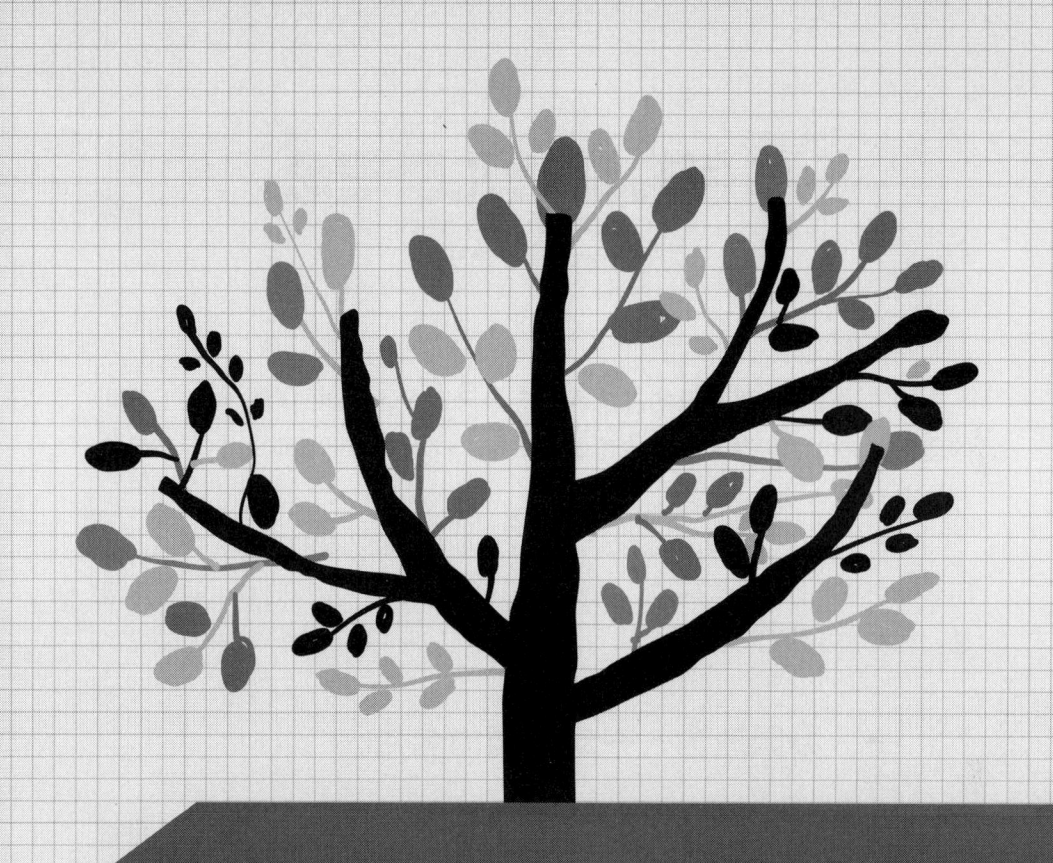

第一章 园长领导力提升

第一章 园长领导力提升

如何打造幼儿园理念

比吉特·德布勒

你的幼儿园需要自己的理念吗？应如何发展幼儿园的理念？有了共同的理念，你可以帮助家长们快速做出决定，同时，你的团队也会有一个统一的理念。

制定一份理念发展时间表，将会给你的工作带来很多实际的帮助。从团队规划和准备到最终完成，这份时间表将伴随你一步步向自己的理念迈进。现在就开始吧！

一、办园理念——幼儿园的名片

每个幼儿园都需要自己的理念——幼儿园的名片。这个理念应该包括教育方针、教育目标和开展教育工作的方法。

> **定义**
>
> **什么是理念**
>
> "理念"一词来源于拉丁词语"concipere"，意思是理解、领会和设想。你记录你的目标，并为目标的实现寻找策略和方法，同时以书面形式将它们记录下来。

（一）为什么理念很重要

一个属于自己幼儿园的理念很重要，因为它会为你与家长、团队和领导的合作带来许多好处。

1. 让你的教育工作对所有人公开

理念是幼儿园的名片。每个人都可以因此对你的身份、立场和你要做什么一目了然。这样将使他们对你有一个统一的认识。

2. 帮助家长迅速做出决定

家长在为孩子选择幼儿园的时候，都会参考你的理念。一个有说服力的理念可以让家长更快做出决定。

3. 让团队有一个共同的理念

理念将给你的团队设定一个共同的方向，这样，每个人都有同样的路线和目标，而你的工作也会根据统一的理念进行。

4. 展示专业性

上级领导也同样可以借此迅速了解你的工作重心。好的理念能够帮助你获得上级的信任，增加你的价值，从而向他人展示你的专业性。

5. 便于新的同事加入工作

一份记录幼儿园所有重点理念的说明书，将会简化新同事融入集体的过程，而你也会发现很多事情能够更快地安排妥当。

6. 使你的合作伙伴能够快速了解你的工作

合作伙伴能够通过你的理念大致掌握幼儿园的重要信息，从而更清楚你们的合作应该如何有序进行。

7. 增强团队精神

你的团队在一同成长，因为你们在一个较长的时间段里为同一个目标而工作。你们拟订共同的工作计划，并一起为此付出辛勤劳动。

8. 反映你的工作

基于这个理念，你可以定期获得对你工作的反馈，让你可以看到哪里需要改进。

（二）发展理念的目标是什么

我们的目标是构建一个修订完善的理念，它包含对幼儿园感兴趣的人应当知道的所有有关你工作的内容。理念的核心是：针对孩子的工作中最重要的是什么？在将其运用到实践中时你做了哪些工作？

第一章　园长领导力提升

> **建议**
>
> **先了解别人的理念**
>
> 请你上网查找，看看其他幼儿园的理念是什么。即使这些理念彼此之间有很大差异，你还是能找到许多共同点。这样你可以从中得到一个关于理念的基本概念，获得一些好的想法，并灵活运用到你自己的理念中。

（三）理念由什么组成

理念由三部分组成：第一部分介绍你自己和你的幼儿园，第二部分描述你的教育路线、目标和你的教育工作，第三部分里当然不能缺少结语。下面我们将进行详细解释。

1. 第一部分——这就是我们

每个理念都包含以下内容。

- 扉页。扉页可以任意设计，但是你要标明，这是一个理念，并写上幼儿园的名字。另外，一句名言或者一幅图片也会唤起好奇者的兴趣。

- 前言。前言要针对这个理念的理论基础。在前言中你要提及你的理念是在什么基础上发展起来的，并感谢合作者。

- 版本说明。版本说明里包括对主管部门或机构和参与理念发展的成员的说明、幼儿园园长的名字以及出版年份和地点。

- 目录。目录可以帮助读者迅速了解理念的基本结构。根据目录，读者可以很快查到特定的内容。

- 有关幼儿园的说明。现在你要描述你的幼儿园，包括幼儿园的历史背景、现状、规模以及周围环境。同时也要提及报名的基本条件及幼儿园的开放时间。在描述过程中你要问问自己，读者应当知道幼儿园哪些方面的内容？对你来说重要的是什么？

2. 第二部分——这是我们的目标

第二部分是理念的主要部分。这部分包括教育方针和目标,以及你如何将这些方针和目标贯彻到实践中去,要列出重点主题,同时也应当包含团队发展、公关工作、与家长及合作伙伴的合作等主题。

3. 第三部分——最终结语

结尾当然不能缺少结语。你可以自己决定要给读者留下什么。从温馨的祝福到未来计划,一切皆可。

建议

一切皆有可能

发展一个理念起初看来就像一座不可逾越的大山,不安全感时刻在蔓延。"我也能做这些吗?"是的,你能做到!一切皆有可能。写一个理念比人们想象的要容易得多。这不是撰写学术论文,也不是做技术工作。你只需要在其中描述你是谁,你在做什么,你的目标是什么,同时你并不只是一个人,还有团队在支持着你。那么——开始工作吧!

二、准备、计划和执行——但是不能没有团队

一个好理念的关键是团队合作,单独行动永远不能成功。所以,你要获得团队支持,让团队与你同舟共济,一同发展这个理念。重要的是,员工的参与能使理念更加完善并更快地传播,因此要让员工全程参与到理念的构建中来。

(一)理念发展——解释清楚这是什么

首先你要将你的计划告知团队并激发他们的积极性,让大家振奋精神。为此,你要为这个计划设定一份时间表。一个你们大家都要为此工作很长时间的项目是巨大的挑战,它可以调剂日常生活,并且让每个人都为之付出努力,而这样将会激发出强大的团队力量!

（二）让你的团队信服并唤起他们的积极性

当你的同事们了解到理念的意义时，他们就会产生积极性。所以，你要与他们讨论，为什么一个理念如此重要。当他们每个人都信服时，他们就会准备为此投入大量的时间、精力和责任心。

要让你的团队相信一个理念所带来的机会和它的用处。首先，要写下这个问题：我们为什么需要理念？

让你的团队告诉你答案，再将这些答案写下来，让大家对这个主题做深入的研究。更确切地说，让他们做好做负责人的准备并愿意承担义务。请参考下面这个范例。

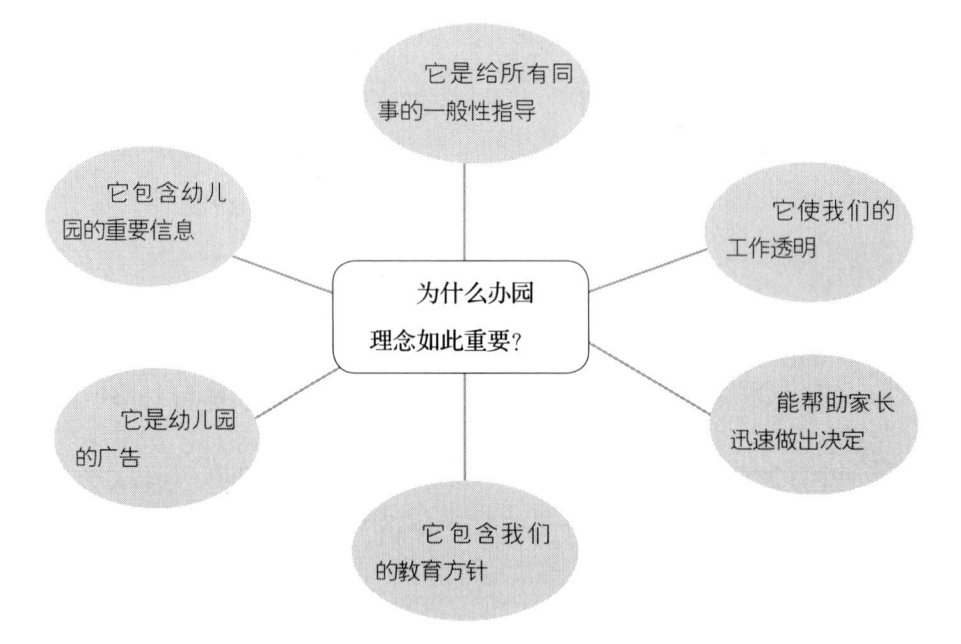

为什么办园理念如此重要？
- 它是给所有同事的一般性指导
- 它包含幼儿园的重要信息
- 它使我们的工作透明
- 能帮助家长迅速做出决定
- 它是幼儿园的广告
- 它包含我们的教育方针

你也可以用报告的形式来推动你的团队。下面这份报告提要可以支持你开展工作。当你的团队认识到理念的意义和优势时，每个人都会做好准备——准备担负责任和义务。

为什么办园理念很重要——报告提要

（1）让你的教育工作对所有人公开

理念是幼儿园的名片。每个人都可以因此对你的身份、立场和你要做什么一目了然。这样将使他们对你有一个统一的认识。

（2）帮助家长迅速做出决定

家长在为孩子选择幼儿园的时候，都会参考你的理念。一个有说服力的理念可以让家长更快做出决定。

（3）让团队有一个共同的理念

理念将给你的团队设定一个共同的方向，这样，每个人都有同样的路线和目标，而你的工作也会根据统一的理念进行。

（4）展示专业性

上级领导也同样可以迅速了解你的工作重心。好的理念能够帮助你获得上级的信任，增加你的价值，从而向他人展示你的专业性。

（5）便于新的同事加入工作

一份记录幼儿园工作所有重点理念的说明书，将会简化新同事融入集体的过程，而你也会发现很多事情能够更快地安排妥当。

（6）使你的合作伙伴能够快速了解你的工作

合作伙伴能够通过你的理念大致掌握幼儿园的重要信息，从而更清楚你们的合作应该如何有序进行。

（7）增强团队精神

你的团队在一同成长，因为你们在一个较长的时间段里为同一个目标而工作。你们拟订共同的工作计划，并一起为此付出辛勤劳动。

（8）反映你的工作

基于这个理念，你可以定期获得对你工作的反馈，让你可以看到哪里需要改进。

（三）已经调动起同事们的积极性了吗？下面该做什么

告知你的团队，发展一个理念有哪些步骤。

第一章　园长领导力提升

请你运用右图的信息，向你的团队解释每一步应该做什么，这样大家都能对此有一个基本的了解。你还要为团队讨论安排足够的时间，并抱着开放的心态对待所有问题。所有人都应该平等地参与进来，共同讨论接下来的步骤。

理念发展：像这样，只需五步

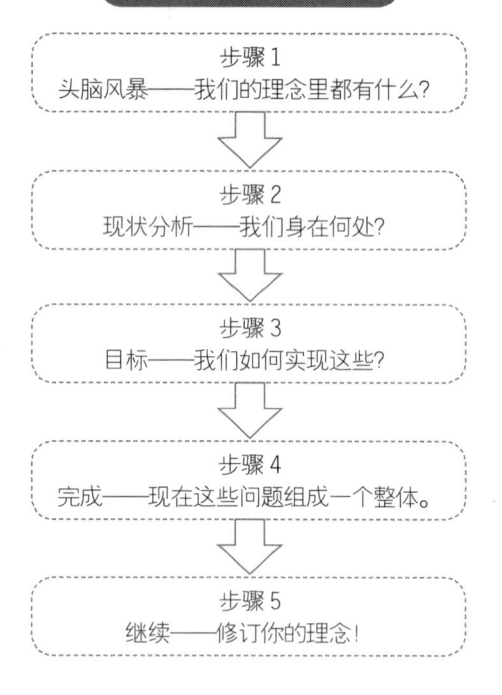

步骤 1
头脑风暴——我们的理念里都有什么？

↓

步骤 2
现状分析——我们身在何处？

↓

步骤 3
目标——我们如何实现这些？

↓

步骤 4
完成——现在这些问题组成一个整体。

↓

步骤 5
继续——修订你的理念！

1. 我们要为理念的发展计划多少时间

一个理念的发展通常需持续6—9个月。请你估算一下你能为理念发展计划多少时间。这当然也取决于你的年度计划。你应该安排足够的时间，因为发展理念是一件好事，意味着挑战，而不是压力。但也不要让你的理念发展拖得太久。你需要找到一条中间道路，以固定的时间间隔来工作，比如每两周一次。

> **建议**
>
> **对枯燥的工作没有兴趣吗——何不换个环境**
>
> 为了不让工作变得枯燥，并使你的团队保持积极性，你要为团队会议设计一些小惊喜。这种惊喜应该是一些特别的东西，要让你的同事觉察到这些东西。它们不一定很大，一些饼干、热饮或者点心怎么样？这样气氛会更轻松。或者你们还可以把会议转移到一家饭店或咖啡馆！谁会反对这些提议呢？

2. 我们多长时间开一次会

这也取决于你们有多少时间，以及你们的团队需要多长时间来拟定一个题目范围。你们要共同决定多长时间研讨一次，并且确定日期。当然，这个日期是可以改变的。但重要的是，要有一份你们所有人都知道的时间表。

3. 谁来做记录

每次会议都要有人做记录，在记录中总结所有结果，这样你和你的同事可以了解所有的进展情况。会议记录能够简化将理念形成文字的工作，因为你不需要把所有东西都再写一遍了。你应该尽快进行记录，因为此时说过的话还新鲜地保存在记忆里。

4. 作为负责人，我的任务是什么

即使你的团队平等地参与到理念讨论中来，作为负责人，你也有责任主持会议，因为是你在领导着这个项目。你要激发起同事的积极性并展示项目的进程，还要注意不能让两次会议间隔太长，因为讨论内容很快就会被忘记。每次会议的开始你都要先总结之前大家都做了哪些工作，获得了哪些成果。这样你可以再次进入主题。会议的结尾还要总结本次会议的成果，这是下一次会议的接入点。

建议

请你使用一个项目文件夹——因为秩序是成功的一半

用一个项目文件夹保存关于理念发展的会议记录和其他文件。你应该让团队里的每个人都能接触到这个文件夹，另外你还要定期维护。需要注意的是，文件清单要合理地组织和分类，这样你可以很快找到相关信息。

5. 时间表

你清楚所有的问题以及进一步的行动策略了吗？请你为理念发展制定一个时间表。你要在这里记录下团队会议的时间、下一步的计划以及与之相联系的内容。谁来做会议记录？注意删掉已经做过的事情。这样你就能了解，理念的发展到了哪一步以及接下来要做什么。当出现变化时，要根据现实情况修改时间表。

第一章　园长领导力提升

理念发展的时间表

团队会议日期	工作步骤	内容	记录人	完成

6. 现在总算可以开始了

所有的准备工作都完成了。目标很明确，每个人都知道自己要做什么，整个团队充满积极性并已经站在起跑线上。那就开始吧！

三、逐步进行——这样来完成你的理念

现在开始既定的发展进程。请你继续读下去，了解如何用五步来发展出你的理念。

（一）步骤1：头脑风暴——我们的理念中都有什么

一个理念当然应该有意义并且含有内容。由于每个幼儿园都有不同的特点，因此每个理念在内容方面也应各有侧重。

1. 通过头脑风暴收集各种观点

通过头脑风暴收集理念所包含的一切。下面这些问题会对你有所帮助：对我们来说重要的是什么？我们有哪些教育重点？我们在哪些方面有别于其他幼儿园？

2. 要这样采取行动

在头脑风暴中提出开放性的问题。你要提及所有与幼儿园相关的重要内容，无论是关于你的教育方法还是灵活的开放时间。每个答案都可以采纳。卡片在其中的作用已经得到了实践的证明。

- 给每个同事分发卡片。
- 现在所有人都要思考：对工作和幼儿园重要的是什么？然后让他们记在卡片上并将卡片钉在墙上。注意一张卡片上只能写一个关键词。

- 请告诉你的同事,把相关的点子放在相应的重点议题周围。
- 当所有人都完成后,为每个议题组概括一个总概念。将这个总概念写在一张其他颜色的卡片上并钉在墙上。
- 为了总结出重要内容,你可以使用计分制度。给你的同事分发同样数目的贴纸。要注意,发出的贴纸要少于列出的议题。
- 告诉你的同事,他们要将这些贴纸贴到他们认为重要的议题上。这样,最后你可以清楚地看到,哪些议题有领先优势。这些将会构成后面步骤的基础。

正如你看到的,这里已经开始了第一次重要的讨论——大家都参与并开诚布公地进行讨论。

(二)步骤2:现状分析——我们身在何处

你知道你幼儿园目前的状况吗?你遵循哪些教学理念?怎样将你的教学原则运用于实践中?家长有什么需求?

这一步是要求你思考当前工作所处的阶段,这是理念发展的出发点,从中你能了解你的工作哪些地方很好,哪些地方需要改进。

1. 要这样采取行动

- 找到主题。将你们头脑风暴中的主要议题和它们所包含的分重点写在下表的前两列里。请你对每个主要议题提出关于现状分析的问题。将这些问题记在这里。你要记录谁属于哪个工作小组,以及每个小组负责哪个主题。将关于现状分析的问题放入你的项目文件夹。这样每个人都能对此一目了然。

理念发展——关于现状分析

主要议题	分重点	问题	工作小组

- 拟定问题。请你们共同思考，这些主题可以在什么程度上对你们的幼儿园和工作产生影响。对此，你要拟定一些问题。
- 建立工作小组。你们要建立工作小组，每个小组承担一个主题并负责回答问题。各个小组的成果会在之后的团队会议上展示出来。

现在每个步骤都更具体了。要让你的时间表符合理念发展的实际情况。

2. 关于现状分析的问题——什么对我们的工作产生影响

你们一起来提出问题，找出对你们的幼儿园和教育工作产生影响的人或事，并从中得出目标和行动方法。这样你们可以从中看到，你们的现状如何，与家长的合作情况如何，以及你们对此是否满意。

（三）步骤3：目标——我们如何实现

现状分析的目标是确定目前阶段幼儿园教育工作的情况。这是你之后步骤——得出理念的目标和实现目标的方法——的准备工作。这是你对家长、上级以及公众的承诺。

1. 我如何得出目标和策略

例如，当你了解家长的需求后，你就可以从中得出目标和策略。这样你就会知道，工作中有哪些方面需要改进。

- 我这样得出目标。例如，你提供的课程与目标群体的需求相符吗？如果不是，那么存在修改课程的可能吗？幼儿园可以提供灵活的开放时间吗？你能给家长提供更灵活的谈话时间吗？如果是，那么你就已经有了目标。在拟定目标的时候，你要清楚自己想达到什么目的。你的幼儿园应该是什么样的？随着目标的确定，大家就可以对你们的教育工作达成一个基本的共识。

- 我这样拟定行动策略。你不只需要拟定目标，同时也要考虑用什么方法达成目标，因为如果想法不转化为行动，再好的目标也毫无用处。可以在周末召开家长会吗？或者为了进一步发展这些重点，你能否送一位同事去接受培训？

当一个工作小组展示他们的现状分析结果时，你们同时也要讨论可以从中得出哪些目标和方法，这样你就可以按照时间顺序推进并且完成所有主题。按照主题的大小，可以从中得出或多或少的目标和方法。如果主题太过庞杂，你可能还需要为此举办多次会议。

2. 我们要实现这些主题、目标和策略

你要对每次会议都进行详细记录，将拟定的主题、目标和策略填入下面的一览表。这样你和你的同事们对一切都会了如指掌。将这张一览表装在你的项目文件夹中。每次会议后更新这些内容。

我们计划的主题和目标

主要议题	成果	目标	策略

（四）步骤4：完成——拼图都拼到了一起

现在你要确定一个粗略的提纲，要考虑到：每个理念包含的内容；你和你的同事们拟定的主要议题、目标和策略。

提纲确定后，你就要确定由谁负责将哪个章节形成文字。一般来说，每个小组负责他们研究的主题。在这方面，会议记录将会对你有很大的帮助。

1. 这样完成你的理念

一个初步设计总是很有用的。这样可以修改其中错误和意义含混的部

> **建议**
>
> **不存在没有图片的理念**
>
> 你要请你的团队在发展计划的过程中收集照片和图片，再将它们放进理念文件夹中。需要注意的是，图片要在内容上和你的理念相称，因为这些图片应该强调而不是装饰你的理念内容。不要用孩子画的图画，理念的目标人群是成年人。你要合理安排这些图片。

第一章　园长领导力提升

分。现在每个人都能看到这张拼图是如何一步步完成的。这太令人激动了！在这个阶段你要再次寻求评价。向上级和家长代表展示你的初步设计，请他们给出建议和评价。

它看起来可以是这样的！

举例——你的提纲看起来可以是这样的

1. 版本说明
2. 目录
3. 前言
4. 幼儿园基本情况
   - 4.1 历史
   - 4.2 现状
   - 4.3 规模
   - 4.4 招生
   - 4.5 开放时间
   - 4.6 人员
5. 家庭生活状况
6. 幼儿园纲领
   - 6.1 我们的儿童观
   - 6.2 我们的教育观
   - 6.3 我们的目标
7. 我们这样制定目标
   - 7.1 提供自由的空间
   - 7.2 语言发展
   - 7.3 开放的小组活动
   - 7.4 学习工作室
   - 7.5 项目
   - 7.6 观察与记录
8. 与家长的合作
   - 8.1 家长有什么期望？
   - 8.2 合作目标
   - 8.3 合作形式
   - 8.4 家长的参与
9. 过渡
   - 9.1 适应幼儿园
   - 9.2 向小学过渡
10. 我们这样共同工作
    - 10.1 对上级的汇报
    - 10.2 团队合作
    - 10.3 进修
11. 我们的承诺与发展质量
    - 11.1 评估
    - 11.2 目标协议
    - 11.3 理念的继续发展
12. 结语

2. 完成

现在完成最后的定稿。你要更正错误并进行最后的修改，然后将最后的定稿付印。完成！现在每个对你的工作感兴趣的人都能对你们产生一个清晰的印象。而你的同事们也在工作中了解了理念的方针、目标和策略。

（五）步骤5：继续——修订你的理念

没有什么东西总是一成不变的。由于改革、人事变动、园长情况变化以及新的工作重点等，每三四年讨论、考虑并在可能的情况下修改你的理念是非常合适的。你要反复问自己：发生了什么变化？这些变化对我们的工作有什么影响？

- 目标群体有变化吗？住在我们附近的孩子是不是越来越少了？对此可以采取什么行动？
- 你的教育工作中出现了新的重点吗？这些应该同样写进你的理念。
- 你有了新的合作伙伴——例如新的赞助商吗？这些合作也要有规则。
- 你最近接收新的孩子了吗？这是每个园都会发生的事情。请补充你的理念。
- 有没有你们必须遵守的新法规？你的客户也应该知道这些内容。这样可以使你的工作更透明。

无论什么时候，你都要欢迎新的建议。每个人都应该对理念的内容负责。你会看到拥有一个理念的重要性，这样你可以很快做出反应并始终保持最新阶段。

要点回顾

这样发展你的理念——简单五步

你不需要很多东西来发展理念，你需要的是团队、时间和动力。你要接受挑战并实现新目标。发展一个理念比人们想象的要容易。在准备阶段，请你使用有关理念发展的时间表。

第一章　园长领导力提升

步骤1：头脑风暴——我们的理念里都有什么？

头脑风暴是非常好的快速收集意见的方法。所有同事把建议写在卡片上并将它们钉在墙上。将这些建议按照不同的主题分组。再让你的同事们用贴纸选择他们喜欢的主题。这些都将成为理念的组成部分。

步骤2：现状分析——我们身在何处？

什么人或什么事对我们的教育工作产生影响？当你回答这个问题时，你会看到现在的状况如何以及未来该如何改进。每个工作小组负责一个议题并回答问题。

步骤3：目标——我们如何实现？

你周围环境中什么的改变对你的工作产生了影响？你需要扩展现有的课程吗？这可能是一个你能够得出的目标。每个目标里当然也包含你如何将其实现的内容。你们要一起思考为实现目标应该开始采取哪些措施。把这些记录到表上。

步骤4：完成——拼图都拼到了一起。

现在你已经完成了绝大部分的工作。你只需再制定一个粗略的提纲并将理念付诸文字。每个工作小组写一部分。你要注意的是，整个理念有一个统一的形式。你的第一个理念——你的名片完成了。祝好运！

步骤5：继续——修订你的理念。

然而，你的理念并没有真正完成，也永远不会真正完成，因为周围的环境、孩子家庭情况和各种法规会不断地变化。因此，你要定期检查你的理念并使它适应现实情况。但是你已经用你的理念创造了一个很棒的起点，这样你会很快对变化做出反应。你的幼儿园将始终处于最新阶段。

如何找到合适的教育模式

纳什·曼努埃拉·罗德纳

由于各地区有不同的教育要求，确定合适的教育模式对于所有幼儿园而言是一种挑战。每一个幼儿园必须审视其教育模式，并根据当地的规定进行调整。然而，什么样的模式更适合你呢？是开放模式或者班级模式，还是综合模式呢？

下面你将了解到教育模式有哪些种类，以及在何种情况下采用何种模式更合适。通过团队问卷调查，你将明确自己的定位以及你应该努力的方向，这将有助于你选择合适的教育模式。

一、重新考虑幼儿园的模式——五大理由

每个幼儿园每天的日常工作都会不同。这是件好事，因为你的幼儿园会一直保持良性发展。请你感受一下你所在幼儿园周遭的变化，想一想，你的模式是否适合于不断变化的环境？

（一）五个重新考虑新模式的好理由

1. 当需要提供新的教学内容时

如何最好地实施新的教育内容，以最好地满足孩子的需求呢？你与职能部门能很好地满足此要求吗？实施新的教育内容时，是由孩子自行决定他们何时受教，还是你的团队在固定的时间开展教学，以此为孩子们提供更多学习保障和指导呢？你会怎样满足孩子们的需求？

2. 当你的员工感到无聊或者不堪重负时

你的员工愿意接受不断变化的新任务吗？他们会不会因为面对各式各样的任务而不堪重负？另外，你的团队自身的需求也是非常重要的。当你

决定采用新的教育模式时，请一定考虑一下他们。

3. 当没有充分考虑到孩子们的需求时

你的教室是否缺少活动的空间，充满了噪声，或者走廊上一片混乱？在园时孩子是否焦躁不安并带有攻击性？有需要特别注意的孩子吗？这也是思考新模式的重要内容。

4. 当家长们不满意你的安排和组织时

如果你的幼儿园是混乱嘈杂的，家长们也会有所觉察。如果没有及时和家长们沟通，他们会因有所顾虑而不安。此外，当你的团队中出现意见分歧的时候，家长们同样会察觉到。这些都是幼儿园工作不到位的表现。出现这些状况时，你要及时采取措施，尽管并不总会事事都顺利。

5. 当培训课程结束后出现新的想法时

当你与你的员工们参加培训课程后，你可能会迫切希望做出某些改变。参加完培训后，人们往往希望让最新的策略在幼儿园中得以传播，从而调整现有的状况，以进一步发展自己的团队与幼儿园。

（二）在你决定选择何种模式之前

想一想，目前哪种模式适合你的幼儿园？对此，你应重点考虑一个问题：你的员工和幼儿园里的孩子能接受这种模式吗？在做出每一个决定前，请你想想下面的事情：孩子们的基本需求，比如运动的欲望；员工们的基本需求，比如提高自身工作能力。

当你考虑新的教育模式时，你应该始终带着这样的观点：深入讨论教育模式是提高教育质量的关键。对此，家长们与员工们也应认同和支持。

建议

请一起做决策

当你决定实施新的模式时，请务必得到你的团队的支持。只有这样，它才能得到大家积极的响应。实施新的模式总是需要密切的合作，因此你应该和你的团队一起讨论并且共同做出决定。

二、综合模式、开放模式还是班级模式——比较三个概念

这是三个不同的概念：开放模式、班级模式以及两者的综合。接下来，我将向你介绍这三个概念，并阐述如何在不同的情况下选择最合适的模式。

（一）班级模式

德国大多数幼儿园都采用班级教育模式。这种教育模式的主要特征是由大约25个孩子组成一个班级，通常由两名员工负责教育、照顾孩子以及与家长的合作。这两名员工负责完成其班级教育任务，并落实幼儿园的教育计划。

案例研究

固定的相关人员与有序合理的安排——帕斯卡喜欢他的小组

帕斯卡在一家班级模式幼儿园上学。他每天早上来到幼儿园时都觉得很累。帕斯卡经常在晚上睡前看电视，早上起床后也常常边看电视边吃早餐。此外，他在家时又常常出现各种状况，比如和哥哥一样，总要费半天劲才能找全他的学习用品。另外，他姐姐经常和母亲吵架。因此，帕斯卡总是急匆匆地整理好东西，然后又急急忙忙赶往幼儿园。

但是，当帕斯卡来到自己的班级时，他能慢慢地安静下来。在这里，他知道每个人都有自己的角色，并且完全知道班上各式各样的规章制度。如果他忘了什么事情，他的老师施耐德小姐总能提供帮助。

在幼儿园里，帕斯卡需要这些在他自己家里不具备的东西，比如有序的组织、规律的日常安排，以及一个固定的责任人——一个能提前做出反应并且帮助他处理那些每天必须面对的情况的人。

上面这种情况适合班级模式。

在帕斯卡居住的那一带，房租非常低，很多孩子的父母没有工作或者挣得很少。这些父母往往要求很简单，日常生活也没有什么规律，并且鲜

有追求。

帕斯卡所在的幼儿园的教师们选择了班级模式。他们知道，孩子和家长特别需要清晰的管理模式、容易理解的规则、可用的结论以及固定的联系人。

（二）开放模式

在一家实施开放模式的幼儿园，每一个员工都将对所有的孩子负责，因而没有固定的班级群体。教师们在不同的时间有不同的任务，共同为孩子们提供各种服务，拥有全面提高孩子素养的能力。孩子们则可以自行选择他们想学习的内容。

> **案例研究**
>
> ### 教育领域以及开放式小组——蕾亚喜欢和年龄大的孩子玩
>
> 蕾亚在一家开放式幼儿园上学。她是一个适应力强并有创造力的女孩，最喜欢和比她大的男孩一起在玩具房玩。蕾亚对幼儿园很满意。在这里，他们每天都有很棒的点子，能搭建出各种各样的建筑。菲利普是她的好朋友，几乎每天都和她一起上学。从上个星期搭飞机场开始，他们一直都有新的主意。西维亚老师通常和他们待在一起，每谈到一个话题，她便会给孩子们看各种照片并讲解相关的故事。
>
> 在家里，蕾亚的父母也会尽可能配合孩子规律的生活作息，或者经常和她一起玩耍，同时培养她的独立性。尽管蕾亚在家也有足够多的玩具，但她还需要一个足够大的游戏区、各种的激励措施以及多样的玩具材料，以充分发挥她的创造力。

这种情况适合开放模式。

蕾亚的幼儿园位于一个社会层次较高的居民区中。这里的家庭大多属于中产阶级，移民的比例较低，每个家庭对于教育的要求很高。幼儿园的管理者应努力使人员的分配更加合理，这样就能够有足够的时间来计划、准备并思考教育内容，定期开展团队之间的交流以提高教育水平。

这个团队选择开放模式，能够提供适当的教育内容，孩子们可以选择自己希望参加的项目。因此，老师们应具备通过项目实现各种各样想法的能力。

（三）综合模式

综合模式包含开放的、与团队相关的组织结构。在这类幼儿园中，有传统的班级组织结构和相关班级的教师。所有的房间都按照教育的主题来布置，并且在固定的时间对孩子们开放。

教师们轮流讲述教学要点。孩子们与他们的小组一起规律地学习教育内容，同时孩子们也有很多机会跟其他小组的孩子们自由地玩耍，做自己喜欢做的事情。

案例研究

固定小组——卢卡斯能在自由活动中找到他的玩伴

卢卡斯在一家混班制的综合模式幼儿园上学。四个月前，他来到这一幼儿园。现在他已经对这里很熟了，也记住了所有教师的名字。他最喜欢贝亚特。在早餐后的集体游戏时间里，他始终跟着贝亚特，和她及周围的孩子们一起玩耍。

但是，由于贝亚特被安排到其他班级了，所以卢卡斯也会去玩玩那些他以前不曾注意到的玩意儿。在整个幼儿园，到处都是好玩的玩具，可比他的熊熊班多多了。

但在熊熊班上，在这个固定的班集体中他还是能感觉到被信任，并且有安全感，对此卢卡斯感到非常愉快。在班里上课的时候，他能感觉心会静下来，也感觉到自己的成长。在这里的每一天都过得很悠闲。每天早上大家围成一圈以后，他都会为自己成为一名熊熊宝宝而感到高兴，同时也乐意和其他熊熊朋友以及熊熊教师在一起。此外，每当铃声响起，所有房间都会对所有孩子持续开放两个小时，这时他就会特别兴奋。在整个教学区，他可以自由地尝试各种玩具，自己做决定，并且尽情玩耍，直到老师说"回家啦"，他才依依不舍地回到熊熊教室去。

这种情况适合综合模式。

在卢卡斯所在的幼儿园中，家长主要是那些有一到两个孩子的在职的中产阶级。孩子们会从父母那儿得到足够的关怀，另外物质方面也不缺少什么。他们缺乏的往往是与其他孩子一起游戏交流以及符合他们年龄层的某些服务项目，这些项目能激发他们不同的探索、尝试，由此获得自身成长。

因为团队的员工已经进行了一段时间的相互磨合，所有人都愿意互相合作。所以，他们能满足家长正面的、积极的要求，并能让孩子充分自主地接受不同的教育模式。

三、自我定位三步走

如果你已经决定考虑修订你的幼儿园教育模式，那么就很有必要腾出一定的时间来做准备，并和员工们共同讨论。

（一）第一步：请你以教育模式为主题召开一次团队会议

请确定团队的具体状况，以及对于所有员工来说，哪些工作形式是可接受并且是可实施的。

利用员工们不同的工作经验进行一次团队主题谈话。请他们依次阐述哪种教育模式是可行的，哪种是不可行的，并分别讲明原因。

了解采用相关模式的幼儿园的情况，把一些有价值的、有趣的例子讲给员工听，并一起讨论其优缺点。

最好能让团队的一部分人去其他幼儿园观摩或者交流。让员工对相关的幼儿园进行考察并且安排他们去那里实习。

尝试以孩子的角度来感受幼儿园一天的生活。每个孩子的家庭生活背景和孩子的需求应与幼儿园所能提供的服务相匹配，请你把所有相关数据记录在案。

（二）第二步：分发团队调查表

团队调查能够让你正确地了解员工们的实际情况，这将为你今后实施的培养计划提供依据。

1. 你的团队是否对教育模式满意——团队调查问卷

请你把调查问卷分给每一个团队成员，并给大家足够的时间填写。如果你觉得还有其他和幼儿园相关的问题，那么请对问卷进行补充。调查问卷需符合你的团队与幼儿园的实际情况。请你们一起讨论相关问题，以便用相同的标准来进行评估。请让所有员工在填写问卷后进行复印，以便在下次会议中使用。

幼儿园教育模式团队调查问卷

幼儿园： 姓名： 日期：			
你对幼儿园的现状感到满意吗？	是	部分	否
我对现在的教育模式感到满意			
我期望改变我们的教育模式			
我所了解的教育模式：			
关于新的教育模式，我想在以下方面了解更多：			
我想提出以下几点建议：			

关于团队的评价

你对团队中的合作感到满意吗？	是	部分	否
我认为团队领导们在孩子的教育问题上态度一致			
我可以接受其他同事不同的观点与做法			
我对同事的观察力有信心			
我认为团队中的每个人都有自己的优点与长处			
我期望自己班级上的孩子们能够从全体员工的优点与长处中受益			
我期望开展以合作为主题的全体会议			
我期望自己能提高以下方面的能力，以便更胜任这份工作：			
我想提出的建议如下：			

关于规划时间和准备时间的评价

你对计划时间和准备时间感到满意吗？	是	部分	否
关于孩子的教育问题，我认为我和员工有足够的时间进行交流			
我认为我们有足够的计划时间和准备时间			
我认为我们能够有时间进行小组会议和团队工作调整			
我觉得通过服务项目或者规划的改变可以争取到更多的时间：			
我想提出的建议如下：			

关于幼儿园结构与社会结构的评价

你对幼儿园结构与社会结构感到满意吗?	是	部分	否
我认为我们的培训空间足够大,能够容纳所有与培养计划相关的教育领域			
对于不同的教育领域,我认为必须给予更多的空间与时间并提供更多的材料			
我认为我们的幼儿园教学结构清晰,相信孩子们经过一段时间的适应后都能够熟悉起来			
从我园孩子的家庭背景出发,我认为应该采取的教育模式是: 班级模式　　　　　　开放模式　　　　　　半开放模式(综合模式)			
我想更多地了解我园孩子的家庭成员的社会文化背景	是	部分	否
我想提出的建议如下:			

从本质上说,较为有效的是个人做出的评价,因为你能够直接加以参考,以便解释问卷、给予帮助或者进一步讨论。在稍后的总结中,团队成员可以用匿名的形式提出自己的要求。

建议

可以不用填写姓名,但一定要真实详尽地填写问卷

向员工说明,你希望他们最好能真实详尽地填写问卷,就算以匿名形式填写也没有关系,这样得到翔实答卷的可能性会更高。请你告诉他们,每个人可以自由地发表自己的观点并且评价现有的教育模式,这将有助于幼儿园的持续发展。

2. 请你对调查问卷进行评估

请收集所有调查问卷,在安静的环境下认真阅读。如果有什么疑问，就记录在便笺上，并且把它贴到问卷上，然后与员工们一起讨论你的疑问。

请根据每份问卷的结果回答下列问题，并从员工的满意度以及改进建议方面得出结论，由此判断你的员工倾向于哪些教育模式。

● 有多少或者有哪些团队成员对目前情形感到满意，有多少成员或者谁期待改进？

● 到目前为止，对于不同教育模式的讨论取得了哪些进展？对于你的员工而言，不同的教育模式还是一个新领域吗？

● 员工在哪些领域有培训或者咨询需求？

● 在工作方面，员工的态度如何？

● 员工对于增加工作量的预期有多大？

● 员工对个人继续发展有哪些愿望？

● 员工如何评价你的安排，比如什么时候做计划表，什么时候讨论？

● 员工是否有改善现状的建议？

● 员工如何从不同的角度来评价幼儿园的结构？

● 关于社会阶层，员工是否有足够的认识？他们有什么需要咨询的吗？

（三）第三步：安排一轮评估讨论

在团队会议中，和员工一起讨论问卷结果。员工参与讨论的积极性越高，就越表示他们很早就准备好相互协作和发展。

作为管理者，你对会议内容讨论方向的把握尤为重要，你应抱着一种接受和宽容的态度。如果员工在话语中透露出担忧和不安，你必须用文字把它表达出来。愿意接受变革并积极参与的员工和有不安情绪的员工都需要得到鼓励和支持。

四、哪些教育模式适合我们——做出决定

这一阶段往往最困难，但也是最为重要的。你必须为此腾出足够的时间，因为这一阶段将基本决定一个已计划好的教育模式今后能否成功实施。

> **建议**
>
> **需优先考虑大众要求**
>
> 作为领导，应尽量考虑那些积极的员工的新建议并使他们感到满意。然而在选择开放性还是半开放性教育模式时，需优先考虑孩子的家庭背景，否则周全考虑过的改变可能不会在目标群体中起作用。根据经验，对于那些家庭环境比较混乱、缺乏独立性或者怕上幼儿园的孩子来说，班级模式和有组织的日常安排更容易被接受并且大多更有益。

（一）意见分歧时，请这样开展工作

如果你们采用的教育模式违背了一些团队成员的意愿，可能会导致幼儿园今后的工作不能顺利进行，这将引起诸多反面效果。比如，对于那些选择开放模式的员工来说，如果最终选择了班级模式，将会导致他们在今后工作上出现拖拉或者抗拒现象。

当团队在讨论中第一次出现意见分歧时，请你尽早做好准备，以便在未来数周或数月中尽快管理好团队。你要了解团队里是否有冲突，在哪方面员工们有不安情绪。掌握这些，你才能继续为教育模式的发展做好工作。

> **建议**
>
> **请这样减少焦虑**
>
> 请你了解，现在并不是要求你马上整顿好你的幼儿园。相反，现在更多的是涉及发展的步骤并要求你能在适当的情况下缓一缓，以便再三思考这些问题。比如，幼儿园的现状如何？你的目标是什么？你继续坚持原有模式是对的吗？目标会一直正确吗？因此，在面对突如其来的改变之前，请你带领员工们一起思考这些问题，尽量帮助员工消除不安情绪，让他感觉自己始终能够参与到决策之中。

如果团队成员的想法差异极大,这时建议你做出妥协。有时候大家也会一直在那里钻牛角尖,比如早餐桌是否应放置在单独的餐厅,或者走廊区域该不该设置额外的游戏区等诸如此类的小问题。通过整个幼儿园所有同事的参与,教育模式能够一步一步地得以实施。通过经常性的反思总结,培养计划与组织形式也将得到优化。

建议

请规划、组织好每一步

请你仔细考虑每一步,并且顾及方方面面,特别是要考虑到那些有问题的状况。请规划好每一步,因为对于孩子和家长来说,不断变化的试验过程与组织形式很让人恼火,甚至会让人产生工作连续性差、服务可靠性差的印象。

(二)谁是决策者

作为幼儿园的中心人物,领导的看法很重要,但教师的作用也应该得到重视,因为他们才是具体实施并承担责任的人。

1. 请采取多数决定制

当你的想法和员工大不相同、差距较大时,建议你采取多数决定制。当然,少数同事的担心与意见也不能忽视,这些应该以书面形式记录下来并且商定好日期再加以讨论。

2. 请记录你们共同的决定

共同的决定应该具有绝对的权威性。比如那些所有员工签字同意的具体执行协议,应将其记录于内部档案中。虽然这种做法会让某些成员觉得别扭,但这样确确实实能有效地让协议转换成日常工作的内容。此外,作为领导的你会因此增强影响力,并且能够在诸如员工会议、新人培训或者在进行评估期间提供相应的书面材料。

3. 请检查协议

检查协议的遵守情况，第一个要点就是小组成员出勤率是否稳定。通常，签订协议后，大家的工作内容会慢慢增多，并且会在实践过程中逐步领到不同的任务。如果那些想法、建议、经验确实有效，全体员工的批评与担忧就会通过定期会议的方式转化为发展的动力。这种共同改变的过程，能加强团队的建设。

要点回顾

请你决定正确的教育模式

决定是否采用开放模式、班级模式抑或是综合模式，并不是教育工作能否成功的重要因素。重要的是在你抉择的过程中，要以孩子的需求与能力为出发点，自觉对家长公开透明并且重视员工的要求和建议，这样每一种教育模式都将是适合的。

在你的幼儿园、你的团队以及你的招聘诸多方面实施新制订的教育计划，是一项耗时而且需要分阶段实施的任务。但完成之后，你将会拥有一支共同协作的团队为你提供帮助，孩子们与家长们对此也会满意，你将为未来更高品质的教育发展打下坚实的基础。

步骤1：请你以教育模式为主题举办一次团队会议。

请你在团队会议中讨论教育模式这个主题。请你收集信息，让每个同事就不同教育模式讲述他们的经验。请询问你的团队：重新考虑以及修改当前的教育模式有什么意义？

步骤2：请你分发团队调查表。

调查问卷会让你清楚地了解员工对当前教育模式的满意度，以及他们有哪些建议。根据调查问卷的结果，你可以知道你的团队有哪些期望。

步骤3：请你安排一轮评估讨论。

请你和员工在团队会议中一起讨论问卷结果。员工参与讨论的积极性越高，就越表示他们很早就准备好相互协作和发展了。

第一章 园长领导力提升

　　理想情况是你和员工都倾向于一种意见,这样自然容易做出决定。但如果存在分歧,建议你采取多数决定制。少数同事的担心、不安与意见当然也不能被忽视,这些应该以书面形式记录下来并且商定进一步讨论的日期。如果有可能,你还需做出某些让步,以与员工达成一致。

怎样进行自我激励

史蒂芙尼·格斯讷

你逐渐对工作失去了兴趣吗？这很正常。但如果你一直处于这个阶段，那你就一定要读一读下面的文字了。你会找到逐步激励自己的方法。你首先要对自己的状态进行分析，然后思考如何改变状态和要向哪个方向发展。你要为自己设定新的努力方向。你会发现这么做是值得的！

你可以通过分析已有记录和存在的问题来找到根本原因。你会由此找到自己的需求以及激励自己的方法。文中的表格也会帮助你始终把握自己的目标，不至于失去方向。

一、自我激励——作为领导者，我是团队的榜样

今天没兴趣工作。你肯定有过这种感觉。我们偶尔都会有些天根本不想工作。实际上，幼儿园里还有很多你想要进一步推动的工作，比如活动项目、团队建设或者你自己的进修等。当你想这么做的时候，你又会很自然地为自己想出推迟这些计划的理由。如果你一直处于这个阶段，那么你就需要分析一下自己的动力了。你会发现工作中让你快乐的事情、可以激励你的事情。这对于你自己的满足感和团队工作都非常重要。

> **定义**
>
> **什么是自我激励**
>
> 自我激励的意思是考虑如何让工作本身为自己带来乐趣。如果你能够自我激励，那么你就不再是为了外部刺激，比如奖励或者他人的认可而去完成你的工作。你是出于自己的愿望而去工作，这非常重要。工作应该带来乐趣。

自我激励为何很重要？

- 因为作为领导，你是员工们的榜样。如果领导充满干劲，那么员工就会以你为榜样，受到激励的他们不需要督促，就会主动参与到工作中来。
- 因为工作时会更开心、更有兴趣。你干劲十足地继续完善你的组织安排和教育工作，感到做事充满意义。长此以往，对自身的满意度也会提高。
- 因为动力能激发你做出更好的成绩。激励会让你充满理想，努力去实现目标，这能提高办事效率。而成功的经历更能让你保持前进的动力。

作为领导，在你的团队中没有谁能来激励你，所以你必须要自我激励，找到你个人的动力来源。你对什么感兴趣？怎样能继续发展？如果动力由内而发，那么动力就会更加持久。这样，你也有能力去激励你的团队并实现新的目标。怎样做最棒？看看下面的内容吧。

二、现状分析——你的动力如何

偶尔对自己的现状感觉不满意完全没关系，你要从正面去理解这个问题。因为不满能引发你产生一些想法，搞清楚动力是怎么回事，然后找出是什么让你对工作有兴趣以及什么让你失去了兴趣。你能改变什么？制定一个新的目标，这就是激励！

（一）三个关于动力的问题

请回答以下三个问题，并且从中找到动力所在。这是个很好的开始，从你的立场出发考虑你想改变什么。

- 问题1：为什么我选择这份工作？

你为什么决定做这份工作呢？是对这份工作感兴趣？还是觉得在金钱方面有保障呢？每个人选择自己所从事的职业都有各自的动因。确切地说，我们受到的激励越多，就可以在工作中实现更多。

那么如何自我实现呢？对此我们一般并不清楚，所以想清楚这一点是很好的事。发现自己个人的动力来源，才能成功地实现自我。然而，个人的动力来源一般来自工作酬劳，要激发出潜力就有些困难。之后你应该自问：我是否考虑清楚了？我对什么真正感兴趣？我打算干什么？然后对比一下你的动力来源与当前的工作境况。现在，你能发现新的动力来源了吗？

- 问题2：工作中的哪些部分会带来快乐？

你喜欢承担事务性的工作吗？还是喜欢作为幼儿园的代表出席公众活动？仔细检查一下你的工作，并思考你还希望在哪些工作领域得到提高，然后设定相应的目标。这能带来什么？你要将你的工作环境布置得更加有趣，以此获得长期的激励。

也许你会想起之前工作是多么让你快乐。你同时也会发现你的兴趣是如何随着时间的流逝而逐渐消失的。这很正常。你现在就可以开始思考如何让工作和现实需求结合起来。你要强化让你快乐的部分。改变是自我发展的重要一环。如果你的兴趣没有发生变化，那么你就会找到它。你离达成目标还有多远？

- 问题3：你有什么负担？

一份工作自然要带来任务和责任，以及伴随而来的一些状况，如果你并不是很情愿去接受或者负责，就会对动力产生负面作用。所以请花时间想清楚，工作中哪些地方让你觉得不满意。不满情绪常在环境发生变化时产生，比如新的规章、新的员工或者新的职务范围等都会让人有情绪上的波动。

当你与上司意见不合时，你也会觉得有压力。不妨把你承受的压力写在纸上，这样你就可以看到是什么让你消极地面对工作，然后就可以对症下药。假如压力一直不被发现并且消除的话，人们往往会感到疲惫。

（二）向你的动力提问——标记卡片

请用些时间回答下面的问题，这些问题可以帮助你分析一下自己的动力。这样，你对自己的工作就有一个全面认识，把什么能激励你，什么又是你不满意的，都记录下来。

第一章　园长领导力提升

问题1：为什么我选择这份工作？
- 因为我喜欢挑战。
- 因为我想独立工作。
- 因为我想承担责任。
- 因为我想为别人提出建议。
- 因为这份工作包含了多样化的工作内容。

问题2：工作中的哪些部分会带来快乐？
- 与他人交往。
- 陪伴孩子和促进孩子的发展。
- 他人对我的信任。
- 可以独自负责的工作。

问题3：我有什么负担？

建议

考虑几天再回答

在回答问题时，你当前的状态、当天的活动和个人情况都会造成影响，而且它们也都会影响到你的动力，所以你要在考虑几天后重新审视自己的回答。你是否还想要做出同样的回答呢？这可以帮助你客观地审视自己的情况。

（三）定期检查你的动力状况

要明确选择这份职业的原因。实际上给我们带来愉悦的工作任务和带来压力的事情一直都在变化，因而要定期检查自己的动力状况并对此采取措施。

> **建议**
>
> **为什么我在现在的工作环境中几乎无法获得激励**
>
> 你在回答问题的时候可能觉得你的工作几乎完全无法带来乐趣。这说明你很诚实。你要考虑一下，什么发生了变化？是不是有什么事情和你之前设想的不一样？这样你就会知道哪些还是正确的。你要思考一下你的职业发展方向，这样你才能改变你的状态，获得满足。请勇敢地重新开始。

三、制定新目标——成功自我激励

你为什么选择这份工作？这个问题的答案是关键。它反映出你对工作的基本态度和动力的来源。当动力源与你目前的工作情况匹配时，制定新的目标并激发出动力就容易多了。

（一）我能改变什么——如此定义新目标

现在请你思考一下，你能如何以及希望如何改变你的情况。哪些工作会带来乐趣？请进一步强化这些工作。你想要继续得到培训吗？还是你想要实现新的想法？你要根据这些安排你的工作。这会为你带来激励。同时，你也要审视工作中的哪些部分给你带来了压力。你可以改变什么？如果出现冲突，我们可以通过对话的方式解决冲突；如果工作有很大的时间压力，那么参加工作坊或者参考专业书籍可以帮助你更好地安排时间；如果你考虑如何改变自己的情况，那么你就同时设定了新的目标；如果你的眼前有明确的目标，那么你的工作就有意义——新的目标会激励你去实现这个目标。

（二）如何正确制定目标

第一步是制定一个新目标。写下目标，这样能给你带来一些约束力并督促你坚持下去。

你做到以下几点，就可以实现目标。

- 具体描述目标。关于这一点，准确地说，是要想清楚：目标是关于什么的？我想改变什么？我打算减轻时间压力吗？写下这些问题的答案，然后想如何去做以及我对此问题有什么措施。

- 设定明确的完成目标的时间。你可设定一个具体的目标截止时间，这样可以避免目标一直被拖延的情况。接着，你还要审核自己的目标。

- 评估目标进度。如何判断自己的目标已经达成了呢？你的目标进度必须是可以评估的，所以你需要确定怎样来评估目标成功与否。比如说用书面形式制定出新的时间管理方案或者写书面反思，借此你可以知道自己的目标成功与否，哪些方面还有待改进。

- 制定可以实现的目标。目标不要定得太高，评估后要知道它是可实现的。宁可选择能够实现的小目标或者阶段性目标，也不要选择不可实现的不着边际的大目标。一个小目标的实现就是一次成功，而成功的经历会激励你做出更多的成绩。

- 了解关于目标的一切。定期了解你的目标情况。在目标实施过程中，要随时思考：这是我的真实目标吗？我实际想要的是什么？这样就能快速了解和掌握你自己的目标。

（三）这样实现你的目标

把一切你可以改变的都记录在下面的表格中。从标记卡片着手进行第一步，定义好新的目标。之后，考虑并记录如何去实现目标以及何时完成目标。

这样实现我的目标

可以和必须改变的是什么？这些是我新目标	可采取的措施	实现目标的时间

四、如何在日常活动中进行自我激励——五点建议

日常生活中，你也可以调动一些小的动力源来加强工作动力。小的事情也可以产生大的影响，同样可以让你在工作上收获快乐。

• 建议1：放松——个人放松也十分重要。

我们经常会将工作压力带入自己的生活中。请注意平衡自己的个人生活，不要忽视自己的个人需求、家庭和兴趣爱好。你要明白，除了工作以外，你还拥有其他很多重要且美好的东西，它们可以带给你快乐。你上一次去电影院是什么时候？上次和朋友一起品尝红酒又是什么时候？这些都能为你带来新的力量，帮你轻松地应对工作中的压力。你要找到你自己喜欢的事情。

• 建议2：你追求完美吗——不要对自己太严格。

你对自己的要求很高吗？你想在生活中完美胜任每项工作任务吗？如果长期如此的话，会导致过高的压力和过度的欲望，因为有时无法像你想象中那么成功。如果降低生活中的期望值，就会轻松很多。扪心自问，如果不能完美地完成任务会发生什么事情呢？其实大多数情况都不会太糟。

• 建议3：打造舒适的氛围——包括每名员工在内。

平时，你和员工们都肩负着许多工作任务，判断一下谁是最好相处的。不易相处的员工确实存在，尽管如此，你也要尽量以包容的心态，主动与他们打交道，并更好地了解和认识这些员工。每个人都会有你喜欢和讨厌的一面，反过来你在别人眼里也是这样的。请试着直接且主动地和每个员工沟通，这样便可避免长期僵化的局面与压力。同样，舒适的工作氛

围也能带给你动力。

- 建议4：时间压力大吗——学会分派任务。

要认真了解每位员工的能力，谁喜欢接受新的挑战，那就把任务转派给谁。这样你就为重要的管理工作赢得更多的时间，并且可以长远发展你的领导能力。要求员工们组成一个能干自主的团队，这样才能减轻你日常的工作负担。你和你的员工们都会追求新的目标，这就是动力。

- 建议5：可视管理——成功显而易见。

让你的成功可视化。你可以将开始经历的情况展现在眼前：你当下有怎样的感受？你已经改变了什么？你还应该再改变什么？这样通过可视化管理，你会发现部分实现的目标同样可以提高动力。因为你看到了什么是已经达成的，并且不会迷失目标。

请用表格的形式记录你的目标。每达到一个目标时，你就可以做个标记，这样你可以享受成功的喜悦。此外，表格还可以帮助你对所有目标一目了然。你可以对它们有一个大纲式的了解，进而保留清晰印象。请你在表格中填写哪些是今年已经着手进行的目标，也填好相应月份应完成的部分目标，这样就可以一览全年的目标。当你需要处理的事情太多时，你可以从表中一眼就看出来，并可以重新确定目标完成的先后顺序。

要点回顾

新的目标——每天的动力来源

作为领导，你需要持续分析自我激励的问题。你作为员工的榜样，要通过自己在工作领域的态度和行为来影响他们。你发出积极的信息，你的同事们则会接收到这一信息。你可以采用三个步骤进行自我激励。

步骤1：回答三个关于动力的问题。

问题1：你为什么选择这份工作？

写下你的理由。这些都是你动力的源泉。请根据你现在的工作情况来重新审视一下现在这些理由是否仍然成立。你满意吗？你能够承担相应的责任吗？还是你需要一些新的内容？你会从中获得解答。

问题 2：工作中的哪些部分会带来快乐？

记录下工作中的哪些部分会带来快乐，强化这些工作领域，比如在这一领域接受继续培训。这样就会从工作中收获乐趣。可能你也会觉察到你的人生重心已经随着时间的流逝而发生了改变。这也很好。改变对于自我发展来说非常重要。

问题 3：你有什么负担？

工作对你造成了什么负担？写下你的答案。这样你就能看到哪些事情在阻碍你的前进。思考一下你能改变哪些事情。如果不能摆脱这些负担，它们就会造成你长期的不满。

步骤 2：思考你可以改变什么。

你始终都可以改变自己的状态。审视一下你的答案并思考一下你可以改变什么，这同时也设定了新的目标。如果你有了明确的目标，那么你就有了努力的方向，你的工作也有了意义。这可以激励你去达成目标。

步骤 3：设定新的目标，但要准确。

设定新的目标可以带来动力。请注意将目标尽可能设定得具体。因为过于宽泛的目标一般都无法达成。你要思考你想达成什么目标，以及要通过哪些行动来达成目标。目标的设定要保证你可以在一个时间段内凭借现有条件达成，这样你就知道你确实可以实现目标。不要将目标设定得过高。一次小的成功也会带来很大的动力。

怎样进行自我反思

佩特拉·施文特

作为幼儿园园长，你需要在诸多方面展现出你的能力。精通专业知识，有丰富的工作经验以及强大的自信心，并能够引以为豪。你要有意识地提升自己，因为你要随时应对各种变动，也许是一些新的矛盾，又或许是一些新的任务。作为一名园长，你需要把问题统统处理掉。

下面将会帮助你认识到自己的能力。借助个人优缺点资料库，你可以知道自己在工作中还需要加强哪些能力，以及如何将劣势转变成优势。这其中并不包括帮助你如何变得完美，因为每个人都是有缺点的。但如果这些缺点变成了工作的绊脚石，那么就应及时加以辨析并进行改正了。

一、领导与引导——软技能备受青睐

首先，软技能在领导方面发挥着重要的作用。因为你要与家长、上级以及合作伙伴打交道，并且领导整个团队，这都需要有强大的社会能力。

> **定义**
>
> **软技能——这个词背后隐藏着什么**
>
> 软技能通常指柔软的或软性的能力，在这里指的是涉及人格以及人际交往的能力。除了专业知识外，软技能在领导方面或是工作中尤其受到关注，因为这是与人沟通必须具备的能力。这种能力对于园长成功化解矛盾或领导整个团队并使之朝一个目标努力也是很重要的。

（一）作为领导应具备的软技能

软技能包括社会能力和个人能力两方面的内容。

1. 社会能力

社会能力包括尊敬与理解他人的能力，能够提出建设性批评的能力，以及表明个人愿景和观点的能力。谁能自如地运用这些能力，谁就能营造良好的工作环境，从而为充分调动同事们的工作积极性带来很大帮助。

社会能力包括以下九个方面。

- 领导能力。作为园长，你应该带动你的团队朝一个目标努力并得到大家认可。对于整个团队来说，你要成为值得信赖的领导人，明确整个团队的工作方向，协调各项任务，并确保成功实施计划。

- 移情能力。移情能力指的是设身处地为他人着想并同情他人，即拥有对当事人的感受感同身受的能力。这种能力在与亲人或是同事打交道的过程中是很重要的。如果你能体会到他们的感受，那么你就会强化你们之间的关系，弱化你们之间的矛盾。

- 化解矛盾的能力。所谓化解矛盾的能力是指成功克服团队中各种冲突的能力。这些矛盾有同事之间的，也有与家长的。观察这些矛盾，可以帮你具体问题具体分析，并同大家一起找到解决方案。

- 沟通能力。作为幼儿园园长，你要经常与你的团队、家长以及合作伙伴进行交流。这时候，重要的是清楚明白地表达自己或是很好地展现自己，另外要让你的同事们明确你对他们的期望，从而将这种期望付诸实际行动。同时，可以通过你的沟通能力来赢得家长和合作伙伴的信任。

- 激励能力。一个团队的能力往往通过激励展现出来。为了激励你的团队，你要认识到是什么力量鼓舞着你的同事，并帮助大家取得理想成绩，从而实现目标。

- 跨文化能力。跨文化能力指的是理解周围人群不同的文化背景、信仰以及行为准则，并能够使其感受到被认同的一种能力。这种能力在与其他国家的家长及孩子的交流中起着重要作用。

- 示范能力。作为园长，你应该做出表率，从而为整个团队树立一个榜样。这样他们就会尊重你并且以你的行为为标准。如果你想长时间保持这种状态，那么你要做的不只是发出指令，而是和大家一同努力。这样你的团队也会很乐意与你一起奋斗。

● 批评能力。批评能力是批评他人以及自我批评的能力。它的目的是改善工作并自我完善与发展。你以及你的同事一定要从中总结学习、吸取教训。希望你能够促进你的团队形成一种允许批评、鼓励批评的工作氛围。

● 授权能力。作为园长，你不可能每件事情都亲力亲为。为了拥有更多的时间来专注于你的工作，你需要将部分任务分配给下属。授权能力是管理能力中比较重要的一个能力，对你也很重要。

2. 个人能力

个人能力指的是个人自身所具备的能力，这里单指个人的品质，例如自制力或自信心。个人能力的大小取决于每个人对自己能力的认识有多少，也就是说自我价值有多大。

个人能力包括以下八个方面。

● 自信。自信是指知道自己的长处与能力，并借此来营造自身积极的形象。一个积极的自我形象也会感染周围人，从而帮助你更加自信地做事。而你的合作伙伴、家长及同事们也会认为你很有能力。

● 抗压能力。作为幼儿园园长，你将会经受很多考验。这其中就包括你是否能够很好地处理来自员工、家长的问题等。你需要顶着压力克服各种困难，出色地完成工作。

● 制定明确目标的能力。目标明确是指要有计划、有安排地，而不是漫无目的地完善自我。你要在短时间内知道需求的变化并和你的团队共同制定新的目标，然后共同讨论如何实施。

● 决策能力。决策能力对于一名幼儿园园长是很重要的。因为只有那些做出艰难决定的人才能进一步实施计划并完善自我。做出决策是你的责任，这样你的团队才有行动能力，工作才能开展起来。

● 解决问题的能力。要充满信心地处理困难并在压力下保持冷静，这样可以使你掌控全局。你要清楚如何做出最好的反应并得到一个好的结果。困难总是不期而至，作为一名园长在困难面前保持镇静非常重要，它会增强整个团队的信心。

- 从错误中吸取教训的能力。这意味着你要认识到自己的错误——这总是不太容易——并从中吸取教训，然后将这些教训运用到今后的工作中。例如你的一个计划没有成功实施，那么找出问题出现在哪里是很重要的。只有这样你才能将计划成功实施。
- 自律。自律指的是为了某件事情将自己的需求放在次要位置的一种能力。某项任务很棘手，但又很重要，所以你要坚持不懈地完成。自律对于你来说有可能意味着你不得不在周末参加一个很重要的会议，即使你更愿意处理自己的私事，但这突显了你的领导能力。
- 负责。责任感受价值观的影响，使有责任的人谨慎行事。作为园长，你肩负着整个组织的责任，因此你不能轻率地做出对整个组织有害的决定。

二、自评与他评——你的优缺点资料库

这里我们将就你的个人能力展开进一步讨论。你知道自己的优点和缺点吗？现在请你做一下这个测试，通过自评与他评找出自己的优缺点。这样可以让你拥有一个个人的优缺点资料库，帮你决定哪些能力对你的工作是有帮助的，以及你想朝着哪个方向发展。

（一）自评与他评

自评可以反映自己的一些情况，评估自己的能力。他评则是从不同角度反馈中认识自身，这是对自评的一个补充。只有这样，你才能发现别人认识到的是否和你领会的一样。

他评的反馈是自我反思以及明确自己和他人期望的动力。哪些能力对你以及他人是重要的？哪些是现实可行的？

凭借着他评，你会得到一个与你的同事及身边重要的人对话的出发点。通过这样的交流方式，你可以有目标地寻求改变，从而更好地认识自

己并做出正确的自我测评。

（二）自评——判断自己的优点和缺点

哪些能力是你的优势，它们现在还在起作用吗？接下来的自我测评表包含一系列重要的软技能。选出符合自己的实际情况，并在最后一列给出与自我测评紧密相连的一些例子。

优点和缺点——自我测评表

能力	优点 符合	优点 比较符合	缺点 不太符合	缺点 不符合	举例说明
一、社会能力					
1. 领导能力：我能引导我的团队朝着一个方向努力					
2. 移情能力：我能够设身处地为别人着想					
3. 化解矛盾的能力：我可以满怀信心地处理各种矛盾					
4. 沟通能力：我能言善辩，乐于交流，并能够清楚表达自己					
5. 激励能力：我可以激励自己及他人					
6. 跨文化能力：我能公正、自信、开放地对待不同的文化、信仰以及态度					
7. 示范能力：我可以给我的团队做出积极的榜样					
8. 批评能力：我能够接受批评并改正，能对我的同事提出批评					
9. 授权能力：我会给我的同事们分配一些任务					

续表

能力	优点		缺点		举例说明
	符合	比较符合	不太符合	不符合	
二、个人能力					
1. 自信：我知道自己的优点并且信心十足					
2. 抗压能力：我可以在压力下克服困难并出色地完成工作					
3. 制定明确目标的能力：我引领我的团队带着明确的目标行事，绝不允许任何偶然的存在					
4. 决策能力：我相信我可以做出艰难的决定以使我的团队保持行动力					
5. 解决问题的能力：在困难面前，我会保持冷静，并积极采取相应措施					
6. 从错误中吸取教训的能力：我能认识到错误，并从中吸取教训，以便下次做得更好					
7. 自律：我会处理棘手的事情，即使我宁愿做其他的事情					
8. 负责：我清楚自己对同事们以及整个团队都负有责任，我会规范自己的行为					

（三）他评——别人对你的优缺点的判断

将测评表交给要给你做评价的两位同事，要注意这两个人不能是你特别讨厌或者是特别喜欢的人，以确保他们尽可能客观地评价你。请将测试表填写完整并给出相应的例子。要明白这个评价对于作为园长的你来说是独一无二的。

（四）分析——自评与他评

将他人对你的评价视为严肃的批评，心平气和地浏览一下你自己和同事们对你的评价。汇总你同事的选项，并用不同颜色的笔将其记录在你的自评表上。这样你便会对所有的分析一目了然。用线条将你的选项连接起来，然后用同样的方法连接你同事的选项，那么现在你就会有三种不同颜色的笔迹。这便于你更好地区分这些分析。请注意以下几点情况。

1. 自我评价与他人评价一致

自我评价与他人评价一致，显示了同事眼中的你和你自己眼中的你是一样的，这样可能好也可能不好。例如，大家可能一致认为你能有重点地开展工作，但实际上你不能或者只是部分能，这样你的自我评价就可能得不到改进。

2. 自我评价与他人评价完全不一致

自我评价与他人评价完全不一致，意味着同事眼中的你和你自己眼中的你是不一样的，这样既有好处也存在弊端。例如可能你认为你目标明确，但你的同事却认为你的目标不明确或者完全没有目标。

这种不一致可能也显示出，你低估或者高估了你的某些能力，那么就有必要进行一次交谈了。你可以将这些例子作为谈话的基础，这样双方都明白这些评价是如何得来的，因此不同的看法将会得到修正。

3. 自我评价与他人评价部分一致

可能你的自我评价与你同事对你的评价部分一致，并没有太大的差异。谈论一些你自己以及你的同事在对你评价中所举的例子。如果你自己认为是对的，那么在讨论后改正。

> **建议**
>
> 想一想——评价是带有主观性的
>
> 无论是你的自我评价还是你同事的评价，它们都基于主观认识，都会帮助你更好地认识自己。你自己也可以决定采纳或是摒弃哪些评价，但你要有充足的理由并举例说明。不过，通常情况下你应该先去看看别人是如何评价的，这将会促进你事业的进步。

现在你通过自我评价与他人评价对自己有了一个新的认识。但你还需要复印一份自我测评表，然后根据这些新的认识重新评价自己。现在你已经拥有了一个个人优缺点资料库，你需要通过你同事的反馈来将其不断更新。

三、能力强化——如何自我提升

你已经构建起了你的优缺点资料库。那么现在呢？把它当作你新知识的一部分。通过这份个人资料库，你可以继续寻求一些变化，然后你要决定你希望拓展哪些能力。经常看一下这个资料库，这样你会对自己的优缺点一目了然。

（一）拓展能力

为了提升自己的能力，你肯定会从你的缺点着手，然而请忽视它们吧！我们不需要做到完美，这样只会增加你的压力，毕竟人无完人。

要明确知道哪些缺点阻碍你的日常工作。比如你以前总是很"迷糊"，虽然这从来没造成过什么影响。但随着责任越来越大，这些缺点对你工作的损害就显现出来，所以是时候做点改变了。

作为园长，你要知道你的团队想要什么。征求一下大家的意见及建议，分析一下哪些是可行的，哪些又是不可行的。询问一下你的同事，在与他人意见不一致时，你应该怎么做，以及如何促进大家之间的合作。

（二）我这样达成自己的目标

找出自己作为园长的一些缺点和阻碍工作的缺点，然后想想你该如何处理这些缺点。朝着这个方向来提升自己，这便是你个人的目标！请看下面这个案例。

建议

接受自己的长处

欣然接受自己的长处！我们常常会低估自己。他人评价将会打开你的眼界，并让你注意到自己平时没有意识到的优点，因此要强化自己的长处，并以一颗平常心对待同事对你的积极评价，这样你也会增强自信心。

作为一名幼儿园园长，我这样来提升自己

我的缺点是什么？	哪些缺点使我或我的团队陷入困境？为什么？	我想要拓展自己的哪些能力？为什么？	目标：我想要在这些方面提升自己	我会采取这些措施来达成自己的目标
自我意识	我常常会感觉到作为一名新任的幼儿园园长得不到大家的拥护，因为我的团队认为我表现得不够自信		我想成为一名让大家包括我自己都认可的园长	领导能力的训练：与那些和自己有着同样缺点的管理者一起来拓展自己的能力
领导能力	我常回想我的同事们是怎么反驳我的，并且还振振有词地告诉我这个任务为什么不能完成			

（三）帮助你改变的人

很多改变你可以借助自己的力量完成，例如通过看书或和你的同事讨论。然而有些改变最好是借助专业人士来实现，例如借助个人辅导或进修深造。如果你的精力有限，那就确定一下优先事项，具体问题具体分析（观察一下，哪里最经常出问题，就从哪里入手，采取相应的措施）。你可能会认为，很多地方并不是仅靠一个人的力量就能处理好的。将你的疑虑反映给你的老师或朋友，他也许会站在一个引导的位置来帮助你，使你更强大。

要点回顾

软技能——强化你的能力

软技能包括个人能力与社会能力，这些能力对于一个领导者来说尤其重要。你要了解自己，并找出你的优势与劣势。

行动起来！

步骤1：找出你的优点和缺点。

软技能对于你当好园长有很重要的作用。你要负起独自领导的责任，并引导一支信任你的团队。为了找出你的优缺点，首先你要做一个自我测评。但你的同事是怎么看你的呢？仅仅靠一个自我测评是不行的，你还要了解到同事们对你的评价，认识到他人评价与你的自我测评之间的共性与差异。因为他人评价将会从另一个方面来反映出你的能力，帮你将自我测评补充完整。

步骤2：构建你的个人优缺点资料库。

现在你需要做出分析与评估。自评与他评是否一致？存在哪些不同？如果一致，可能表明同事眼中的你和你所认识的自己是一样的。如果自我测评与他人测评完全不一样，那么你就需要找你的同事共同讨论一下，为什么你们的看法不一致。你需要在案头放一份自我测评表并不断加以更新，这样你就会对自己所有的优缺点一目了然。这就是你的个人优缺点资料库。

好好利用它，然后决定要拓展自己的哪些能力。

步骤3：决定拓展自己的哪些能力。

浏览一下你的个人优缺点资料库，没有必要把所有的缺点都转变成优点，因为这样会很辛苦。思考一下哪些缺点是你工作的绊脚石，接下来你想重点拓展哪些能力。把这些标注在相应表格中。考虑一下接下来你要朝哪个方向来提升自己。同时也要有一些针对性的措施，并寻求专业人士的帮助。

祝你成功！

怎样克服压力

佩特拉·施文特

幼儿园园长的工作总是伴随着很多新的任务。工作中有新的改变很好而且非常重要，一方面使你的日常工作更加有趣，更富有挑战，另一方面也可能给你带来巨大的压力。例如在管理和教学之间转换，可能会使你快速陷入一个压力的漩涡。

你应当清楚地认识到，压力对你个人来说意味着什么，通过测试来了解你的压力情况是多么紧急！你可以借助表格找到解决的方法。这样，你就可以从压力漩涡中成功解脱出来了。

一、我有很多的压力——具体压力是什么

"我压力很大！"这句话经常从很多幼儿园园长的口中冒出。你也是这样吗？不断提高的要求，教育计划的转变，质量的评估，上级、家长、孩子和同事的需求，还有各种矛盾，都是压力的来源。每天在管理工作和教育任务之间的转换会让人失去平衡，并由此产生一个压力漩涡。那么，你该如何解放自己？

> **定义**
>
> **什么是压力**
>
> 压力描述的是人们心理及身体的反应，这种反应是由不同的影响和外部刺激引起的。压力既可以是正面的，也可以是负面的。正面的压力引导我们达成目标，负面的压力则成为我们的负担。

（一）我们如何感知压力

首先，压力是完全无价值偏见的。正面的压力使我们的生活更有趣，它鼓励我们，让我们有动力、有思想、有目标，并愉快地工作。长期的负面压力则会让我们的身体和心理都受损害。它让我们感觉一直处于压力之下，十分紧张。如果正面和负面的压力处于平衡状态，那一切都会十分顺利。这是生活的一个基本原则。

例如来自工作和私人生活的外部压力可能使我们失去平衡，然后产生压力。不过，每个人对压力的感觉都不一样，这经常和不同的因素有关。

1. 健康状况

如果健康状况不佳，对压力反应就会更敏感，日常任务也就会变得更加难以完成。但反过来，这又妨碍了恢复过程，同时也加重了压力的感觉。

2. 社会环境和外部影响

拥挤、噪声、忙碌或者拮据可能都是压力源。另外，我们的社会环境也会造成一定的压力。

3. 信仰、价值观和经验

在压力环境中的个人经验会影响我们的思考、感觉和活动。我们的信仰、价值观和经验决定了我们如何感知压力。

4. 教育和天性

你有没有在有压力或忙碌时也能感到放松和满意的经历？起决定作用的是社会和文化背景，比如对于困难、疾病、危机、人际关系、学习、工作的处理和个人的生活态度。作为直接的榜样，家长、那些和孩子关系最密切的人也起到一定作用。另外，我们的天性也会影响我们的压力感和对压力的处理。

（二）造成压力的情况

压力有赖于我们如何感觉、评价和对情况做出反应。在社会工作中，持续的压力是导致疾病的最常见原因。忙碌、噪声和高要求是巨大的负担，使人们经常会有完不成工作的感觉，进而产生压力。当然，你可以采取措施。对你的压力情况进行分析是走出压力漩涡的第一步。

二、我到底有多大压力——请你做一个测试

"我到底有多大压力？"只有当你想清楚后，才可能有目的地针对压力采取措施。以下三个步骤帮助你认识自己的压力情况。

（一）步骤1：了解压力对于你意味着什么

搞清楚是什么原因造成你的压力，并清楚地了解它是如何影响你的。这是自我认识的第一步，只有这样才能够进行改变。

下面的记录页能帮助确定你的压力来自哪里，以及它如何影响你的生活。这是你采取行动的基础。

压力对我意味着什么

请你给压力做出自己的定义：它对你意味着什么？以下的内容能帮你更好地了解自己的情况。请你将句子补充完整。

1. 压力的定义

我理解压力是：

当有人提出过分要求时，我会感觉到压力。_____

_____

2. 我的压力因素

有这些情况发生时，我会陷入压力：_____

_____

3. 我的动力、观点和信条

我觉得压力_____

_____

4. 我在身体上和心理上这样对压力做出反应

如果有压力，我会_____

_____

5. 预防压力

更小的压力对我来说意味着：_____

_____

（二）步骤2：了解你有多大的压力

现在你知道了压力的来源以及它对你意味着什么，但是你了解你的压力有多大吗？通过这个测试你可以找到答案。

1. 我的压力有多大

选择你已经出现的所有症状。在你进行压力评估时，应该考虑这些症状出现的频率，如偶然、经常或者持续。频繁且长时间出现症状表明持续性的压力。请你选择符合的实际内容。

我的压力有多大

	这些症状经常或者总是出现在我身上	符合
	身体机能方面	
1	心跳和呼吸加速	
2	紧张感	
3	气喘	
4	膝盖发软	
5	嘴干	
6	嗓子堵得慌	
7	循环系统障碍	
8	循环系统衰竭	
9	眩晕	
10	高血压	
11	心脏刺痛	
12	大量出汗	
13	耳痛	
14	耳鸣	
15	便秘	
16	胃肠不适	

续表

	这些症状经常或者总是出现在我身上	符合
17	睡眠障碍	
18	慢性疲劳	
19	性功能障碍	
20	精神萎靡	
21	脸和肩部肌肉紧张	
22	偏头痛	
23	背部疼痛	
24	免疫系统虚弱	
25	皮肤变化	
	心理方面	
26	内心焦虑	
27	过度负荷	
28	害怕	
29	沮丧	
30	不安全感	
31	神经紧张	
32	神经质	
33	不舒服	
34	攻击性	
35	不易集中精力	
36	白日梦	
37	噩梦	
38	心情压抑	
39	无精打采	
40	听天由命	

续表

	这些症状经常或者总是出现在我身上	符合
41	思维狭隘	
42	记忆障碍	
43	思虑过度	
44	能力下降	
45	思维阻滞	
46	失误增多	
	行为方面	
47	易怒，缺乏对他人的理解	
48	回避可能导致压力的情况	
49	僵硬的面部表情	
50	战栗	
51	咬牙切齿	
52	紧张的手势和面部表情	
53	踮脚	
54	敲击手指	
55	抽搐	
56	握拳	
57	结巴	
58	突然的情绪失控，例如哭、歇斯底里地笑、叫喊、哭闹、不合理的行为，以及伤害别人	
59	沉默和社交退缩	

2. 评估：你的压力有多大

现在数一下你选择了几项。请你这样评估你的结果。

- 我的选择少于五项。

你没有受到持续性压力的影响。你的日常生活虽然有充满压力的时候，但它们对你身体和精神的健康没有真正的负面作用。请享受你现在的状况。

- 我选择了五项或更多。

你受到了压力的影响。请倾听你身体发出的信号。现在请你采取措施来减少日常生活中的压力。你应该注意在日常生活中创造小的休息空间。找出你最经常的压力并对此做点什么。你的压力仅仅是暂时的吗？例如，它和一个任务联系在一起，那么压力将很快消失。压力是持续性的吗？那么考虑一下你可以对此做点什么。

- 我选择了10项或更多。

你受到了压力的严重影响。找出让你最放松的事情。运动，如瑜伽或散步，是减轻压力的好方法。此外请你在改变过程中寻求专业的支持，例如医生或教练。他能够客观地观察你的情况，并帮你找出最大的问题在哪里。

- 我选择了15项或更多。

注意！你处于崩溃的边缘！你应该严肃对待这些症状，并且通过医生或教练获得专业的支持。请你立即行动，因为健康是你最重要的财富。

认识压力的症状和原因并不意味压力变小，这是更加谨慎处理问题的第一步。只有当你知道你想改变什么的时候，你才可能进行改变。

建议

你只有身体上的症状吗？

如果你只选择了身体机能方面的选项，那么请你向医生咨询，以排除有身体疾病的可能，因为压力经常伴随着心理症状。

（三）步骤3：找出你内在的因素

我身上的压力是什么原因造成的？除了外部因素，例如时间压力或者过多的要求，内部因素也是压力的重要来源。例如总是尽可能地想将一切事情做好，就是内部驱动力导致的压力因素。

1. 五种驱动力和它们的意义
- 我必须是完美的——发展的需要。

你的要求总是正确的吗？你是否经常想：我必须变得更好或者我还不够好吗？这些想法可以激励你。然而这些想法不断出现就会导致压力。你的期望过高，达到你力量的极限。请你记住：没有人是完美的！

- 我想让所有人都满意——认可的需要。

你希望在团队里得到认可吗？你希望避免争吵和对抗吗？当然，被接受和得到认可是一种美好的感觉，但你不可能把所有事情做得很完美。因此请你不要不顾自己的需要而只顾实现同事的愿望。经常只为别人考虑，会导致压力和过度要求，并且可能导致心理和生理疾病。

- 我必须更努力——成就和成功的需要。

你特别追求成就和成功吗？你经常认为自己必须更尽力、努力，或者即使不会成功，仍然应该试着完成什么吗？当你过度疲劳时，你相信在你的生活中只有成功吗？这样的想法将导致长时间的压力和身体的负担。

- 我必须坚强——社会安全感的需要。

你试着不表现出伤心、无助或者受伤的感觉吗？你想通过这些带给其他人安全感吗？虽然你外表坚强自信，但是你的压力也提高了。每个人都有害怕的时候，你应该允许这些感觉出现，不要一直置自己于压力之下。

- 我必须抓紧时间，不能错过任何事情——参与的需要。

你经常担心错过一些事情吗？你经常想：我在浪费时间，这样我将永远不能完成任务，或者我必须再迅速地解决一些事情吗？这样你看起来很忙碌，并且能同时解决更多的事情，但是你会感到疲于奔命并充满压力。即使没有紧急的事情和时间压力，在这种驱动力的作用下你也会一直处于忙碌中。然后你感到周围变得不安静，放松和休息对你来说更像干扰。这种驱动力会导致心理疾病，甚至崩溃。

2. 我们对内在驱动力说什么

你的内在驱动力使你实现基本的需要成为可能。上述五种简短的描述符合你的情况吗？当驱动力使你持续处于压力状态时，它就会带来阻碍并成为内部压力因素。如果你感觉总是必须做到完美，总是把所有事情都做正确，从不示弱，并且经常过度要求自己，那么是时候做一些改变了。请你认真分辨你的内在驱动力。

三、我将这样改变——针对压力你可以做什么

现在你已经找出你的压力是什么，你有多大的压力，哪些驱动力增加了你的压力。借助这些认识，你可以有目标地做一些事情。

> **建议**
>
> **详细列出你的解决方法**
> 详细写下你的解决方法，包括时间、地点、怎么做以及你将和谁做些什么。你列得越详细，越可能实现目标。

你是不是觉得有些时候压力看起来并没有办法解决？其实不然，总是有一个办法，也总有一个可以继续帮助你的谈话对象。请你在表格中记录你有什么压力，压力有多大，以及你的内在驱动力是什么。这样你可以有目标地思考：我将针对它做些什么。记下来以后，办法可能就会出现在你眼前。

我这样改变我的压力情况

我的压力看起来是这样的	我将改变这些情况
1. **这些情况使我感到压力** 和同事相处的压力 在管理任务和教育工作之间的转换	我将在下周和同事进行一次谈话来最终消除矛盾 我将要求上级再招一个人，例如一个兼职人员，这样我将有更多的时间进行管理工作
2. **我比较大的压力有下面这些表现** 我承受巨大的精神压力	我将参加一个新的瑜伽课程。
3. **这些是我的内部驱动力**	

四、在日常生活中争取更多的平静和时间

（一）五个提示

你将学会在日常生活中改变造成压力的习惯。它可以是负面的思考、

缺少睡眠或者缺少运动。你应当认识到这些习惯并改变它，因为一些小的改变就可以让你的生活减少很多压力。

1. 集中精力做你正在做的事情

你可以通过任务和日程一览表来做到这一点。最好用一个年历，这样你可以看到你在一年中要做什么、不做什么。请你推迟所有不需要优先处置的事情。了解到每个任务和每个日程在年历上的位置，你就可以集中精力安心做你正在做的事情。这样不仅可以预防压力，并且不必经常思考是否还有很多事情必须解决。

2. 按你个人的生物钟行事

注意观察哪些时间段你最可能集中精力。是早晨吗？那么你就在午休前解决一个要求高度集中精力的任务。这样不仅能够成功完成任务，并且你还可以因此受到鼓舞，从而避免压力。

3. 立即谈论矛盾

不明确的矛盾是很大的压力来源。一次谈话就能解决这种情况。请你勇敢地迈出第一步，立即澄清矛盾。大部分情况下，对方也会对澄清矛盾感兴趣。请你假设不是你而是别人处于这个矛盾中，你会给这个人什么建议？这样一想，你就会从一个新的视角去看问题。

练习：在一个困难的谈话前放松

坐直或者站直，双脚平放在地上，放松。闭上眼睛，注意吸气和呼气的方式。

现在你开始在每次吐气时在头脑中从5数到0。

在每次吸气时，留意感觉穿过你身体的正面力量。每次吐气都让你变得平静。

在数到0时，请你放松片刻，然后双手握拳，拉伸和舒展自己。最后请你睁开眼睛。

完成这套动作后，你就可以在谈话中表现得更加积极。

4. 定时进行心灵保健

和一个信任的人谈话经常会带给你惊喜。请你讲述你在担心什么。你也可以用日记的形式，给愿意听你倾诉意见的人们写信，表达自己内心的失落。然后请你进行一个自我释放的仪式，把信扔进垃圾桶、埋掉或者烧掉。这样可以使你的内心得到放松。你还可以考虑向朋友吐露心声，这个人最好不是你的同事或圈子里的人。这样会减少你的内心矛盾，并且使你幼儿园领导的位置得到保证。

5. 获得专业支持

你感觉仅靠自己不能从压力漩涡中挣脱出来吗？你感觉到自己身体和心理被侵占了吗？你想改变你的情况，但是不知道如何改变吗？那么请你寻求专业的支持。

举例：专业的建议——谁对你来说是正确的人

家庭医生或者神经科医生：家庭医生或者神经科医生解释的是身体上的症状。在他们那里，药物和治疗会经常被用到。

心理学家或者心理治疗师：他们用治疗学的方法解释原因，并且和你一起努力改变。

培训师：一个培训师可以给你提供所有的建议。他给出专业的支持，并且帮你进行定位，寻找目标和改变的途径。

督导：督导是一位专业的搭档。如果你不能一个人克服同事圈里的矛盾，他将提供进一步的帮助。

同事：在工作问题上，他们会从专业角度进一步帮助你。

（二）你去哪里找合适的支持

上网搜索，看黄页，和同事交流，看专业杂志，请教专业咨询机构、医生和熟人等，都能让你获得信息。不要害怕寻求专业的帮助，相反，这是强大和勇气的表现，能帮你改变自己的情况。

要点回顾

放慢速度——避免工作的压力

针对生活中的压力，你可以并且必须做些事情。重点是首先认识自己的压力情况。压力是由什么引起的？压力有多大？哪些内在驱动力导致压力？然后你才可以有目的地针对压力做一些事情。

你的压力到底有多大？

首先找出你的压力源是什么。通过寻找压力源，你可以了解你的压力情况，然后了解压力对你意味着什么。每个人感觉到的压力是不一样的，这不是归结于引起压力的原因，更确切地说这是个人的感知。请你用记录页确定压力对于你意味着什么。这样你就会知道你日常生活中的压力是什么。紧接着，请你进行自我测试。这样你就知道你的压力情况有多紧急。然后，请你找出什么驱动着你，你的行为背后隐藏着哪些动机，你什么时候经常处于压力之下，等等。

只有当你了解自己的压力情况后，你才可以有目的地针对它做一些事情。你可以在表格左边简要地描述你的压力情况。你有什么压力？压力有多大？你的内在驱动力是什么？针对它你可以做什么？然后在右边记录你的解决方法。这样它就不仅只是思考，而是具体的可以操作的方法。

你也要考虑自己的日常生活，找出压力的来源，例如可能是缺少睡眠或早晨太匆忙。想想在你的日常生活中这些压力存在于什么地方，并针对它做些事情。例如，你可以准备一本工作年历，这样你马上能够看出什么时候你的负担过重。或者你可以找出你的个人生物钟，这样你可以在自己感觉良好的时候处理重要工作。

怎样缓解疲劳综合征

卡特琳·舒尔茨

你的工作需要很多加班吗？感觉越来越不易集中注意力和放松？你对工作的积极性越来越低，对于日常工作的要求越来越难协调？你很可能已经慢慢患上了疲劳综合征。

下面你可以了解到疲劳综合征是如何产生的，并学会如何避免它。反思表格可以帮助你找出精神负担，并找到放松的方法。你要重新考虑对工作和业余时间的态度和观点，然后正确地对抗疲劳综合征。

一、现在几乎每个人都有这种问题——疲劳综合征背后隐藏着什么问题

因为工作中的压力太大而请了病假，因为无法承受工作的压力而失去了工作能力……这些你肯定也听过或者看到过。或者你自己也思考过，自己的工作压力是不是太大了？

在最近的几年里，"疲劳综合征"这一概念在大众中越来越受到关注。

定义

人们该如何理解疲劳综合征

一种精神上、身体上、情绪上的精疲力竭，随着逐渐降低的工作能力和听天由命的态度而慢慢侵入工作中。这种病征通常会在一段较长时期内慢慢显现。

综合征=病象，经常会有很多非典型并发症同时出现。

从事所谓的支持性工作的人们，遭遇到疲劳综合征的情况会更严重。幼儿园的老师们也是如此。特别是有和许多人密切交流的高要求和经常具有不确定性的工作，会很快让他们感受到更大的压力。

但只有压力并不会造成疲劳综合征。人的身体和精神可以将一定程度内的压力排解掉，但前提是能有足够长的自愈时间。除工作中的压力因素以外，自身性格以及自己对抗压力的方法，也对疲劳综合征的产生起到了一定作用。

导致疲劳综合征的因素

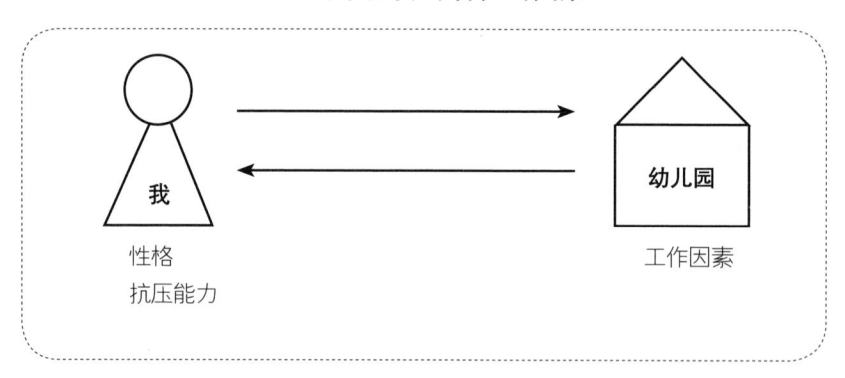

我　　　　　　　　　　　　　幼儿园

性格
抗压能力　　　　　　　　　　工作因素

疲劳综合征有130种症状。每种症状都可能有其他的原因，而不单单是因为疲劳。可能会出现的症状有疲劳、失眠、抵抗力降低、经常头疼等。无法集中注意力、记忆力衰退、恐惧、紧张、积极性降低和决断力的减弱，都是疲劳综合征的表现。

疲劳综合征目前在医学上还不能得到很好的诊断，医生还不能因为这个原因给你开病假条。它可能是一种伴随性症状，如同抑郁或者身体上的疾病，也就是说，像非身体的原因造成的身体疾病。这就导致疲劳综合征的患者数量并没有官方统计数据。

出于这个原因，你通过对自身提出现实要求，在幼儿园创造积极的工作氛围来避免疲劳综合征的出现是很重要的。你现在这样做，就可以让你在幼儿园的工作继续充满快乐和动力。

二、悄悄地得了疲劳综合征

疲劳综合征的发生是一个过程，症状慢慢地发展，很晚才能发现，通常它的发展阶段要持续几年。

疲劳如何产生？

起初，疲劳综合征的产生大多是由于一段时间过度投入工作引起的。你自己是不是对孩子、家长和同事的期望非常高？也许是幼儿园的经营问题让你产生了压力，为了幼儿园的利益而出现加班，或者是把工作时间和业余时间的界限混淆了。

在疲劳渐渐产生的过程中，综合征也有不同的阶段。疲劳综合征的发展可以划分为12个阶段，但因为彼此区分并不十分明显，所以粗略可以划分为3个阶段。

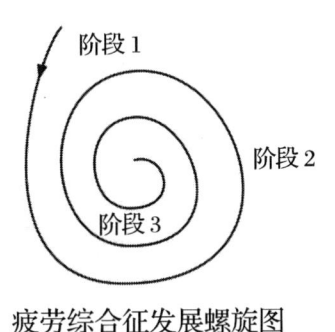

疲劳综合征发展螺旋图

（一）阶段1：心理疲劳

疲劳的第一阶段是心理疲惫。过分尽心于工作，会让感情陷入空洞，挫败感开始出现。和家长、孩子、同事的高密度对话会让人觉得很疲惫。持续的自我关注，会让人有种充满压力和过度紧张的感觉。

这一阶段的重要标志就是，越来越难以在业余时间完成自我恢复，并在工作上保持自我。现在，放松的源头干涸了，自我恢复总是越来越难开始。在周末或者假期，与幼儿园的工作联系越来越难切断。

（二）阶段2：个性缺失（脱离社会）

第二阶段以个性缺失为标志。面对同事、家长、孩子时，棱角渐渐被磨光，反应过于敏感，而且越来越冷漠。在工作中建立的人与人之间的积极感受消失了，越来越不愿意和人交流。

这种神经敏感又冷漠的态度也影响了私人生活——为了避免产生负面情绪而远离社会。在这一阶段后，离影响个人能力已经不远了，到这个时候别人也能清楚看到这些变化。

（三）阶段3：个人能力受限

第三阶段是个人能力受限。感觉在幼儿园中的工作越来越没有权威了。越来越怀疑自己的工作，感到无力，自信心减退。

幼儿园的工作只是按照规定而非责任心和工作热情完成的。最初的目标已经被完全放弃了。身体会经常产生病痛，例如心脏、肠胃、运动系统，最终导致丧失工作能力，解约或者提前退休。

某一个人在一段比较长的时间内患上疲劳综合征对于他人来说是很难察觉的。经常是到了第三阶段才被发现，而此时已经心理疲惫很长时间了。你应该及早处理会对身体和精神都产生影响的疲劳综合征。

三、我受到威胁了吗——谁有可能遭受疲劳综合征

幼儿园的工作很费心，特别是作为幼儿园园长。压力和工作的负重都属于日常工作内容。并不是每一个幼儿园园长都会得疲劳综合征。除了工作的原因，个人因素是判断是否患有疲劳综合征的决定性因素。

（一）工作因素

除了对工作量的过高要求，缺少对自己工作的回馈、缺少赞同也属于此种情况。同样，要求过低和缺少自主权也起到了推波助澜的作用。

刚好现在的幼教行业面临着来自社会各界的巨大压力。作为幼儿园负

责人，工作内容越来越广泛，时间压力加大了，工作性质模糊了。因此，你会越来越多地感受到客观的压力。对于那些不仅需要负责领导工作，还要负责教学的园长来说尤其如此。

对于社会工作者来说，较少的反馈和缺少认同一直是一个问题。虽然工作很多，但从中得到的反馈却很少，团队中也很少讨论这种问题。而上级一般也只是针对特定的困难进行反馈。

从薪金方面考虑，幼儿园工作人员的薪金较其他职业要差很多，但工作要求却相差无几。虽然大家在从事这个职业之前就对此有所了解，但随着时间的推移，价值认同感就会消失。

要求过低和缺少自主权也会造成压力。尤其是在理念实施和财政预算方面，幼儿园园长经常被缚住手脚。而教育计划、家长不断提高的要求、上级的各种规定，都和捉襟见肘的预算一样，限制了工作的开展。这样，很多正能量都随之消失了。

（二）个人因素

这其中包括了对于工作的美好幻想、过高的工作认同感和个人对待压力的态度。特别热衷于某件事的人，尤其容易出现问题，因为疲劳综合征都是由某些因素触发的。

美好的工作幻想，比如"必须做得好才能得到认可"，"必须要比所有其他人都更加出色，因为我承担着领导责任"，都暗藏着失望或者失败的风险。完美主义带来压力。压力让整个人越绷越紧。如果不能恢复平衡，就会出现问题。

对于工作认可度过高的要求也会导致挫败感的出现。"工作才会让我激动"，或者"没有人能把我的工作做得和我一样好"，这些想法会使你长时间地对自己要求过高，而与现实相冲突。恰当的感觉与平和的生活方式消失了。

最后，对压力的处理也会改变疲劳综合征的风险。本来的界限被忽视了，用于平衡的必要时间没有了，风险加剧了。相反，认识自我和积极处理压力防范疲劳综合征的机会减少了。

第一章 园长领导力提升

我受到疲劳综合征的威胁了吗——自我测试

阅读下面每一点提示,选择你是符合。不要思考过长时间,要凭直觉选择。

自我测试——我有疲劳综合征吗

阶段1:心理疲劳	符合
1. 我总是觉得虚弱、疲惫。	☐
2. 我的工作让我失望。	☐
3. 我总是感觉空荡荡的。	☐
4. 我总感觉越来越难放松。	☐
5. 我的头疼次数越来越多。	☐
6. 在周末,我也很难和工作切断关系。	☐
7. 与孩子及其家长密切联系让我压力很大。	☐

阶段2:个性缺失	符合
1. 对于孩子和家长关切的事情我不再感兴趣。	☐
2. 有时候我不想去工作。	☐
3. 在家里我也经常被激怒。	☐
4. 同事的工作对我来说不重要。	☐
5. 我的工作成绩不被肯定。	☐
6. 我的工作积极性降低很多。	☐
7. 我越来越多地受家庭和朋友的牵绊。	☐

阶段3:个人能力受限	符合
1. 我经常感到很难集中精力。	☐
2. 我根本不明白我为什么要在幼儿园工作。	☐
3. 工作时我只做最重要的事情。	☐
4. 我考虑过辞职。	☐
5. 我的感冒次数越来越多。	☐
6. 我再也振作不起来了。	☐
7. 我再也不相信自己。	☐

说明:这份自我测试不是用来诊断你是否患有疲劳综合征的。诊断只能由医生或者治疗师做出。这个测试只是向你展示你在某些方面所面临的困难。你选择的越多,你就越应该找医生进行咨询。

四、认清危险，消除危险——预防疲劳综合征

最好的预防大概就是生活和工作的恰当的平衡，不对在幼儿园遇到的困难发怒，不要忘记当初选择这个工作的最好的理由。这些话听起来都很不错，但是少有人持这种态度。如果真是这样，压力早就被清除了。

清晰的认识、有意识的决定和坦率的心态，用于积极对抗疲劳综合征并不是最完美的。你应该怎么做？

（一）为了你的工作——对抗疲劳综合征

1. 考察目标

审视你的工作态度和工作目标。注意要与你的实际工作协调一致。你的期望不要过高。你不能为了实现这些目标而拿你的私人生活做赌注。

2. 了解导致压力的因素

如果你已经感到工作对你造成了压力，你可以尝试找出确切的压力来源，了解这种压力有多强烈。把这些写下来，然后寻找解决的可能。例如，如果电话铃声一直响个不停让你感到压抑的话，你可以安排一个固定的电话接待时间。你要学会拒绝。

3. 营造良好的氛围

在幼儿园里，你要利用可能的反馈和调节方法来创造积极的工作环境。这不仅对你有好处，对你的队伍也有好处。你和同事们交往，并定期和他们交流想法和发现问题。这样，你们之间就建立了一种互相尊重的关系，并在赞扬和鼓励中找到自己的位置。

下面这些反思表格帮助你看得更清楚。下一步你可以发现，哪里可能会出现变化。

（1）哪些压力因素让我感到压抑？反省你的日常生活

写下你工作中存在的压力。最后评估一下，因为这些因素，你感觉自己的压力有多大。

反省——哪些压力因素让我感到压抑

工作压力	压力级别				
	没有或很少有压力	稍微有点压力	压力适中	压力大	高压
完成每天的任务的时间不够用	☐	☐	☐	☐	☐
频繁的电话	☐	☐	☐	☐	☐
没有反馈	☐	☐	☐	☐	☐
我的认真投入不被赏识	☐	☐	☐	☐	☐
和同事没有交流	☐	☐	☐	☐	☐
家长的要求越来越多	☐	☐	☐	☐	☐

（2）我该如何对抗我的压力？改变你的日常生活

你已经知道在工作中是什么对你造成了压力了。现在你要尝试找出哪些方面可能会发生变化。你不仅要关注压力值高的项，压力值低的项也值得改变。

如何对抗我的压力

高压（=5） ——没有回馈 ——日常办公时间不够	我要改变 ——在队伍内引进反馈体系，例如小组会议 ——寻求与上级沟通 ——引进时间管理体制 ——委派任务
压力大（=4） ——持续电话来访 ——和同事没有交流	我要改变 ——确定固定的电话接待时间 ——重新组织小组会议 ——计划安排交流时间
压力适中（=3）	
稍微有点压力（=2）	
没有或很少有压力（=1）	

（二）为了你的个人生活——对抗疲劳

注意观察你工作时间和自由时间的关系。睡眠充足，饮食规律，才能保证生活均衡、有规律。你要将工作时间和业余时间区分开，让自己有定期放松的可能。还要注意你自身的需求，要有正常的社会交际。

建议

自己和自己做朋友！

买一束花，把这束花包装得漂漂亮亮的，就当你要把它送人一样，然后把花放到花瓶里，安排在家里一个显眼的位置，也许正对着你最喜爱的沙发椅。然后你坐在沙发椅里，让这束花发挥作用。你会发现：做一些自己喜欢的事意味着尊重自己。

运动和放松在疲劳综合征发展之前以及发展过程中都有帮助。量力而行，发现那些你能很好完成的运动，并借此很好地放松。运动和放松的方式有很多，从跑步到加入专门的运动团体，从瑜伽到肌肉放松。如果你不知道什么样的运动适合你，找一位健身教练咨询吧，他会给你很好的建议。

写下那些你用来放松的方式或者你原来曾用过的方法。你喜欢哪一种？哪项业余活动让你感觉很舒服？另外还要写下来，如果你有时间的话，你最想去干些什么来"脱离苦海"？标出你最后一次进行这些活动是什么时候。

反思——我希望可以再一次……

我感觉很舒服并能借此放松	最近一次					
	1-3周前	1个月前	2-3个月前	4-6个月前	6个月以上	从来没有
听音乐	☐	☐	☐	☐	☐	☐
读书	☐	☐	☐	☐	☐	☐

续表

我感觉很舒服并能借此放松	最近一次					
	1-3 周前	1个月前	2-3个月前	4-6个月前	6个月以上	从来没有
跑步	□	□	□	□	□	□
打羽毛球	□	□	□	□	□	□
综合运动	□	□	□	□	□	□
做饭	□	□	□	□	□	□
画画	□	□	□	□	□	□
唱歌	□	□	□	□	□	□
陶艺	□	□	□	□	□	□
家庭出游	□	□	□	□	□	□
园艺	□	□	□	□	□	□
散步/回归自然	□	□	□	□	□	□
	□	□	□	□	□	□
	□	□	□	□	□	□

建议

计划你的放松活动和时间

像日历中其他约定事项一样，标注出用于放松的时间。计划好固定的放松时间，而且要写上你想做什么。例如：

周一，19：30—20：30 户外活动

周二，19：00—20：00 跑步

然后你要像执行其他约定一样去实施你的计划，并保证不会被干扰。这样一直持续，创造一个和工作间的平衡。

（三）过去的理想和现实——反思你的工作选择

列出你当初选择这份工作的最重要的原因，以及第一年里发生的重要的事情。

然后再列出现在对你的工作来说什么是重要的。问问自己："我有什么理想？什么对我的工作是重要的？对自己和工作有什么目标？"

对比两个列表。变化在哪里？为什么会有变化？

反思——过去的理想和现实

1. 过去的理想和态度

   我想和人们一起工作。

   我想从事一份被需要、被重视的工作。

2. 现在对工作的理想和态度

   我的工作是我的生活。

   我想把工作做得非常好，这样能得到肯定和赞许。

五、如何治疗以及什么时候治疗——治疗的方法

但是，如果你已经患上了疲劳综合征呢？

重要的一点就是沟通，即便沟通现在已经很困难了。只要你还谈论你的工作并且还能兴奋起来，就还没有患上疲劳综合征。你要和好朋友或者医生交流，让他们出出主意。特别是在第一个阶段，这会很有帮助。如果这对你没有帮助，或者你已经处于一个更高的阶段了，那么你就需要专业的帮助。精神病医师或者心理医生的治疗，会帮助你从惯常的状态中摆脱出来。建议你最好和医生谈一下。

严格地说，疲劳综合征并没有明确的治疗措施。因为每个人的症状都不相同，所以疗法很难统一。原则上，要治疗疲劳综合征主要是尝试把患者引回到一个工作与业余生活相平衡的状态。这就意味着，我们要修正对于生活和工作的基本态度。而这不是一天两天的事。

第一章　园长领导力提升

要点回顾

注意了

疲劳综合征影响了你的整个工作和个人生活，并会长期损害你的身心健康。你要提前预防。你还要了解你的理想和压力，平衡你的工作时间和业余时间。这样你就能对抗疲劳综合征。

对抗疲劳综合征可采取以下五个步骤。

步骤1：检查工作中可能潜在的危险。

检查潜在的危险。你工作是否非常投入，并且有非常高的理想？你感觉工作有压力吗？你的工作也占用业余时间吗？弄清楚你自己的态度，并填好自我测试表。这样你就可以采取一些对抗疲劳综合征的积极措施了。

步骤2：反思个人压力因素。

你会发现，在日常周而复始的生活中哪些方面让你有压力。弄清楚你个人的压力因素和精神负担。思考解决的途径，削弱压力因素，并把这些因素替换掉。

步骤3：寻找个人放松的资源。

思考你放松的源泉，然后有规律地执行，这样可以使一个疲劳的工作日得到缓解。

步骤4：了解关于工作的理想并实现它们。

你工作的理想和日常工作符合吗？如果不符，那么悄悄降低一点标准。当你的工作让你觉得有点累的时候，放松一点，这样你的疲劳风险会降低，然后你对于工作的愉悦感会更持久些。

步骤5：为工作和业余时间制定具体的目标并付诸行动。

将工作和业余时间分离。让你的业余时间计划变得和工作计划一样规律。

怎样进行个人时间的管理

梅兰妮·福林

在工作中你是否经常有分身乏术的感觉？是否希望自己可以同时出现在很多不同的地方？是否常被家长、上级或员工等人"突袭"，不得不很快应承下来？

倘若这些事情已经达到了你的个人能力极限，那么就是时候明确说"不"了。你不必着急做出决定，下放权力，与员工们共同举办一个"说'不'节"。这样你就能学会如何才能说出一个明确且得体的"不"。带上你的队伍出发吧。

一、沉着带来力量——为美好的事情积攒时间

你是否到了晚上就觉得筋疲力尽，但那些日程计划中的事情还没有完成？或者当你正在照料一群孩子时，电话铃却响个不停？你是否期望有一天可以把办公室大门紧紧关上，没有人可以找得到你，哪怕别的地方已经火上房了你也不想去管，并且希望可以不受良心的谴责？

有时你要试着忘掉自己担负的责任。即使做起来很难，但我们确实可以得体而坚决地说"不"，完全无须感到良心不安。

下面的内容会告诉你如何为你自己、你的团队以及那些美好的事情多积攒些时间。沉着冷静会赐予你力量。祝你练习愉快！

二、看看你的情况——五个小贴士，学会说"不"

用以下五个小贴士来分析你的行为并了解处理的方法。你可以学会得

体而坚定地说"不"。做起来很简单!

(一) 小贴士1：自我测试——说"不"对我来说，容易吗

看看你属于哪一类型。了解自己，"不"更能轻松地说出口！请根据你的直觉选择。

说"不"对我来说，容易吗	是	否
1. 我不愿显得自私无情	□	□
2. 如果有事情直接找到我，我会觉得有责任	□	□
3. 我害怕拒绝	□	□
4. 我对一个和谐的人际环境有很大的诉求	□	□
5. 我尽量避免冲突	□	□
6. 我不喜欢耽误约会、聚会或者错过发表意见的机会	□	□
7. 当我感觉自己很重要或被别人需要时，会很开心	□	□
8. 我想让许多人喜欢我	□	□
9. 我乐于助人	□	□
10. 我特别能理解周围人的担忧	□	□

评价解析：说"不"对我容易吗？

如果你在上面的表格里选了比较多的"是"，那么你就是典型的特别喜欢帮助别人而将自己的需求与利益置后的人。

这是可以理解的，因为面对他人的关切，我们很难说"不"。他们的诚挚请求会使我们立刻感受到压力、歉疚与同情。有人对你曲意逢迎，通常是因为他的动机不纯。虽然这种情况不会时常发生，你也要给予重视。

请学习去感受，对于请求者来说，"是"意味着什么。你应该花些时间去梳理你自己的感觉，并通过你多年的经验来判断自己究竟是什么样的一个人。倘若你越来越意识到你为什么以及怎样凭直觉去行动的，你就可以尝试一些新的解决方法，体验第一次说"不"的经历。清晰明确的行为

能帮助你在说"不"的道路上获得新的进步与经验。

（二）小贴士2：你可以选择说"是"或者说"不"

将一张大大的"不"字卡片裁好后折起，放在你的书桌或书架上。当你下一次又想将"是"脱口而出时，请瞧一眼你的卡片。你现在是更倾向于说"不"呢，还是依然坚持说"是"？请审视你的第一感觉，有意识地想一想，并多看看卡片。

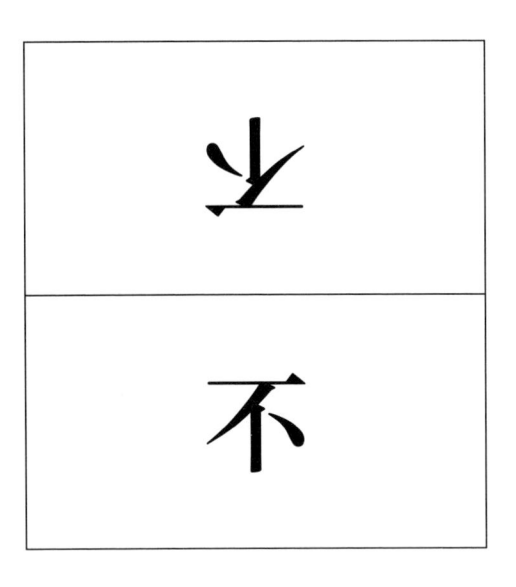

建议

仔细看看

为其他人做事究竟要花费你自己多长时间？请把这些时间加在一起算一算，这个数字一定能让你醒悟。

（三）小贴士3：请给自己时间——沉着冷静地做出决定

除了特别紧急的情况，其实没有什么事需要马上做出回应。在当你感到明显压力的情况下，请用下面这些话为自己争取哪怕片刻的时间，如"我需要5分钟时间考虑一下这个问题，午休过后我会给你答复"，或者"我10分钟后给你回电话"。

这时候，你就可以冷静地判断、思考这件事。请仔细权衡你的决定，并冷静地思考是否需要拒绝。然后在你给予答复的时候就可以有针对性地去解释，而不会感觉自己处于被动的位置。

（四）小贴士4：独自承担责任很难——找到新规则

作为幼儿园园长，你可能经常要独自做许多决定。你想到的不仅是个人的责任，还有对员工、孩子和家长所造成的影响。有些问题总是会时不时地出现，譬如一个员工突然想休假或者一位妈妈要求单独和你谈话等。

你可以把这些情况都整理出来，再权衡多方利益与需求，为之建立一些处理准则。例如，在员工守则中明确规定休假的相关条例，如遇特殊情况必须通过团队投票决定；如果家长要求单独谈话，至少提前一天预约。这样在你说"不"的时候，就会有所依据或者可以干脆将这份工作分派给其他人。别把所有事情都揽到自己身上。集体承担责任会更加轻松。

（五）小贴士5：得体而坚定地说"不"

倘若你有了说"不"的意识，你就能更专业地思考和处事。其实来找你解决问题的人并不是有意要刁难你或考验你，他或许确实有需要并期待得到帮助。而他也并不一定知道自己的请求可能会给你带来什么问题。如果你对此事的观点明确，那么就可以礼貌地做出相应的回答。

你的举止要清楚到位，不要显得对这个问题很抵触、很排斥。就算你想要拒绝，也请再复述一遍对方的请求，向他表达你对这一请求的理解，展示你的关切与兴趣。你可以简单（视情况而定）阐述一下你的理由，但并不需要为自己辩解。你还可以用这样的话去结束一段讨论，比如"我现在也不知道别的解决方法"。

请接受请求帮助者的想法，但不要去说服他，即使你还有自己的想法。向他传达你对这件事情的理解和参与，并不代表你答应了什么，也不代表你软弱。你可以再进行一些有积极意义的对话，帮助解决问题。

三、我并不是一个人在战斗——关于团队的五点想法

你可以把说"不"的理念传达给整个团队，因为每一个员工都会有类似的经历。

（一）自我感觉 vs 他人感觉

在集体会议或是业务交流时，你可以引导团队成员去认识他们自己说"不"的底线。每一位员工都根据自身情况进行自我测试，然后再找两三位同事为自己填写同样的表格。之后可以在小组内对结果进行讨论，看看各人对自己的看法与他人的看法究竟是一致还是不符。

这其中重要的是，你并不对结果发表任何评价，也没有人需要说服他人听从自己的观点。你就把结果放在那里，让大家接受这一结果。参加者由此可以比较自我感觉与他人感觉的异同，并可以把书面结果带回家。

（二）角色扮演——说"不"的模仿游戏

你可以和团队玩一个角色扮演的游戏。想想在幼儿园的一天会遇到的情况，找一些不那么容易说"不"的例子。一个人来扮演纠缠不清的问询者，另一个要去拒绝他。第三个人扮演拒绝者的"镜子"，模仿他的动作和语言。这个游戏可以让大家看出，拒绝者的肢体动作是什么样子的，到底有没有把自己的意思表达清楚。如有需要，也可以让参与者多练习几遍，直到拒绝者对"镜子"里的动作、表情、语言满意为止。

（三）赞扬——认同感增加动力

同一团队里的员工在日常的工作中大都非常了解彼此。通过日常一起工作，他们能发现哪位员工能够跳出自己的阴影，哪位员工一直扪心自问、反复思索自己的做法是否对得起良心，哪位员工宁愿"多一事不如少一事"。作为一个团队，员工间应当相互支持给予鼓励。你应当在日常工作中了解每一位团队成员，并在他完成任务后给予一个小小的惊喜

作为奖励，比如将一张写满赞誉的小纸条偷偷别在他的外套口袋里，将一张明信片悄悄放入他的抽屉，或是把一颗糖果放进他的包中。这些小小的惊喜会增加员工积极上进的动力。将团队员工间相互赞扬鼓励的话记录下来，藏在园中的小角落。作为领导者，你应该对每一个人都予以一定的关注，让每一个人都能享受小小的惊喜。

（四）团队的优势——达成互助

团队可以经常交流经验，一起分享成功的喜悦，一同分担压力。当你心里感觉不舒服时，可以用笔写下来。可能某个人觉得困难的事情，其他人并不觉得难办。请大家相互支持，给予对方鼓励的眼神。这样你们才能真正成为一个有战斗力的团队！只要大家在一起，困难就会小一些。

（五）自我夸奖——说"不"Party

设计一个说"不"者的表扬名单，让每一位团队成员在成功完成一次拒绝后，在名单上加一分。这样会减轻大家的心理负担，提供一个可以相互交流经验的机会，使团队在其乐融融的气氛中工作。当说"不"的成功次数达到50次时，你们就可以举办一个小小的说"不"Party。可以一起吃个大蛋糕或者大比萨，大家共同庆祝集体的成功。

四、更进一步——妙招在手

你体验到领导团队或是独自进行上面这个实验的乐趣了吗？你们可以借助不同的方法来更进一步，去试着变得更加沉着冷静。你可以多读些书（书能为你提供无穷的知识），也可以以此为题设计一个团队日或讲座。许多机构都会提供这样的培训。周边兄弟园的朋友们同样会邀请你去分享你的经验。或许你还能组织一个论坛，邀请兄弟园园长参加。

家长们其实在他们的日常生活中也对如何说"不"有很深的理解，如果能以此为题组织一次家长会，那么他们一定也会收获多多。或许参与者在幼儿园今后的冲突中遇到类似的情况，就能在"不"脱口而出后会心一笑了。勇敢地去尝试吧!

要点回顾

说"不"——路在脚下

自己与他人之间的平衡并不容易保持。我的界限在哪里?别人的又在哪里呢?

请你保持轻松淡定。没有人要求你明天就学会划分自己与他人的界限。请给自己设置一个阶段学习目标,并时不时奖励一下自己。

学习过程中需要重点注意以下几点。

- 当别人找你解决问题时,可以要求多一些考虑的时间,比如"10分钟之后我来答复你"。
- 寻找新的规则,使团队里的所有人都能很好地适应这些新规则,当然首先你自己要适应这些规则,比如休假必须至少提前5天申请。
- 请你礼貌、得体且坚定不容置疑地说"不"。
- 让你的团队玩角色扮演小游戏,准备小惊喜。
- 热烈庆贺每一个哪怕是很小的共同进步与成功。

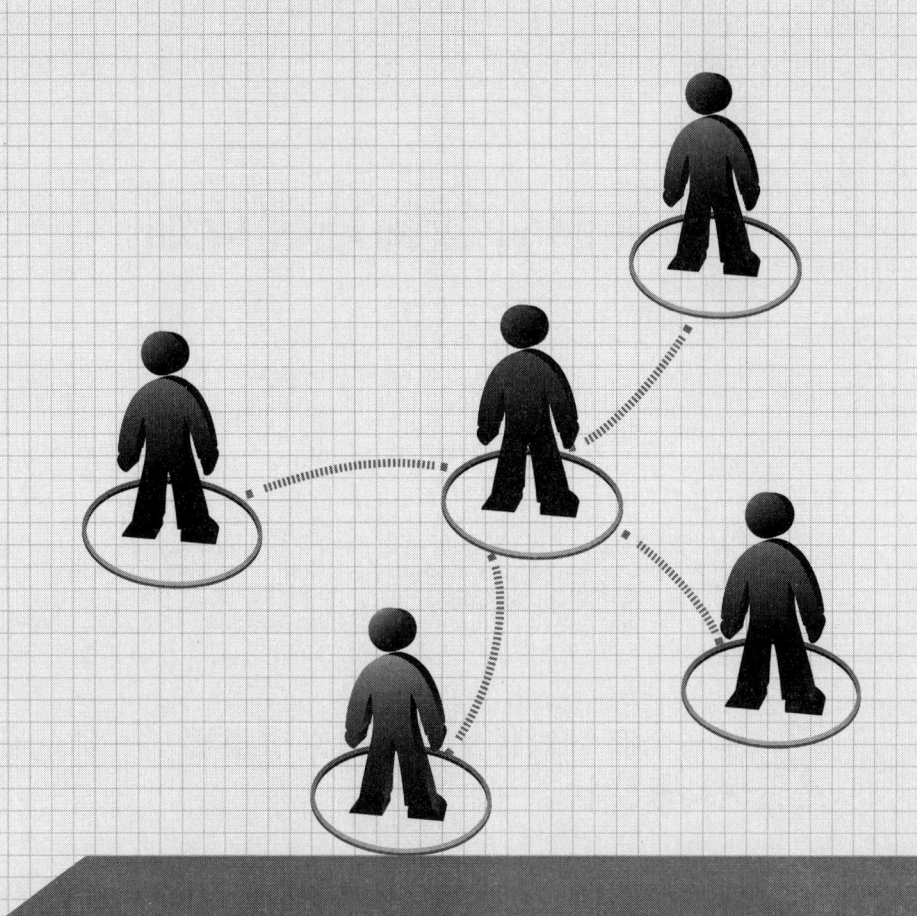

第二章

团队建设

第二章 团队建设

如何制订教师培训计划

玛丽-路易斯·容

人们常说:"学习好比逆水行舟,不进则退。"那么,如何朝着前进的方向努力,又怎样有计划地开展进一步的深造呢?对于你的员工们来说,深造是他们的个人愿望,还是只是服从单位的安排?怎样既可以有利于幼儿园的发展需要,又让员工完成他们自己的培训计划呢?下面将向你详细讲解如何制订一个专业的培训计划。

一、一个有针对性的培训计划很重要——你的团队是否保持最佳状态

案例研究

培训问题规划混乱

我们以客人的身份参加了一个幼儿园的一次团体会议。该幼儿园的领导告诉大家,他们的培训方案已经开始实施。在会议上,他请大家考虑一下明年参加哪个培训项目。在这里,某些员工的发言值得我们听一听。

员工1:无论如何我不愿去外地参加培训。

员工2:我去年想参加修辞学研讨会,但没有去成,我希望这次可以去。

员工3:我听说大学里的教师讲课很棒,我也想接受相关的培训课程。

员工4:我不需要培训,而且三年内我不会参加任何学习。

> 讨论就这样结束了。当时是一月份，他们的培训计划还并不是很复杂。结果，有四位员工没有报名参加任何培训。其中两人解释说没有找到合适自己的培训项目，另两人认为自己不需要培训。幼儿园园长说："我会把今年的培训计划上报，看看上级对此有什么看法。"

上述这个例子很熟悉吧？很多幼儿园的培训计划根本没有针对性和目的性，大部分员工更喜欢根据自己的喜好来选择培训计划。

一个有针对性的培训计划是非常重要的，其作用有如下三点。

- 持续改善教育工作质量。因为每个行业都在不断发展，其工作领域也变得愈发复杂，对从业者的要求越来越高，对于教育工作者来说也是如此。自然科学、语言、运动——很多幼儿园都重新设计了教育重心。因此，你的团队也必须做好准备，拓宽工作领域，提高素质。
- 促进员工个性化的发展。通过培训，你给予了员工们继续学习的机会，这对幼儿园和员工的个人发展来说都是有好处的。假如你组建了一支素质极佳的团队，自然会达到你想要实现的所有目标。
- 有利于幼儿园的继续发展。通过培训，不仅可以实现你和员工的学习目标，更提高了幼儿园的整体竞争力，从而保证了幼儿园的生存与发展。因为，所有的家长都会为自己的孩子选择服务质量最好的幼儿园。

二、正确制订培训计划——只需三步

你的幼儿园有一套明确的办园理念吗？请使用理念中涉及的目标来为员工们制订合理的培训计划。制订培训计划的关键在于将员工们的个人兴趣与幼儿园的发展目标统一起来。如果你想做到最好的话，那就请阅读以下内容吧。

（一）第一步：确定你的目标——你需要哪些能力

首先要了解你的目标，然后才能制订培训计划。只有明确目标，你才能了解到你和你的员工还需要具备哪些能力来实现目标。

1. 这些核心问题将帮助你确定目标

你为幼儿园制定了哪些目标？

你在保教方面制定了哪些目标？

工作小组有哪些目标？

员工们有哪些目标？

2. 确定你的目标

我们要学会为每个工作领域确定一个目标，这样就能对所有的工作一目了然。认真思考一下：为达成目标，我和我的团队还需要提升哪些方面的能力？把你思考的结果都记录下来，然后再想想还有没有其他需要设定的目标。如果有，请将它们补充在表格中。

_____年目标

	幼儿园	教学任务	员工	
目标				
我们需要这些能力：				
还需要哪些能力？				

（二）第二步：潜力分析——明确你的优势和劣势

作为幼儿园的领导者，你需要对自己的整个团队进行一次潜力分析。分析可以让你看到自己的团队有哪些优势和劣势。知道了不足，就能了解在哪些方面需要改进和提高。同时，作为领导者的你自身也有优势和劣势，这也需要在计划中体现。

谁会什么？

了解自己的员工至关重要。你可以通过日常工作、员工会议以及员工的各类证书去观察和了解你的下属。

请回答下表中提出的问题，然后定期将每位员工的潜力与完成年度目标所需要的能力进行对比。请根据你所观察和了解到的实际情况对此表进行补充或者更改。

团队潜力分析表

姓名												
专业能力和专业知识												
1. 早期发展												
2. 教育领域												
3. 质量管理												
工作能力												
1. 独立工作												
2. 合作												
3. 实践能力												
4. 沟通能力与解决纠纷能力												
5. 主持和展示能力												
6. 项目管理												
7. 评价能力												
个人能力												
1. 感情投入程度												
2. 对顾客（家长）的友好度												
3. 动机／主动性												

续表

4. 责任意识											
5. 精力											
6. 准时、有条理											
7. 教育教学能力											
8. 学习能力											
社交能力											
1. 沟通与解决冲突能力											
2. 团队工作能力											
3. 反思能力											
4. 决策能力											
5. 问题解决能力											
6. 统一协调能力											
7. 能认清现实，缜密思考											
领导能力											
1. 领导员工的能力											
2. 找到目标与解决方案											
3. 决策能力											
目标：哪些方面有培训的需要？											

（三）第三步：决定——选择合适的培训

你需要依照哪些信息来做出一个培训的计划呢？这就要求你问问自己：我的问题是什么？是团队的强势、劣势，还是现有的可用资金？考虑清楚这几个问题，你就能将自己的目标和所需要提升的能力很好地协调起来。然后，你还要思考：我们要优先选择哪些培训项目来达成目标呢？这个问题会帮助你找到重点。

1. 按照培训计划进行

再思考一下：哪些培训项目是实现目标所必需的呢？哪些岗位需要员工进一步深造方能胜任？将思考和调查的结果记录下来。你们还需要考虑并学会区分短期、中期和长期的目标。之后，你就可以在团队会议上介绍制订的培训计划了。

_____ 年培训计划

目标	参与成员	培训项目	时间
团队主要目标：			
个人目标：			

建议

和员工融为一体

如果有需要，我们应该创造合适的谈话环境，和员工们展开面对面的对话。你的员工很可能会提出一些你从没想到过的建议。在谈话中，需要详细解释你为什么会制订这样的计划。这样，员工们更能理解你，并愿意接受你的决定。假如因为你的决定给员工带来不便，也要接受员工们的意见和个人愿望。这样，通过彼此坦诚的交流，为你的员工提供了参与决策的机会，更有利于培训计划的完善和实行。

2. 全部培训一览

经过上述环节后，如果你已经确定了培训计划，那么就将所有的培训项目都登记到幼儿园的海报中，同时写上所有参与培训的人员的名字。这样，你能经常看到你想要完成的计划。并且，你还可以在这一基础上制订新的培训计划。

三、找到正确的培训项目——照此执行

在确定培训计划之后，我们就进入了选择培训提供方的阶段。通常来讲，一些培训机构在每年的夏末时节会公布第二年的培训项目。如果你想在自己的幼儿园里举办培训研讨会的话，也可以得到相应的服务。这种形式叫作内部培训。你只要联系一下培训机构的培训负责人，就可以获取相应的项目信息。

在面对培训机构时，我们需要详细、具体地描述自己的要求，说明你期待达成哪些目标，还有其他哪些希望。之后，让培训机构为我们准备一份具有针对性的详细而具体的项目规划，其中不仅要包括常规的培训方式，比如演讲、研讨会等，也应有准备谈话和后续谈话等，另外还需包含培训用时和所需材料等信息。

> **建议**
>
> **幼儿园研讨会——在关键地方省钱**
>
> 实施培训计划还需要有财务意识，否则它可能无法进行下去。所以，我们在选择项目的时候，绝对不能忽视培训项目的价格因素。价格与效果，这两者应该都是培训计划的组成部分；在这里，我们提供的建议是：你可以联合其他一两个幼儿园来共同打造一次培训活动。这样，大家可以共同承担费用，节省资金。

四、出色或无效——正确评价培训计划

培训研讨会举办得成功与否，考量因素首要是会议内容、负责人和培训的形式等。但是，员工在培训之后能更好地完成自己的工作吗？这是人

们经常会问的问题。所以，你要让所有的员工都来评价培训的效果。你可以使用下面的资料和评价措施。

（一）培训报告——书面的和口头形式的

要让大家参与评价培训效果，你需要让每位员工完成一份培训报告。报告最迟要在培训活动结束两周内完成。汇总所有报告，然后在团队会议上对这些内容进行总结评论。

把下面这份报告指南分发给每位员工，它能帮助员工们准备较为准确的培训报告。这样的话，员工就能自觉地把新掌握的知识介绍给整个团队，让所有人都能受益。

培训的书面或口头报告指南

1. 培训的活动主题是什么？
2. 请详细陈述培训活动的日期、规模和时长。
3. 活动在哪里进行？
4. 活动有哪些特点，比如是演讲或者专题研讨会？
5. 活动对你来说有哪些意义和用途？
6. 对你的幼儿园来说，培训有何重大意义？
7. 所学到的知识如何运用在幼儿园的日常工作中？
8. 培训花费了多少时间和费用？
9. 请你对付出的成本和收获做个人评价。

（二）我学到了什么——员工自我评价

培训活动结束后，请员工们做个自我评价是非常必要的。这可以为以后的培训选择提供重要的信息。更重要的是，要让员工自我评价参加培训后是否能更好地应对将来的工作，这才能体现培训和深造的作用。

把这份评价表分发给参与培训的员工。等大家把表格交回来后，将它们装订好，它们能对你接下来的员工潜力分析有所帮助。

我从培训中学到了什么——自我评价表

```
自评人：_____（员工姓名）

培训题目：_____
日期：_____ 提供方：_____
我的目标是：
1.
2.
3.
会议内容占幼儿园工作任务的大约 ____%

我现在可以更好地完成各种任务：否□    好很多□    好一点□
原因：_____
_____
_____

活动对我个人来讲有帮助：否□    是□
原因：_____
_____
_____

活动对我们的幼儿园意义深远：否□    是□
原因：_____
_____
_____
```

（三）幼儿园内的培训——内部培训评价

你预备举办幼儿园内部的培训活动吗？如果有这个打算的话，请你提前做好准备。你要告知家长们闭园的日期，这样他们才能在闭园的日子为自己的孩子做好其他安排。另外要注意的是，即使所有团队都参加培训，作为领导者，你也不要忘记评价这个活动。

下面这份调查问卷可以帮助我们很好地进行内部培训评价。把它分发给所有参与者并让他们填写好，最后评论一下培训结果。如果感觉培训不成功的话，你需要和大家共同讨论，找出失误所在，这将对内部培训的继续进行有很大帮助。

内部培训评价表

内部培训：
日期：
地点：
姓名：

评论	投票			
	是	非常	否	从不
1. 我对内部培训充满期待				
2. 内部培训对保证我们的工作质量有重大贡献				
3. 培训氛围轻松舒适				
4. 我从中学到很多新东西				
5. 我们的问题和愿望已包含其中				
6. 我所学到的东西将转化到实践中				
7. 内部培训的内容正好适应我们的需要				
8. 负责人很好地传授了内容				

我很喜欢以下内容：

我一点也不喜欢以下内容：

我想要更充分的时间来进行以下内容：

我错过了这个主题：

第二章　团队建设

要点回顾

培训要有计划

想要学习新的知识，促进自身的不断发展？培训为你自身和你的团队提供了多种机会。当然，培训之前必须要做好全面的规划，制定好目标，否则糟糕的培训不仅仅耗费钱财，还浪费时间。在这里，你将看到如何正确规划和评论培训，这会促进你的幼儿园的发展。

步骤1：我们要往什么方向发展——确定目标。

首先，你要给自己的幼儿园、团队和教育工作确定好目标。把所有想实现的目标都记录下来后，再考虑达成这些目标需要何种能力，把这些信息也一一记录下来。这样，你就会对自己的目标有一个清晰而明确的了解。

步骤2：优势和劣势在哪儿——进行潜力分析。

我的员工都有哪些优点和缺点？运用潜力分析你可以找到答案。通过日常工作的观察，记录下每位员工的能力领域范畴，这时你会发现培训的需求。

步骤3：我们进行哪种培训——做出决定。

发现培训的需求之后，下一步考虑的就是选择哪种培训项目了。你可以问问自己：我的问题是什么？是团队的强势、劣势还是现有的可用资金？这样你就能将你的目标和所需要提升的能力很好地协调起来。然后思考一下，要优先选择哪些培训项目以达成目标，以此来确定培训的重点，制订培训计划。

培训活动结束后，让员工们为整个团队做一个书面的或口头形式的简短报告。自我评价表有助于我们进行反思，你也可以借此了解到培训活动能否帮助员工们更好地完成工作，以及幼儿园中的所有成员是否都参与了培训。

激励教师十大方案

佩特拉·巴托丽

你的团队气氛怎么样？员工是否得到了充分的激励，并且快乐工作？作为幼儿园的领导，你应该引导并且鼓励员工积极快乐地工作。如果你的员工对工作不满意，那么激励并增强他的信念就变得很重要了。尊重、肯定和信赖员工的工作能力，会大大提升他们的工作兴趣和工作满意度。

下面的内容会帮助你用正确的方式激励员工。通过调查问卷来了解员工的满意度和他们的愿望，有针对性地去接受他们的一些想法。满意的员工才会是积极的员工。这里向你提供十大激励方案，帮助你充分展现对员工的赞赏和尊重。

一、员工激励——日常工作的驱动力

由于幼儿园的工作性质，每天你和员工们都会尽量做到最好。你们要确保每个孩子都得到好的照顾，做家长的听众并且给他们建议。这些事情都会耗费很多精力。

你要肯定员工的这些付出。因为受到肯定和尊重后，大家才愿意去付出更多。激励你的员工之所以重要，是因为他们是协助你工作并帮助你踏上成功之路的宝贵资源。

> **定义**
>
> **什么是激励**
>
> "激励"这个概念代表行动，同时还有行动的意愿。员工受到激励会付诸行动。激励是一种推动力。

第二章　团队建设

为什么员工激励制度很重要？

- 受到激励的员工会主动地开展工作，工作会带给他乐趣。这样他们就不会有每天重复做同样工作的感觉。
- 感受到喜悦和激情的员工，才会做好准备迎接艰难的挑战，他们才会更自信、更开放地去尝试新的事物，并对幼儿园的教育工作产生积极的影响。
- 良好的个人情绪也会对团队工作有好的影响。尽管偶尔会有冲突出现，积极的员工会更好地去处理。所以你不要只针对某个员工，而要激励整个团队。
- 充满热情去工作的员工也会带动其他人的热情，那么从中获益的将会是孩子、孩子的父母，还有其他同事。
- 被激励的员工会带来新的想法，并支持幼儿园的办学目标和计划。

二、员工的满意度如何——你应该了解的

你了解员工的满意度吗？询问一下他们吧！如果你想激励员工，就需要知道怎么做才能激励他们，这样你才能有针对性地去采取措施。举个例子，不是所有的人都会喜欢一个新的挑战，可能某个员工会接受挑战并且希望得到更多的支持。你应该知道什么东西可以激励员工，他们的优势和天赋在哪里。在工作中得到合理的安排、并有机会发挥其所长的员工，才能更积极地、全身心地投入工作。

（一）通过这份问卷调查，你会了解员工的满意度如何

为了解你的员工满意与否，采取哪些措施能激励他们，你可以通过这份关于工作满意度的调查问卷来达到目的。告诉员工你想知道些什么，问问他们对工作是否满意，或者是否有什么妨碍他们工作。跟大家强调一下，每个人能在工作中自在地发挥其能力，对你来说至关重要。

分发这些问卷，并给员工充分的时间作答。告诉他们，你会就这些答卷找他们谈话，然后你们共同讨论，应该在哪些方面做出调整。填完问卷之后，你要确保在某些事情上做出改变，只有这样才能达到更高的满意度。

工作满意度调查问卷

工作领域	具体内容	是	一般	否	理由	你的愿望
1.团队合作	你对团队的气氛满意吗？					
	你对工作的分配满意吗？					
	你对团队里冲突的解决方案满意吗？					
2.日常教育工作	你对你的工作内容满意吗？					
	哪方面的工作是你想做的？					
	你有没有什么好的主意或想法？					
3.个人满意度	你对工作的标准满意吗？					
	你对你的工作有兴趣吗？					
	有没有什么事情打扰到你的工作？					

请详细回答以下问题。

1. 你认为你的强项是什么？

2. 你认为你的弱项是什么？

3. 你乐意接受什么样的挑战？

4. 你想接受什么样的培训？

5. 你不太喜欢什么样的工作？

6. 什么样的工作能带给你乐趣？

7. 你在工作中需要帮助吗？

8. 你希望团队中有更多的集体活动吗？如果是，你希望是什么？

9. 你对工作条件满意吗，比如工作气氛、物质条件还有工作空间？你有什么改善建议吗？

10. 总体来说，你对你的工作满意吗？给自己打分并说明理由。

第二章　团队建设

如果有人不满意，不要只归咎于工作的原因。这份问卷调查也能说明团队里是否有分歧。与参与者一起讨论，并尝试找出一个解决方案。

有员工对自己的工作不满意吗？你可能没有注意到，有员工已经几次接任孩子们的体育专项老师。你认为他们喜欢一直做这项工作吗？问卷提供了答案。

（二）你能为提高员工工作满意度做些什么

由问卷你可以认识到，员工是处于高压力还是无压力的状态。你会了解他们的强项和弱项，是否有什么事情困扰着他们，以及他们的一些想法。根据结果思考一下，你能为提高工作满意度做些什么。给一个无压力的员工创造新的挑战，如果预算允许的话，送他去参加培训，然后他的所学会为你所用。如果某个员工不喜欢做某项工作，那你就看看有没有其他人愿意接任这份工作。如果没有的话，就让大家轮流来做这项工作。

你还可以由此获悉，你的员工喜欢什么集体活动。集体活动是一个能让大家都能更好地了解彼此的方法。

三、这样激励你的团队——十大方案

什么事情困扰你的员工？他们在哪些方面需要加强？什么样的措施会令他们满意？你已经对这些有了大概了解。这里有十大供你进行员工激励的方案。

方案1：微笑开始新的一天。

当你积极地开始一天的工作时，你也给你的团队带来了积极的能量。微笑问候你的同事吧！他也会对你报以微笑。微笑会释放使人愉悦的荷尔蒙，员工会有被接受和喜爱的感觉。日常的工作在这种热情下会变得简单易行。

示例——幽默让生活更轻松。

你可以每周贴出一则有特色又贴切的儿童幽默段子，或者在休息室放一张有趣的明信片。

方案2：信任你的员工。

你团队里的每个成员都有其独特的能力和技巧，相信他们的能力吧！给他们分配能发挥其所长的任务，相信他能出色、独立地完成任务。从问卷结果中了解每个人的长处和能力。

示例——增强员工的自信。

具体地告诉员工，为什么你会相信他。比如你可以这样说："我知道你很重视孩子们自然科学方面知识的培养，因此我相信你能带领一个小组项目。"这样可以加强他们的信心，员工会更出色并且愉悦地完成任务。

方案3：表达你的敬重之意。

每个员工都是值得赞赏的。想想你的员工在哪些地方值得表扬。这种赞赏要公开表达出来。

示例——肢体语言。

语言能表达你对员工的敬重，肢体语言也同样。比如可以适度为员工分担一些工作，记住他们的生日。即使是在一些小事情上也能表现你对他们的敬重，比如进门的时候为他留一下门。

方案4：让员工能够得到适度休息。

谁做出成绩谁就可以休息。确保你的员工能定期停下来休息。除了法定节假日，也可以安排一段放松时间作为补偿。

示例——短暂的休息。

和员工们说一下你的日程安排。员工在矛盾多发期是否有可能得到一次短暂的休息？鼓励他们安静地休息一下。休息之后，他们才能更好地工作。

方案5：让你的员工能安静地工作。

不受干扰是高效率工作的基础。当你的员工与孩子们或是家长聚精会神地沟通时，要保证他们不受干扰。

示例——请勿打扰！

这样，团队里的每一位员工都会专注于一个好的结果。在门上挂一个"请勿打扰"的牌子也很有效果。

方案6：激发你的团队完成有难度的任务。

要解决有难度的任务还需要特别的激励。在这种情形下，你应该有意识地去激励你的团队。当你认识到面临的某项任务有一定的难度时,你可以在集体会议上表达你的鼓励。你可以说:"你能行!""我完全相信你能克服这个困难。"这些话是很鼓舞人心的。

示例——鼓励的话。

你可以在召开集体会议时将一些写有激励话语的卡片放在桌子上,再放一些小零食和饮料。这一举动将缓和会议气氛。

桌卡1:"我们一起努力!"

当面临一项重要任务时,如制订新计划或是成立新的工作小组,这个方法将会很有用。

桌卡2:"我们一起解决!"

当面临一些问题,比如团队冲突时,这张卡片将会派上用场。你要告诉员工,你会很严肃地对待这件事情。大家要寻找共同的目标来解决冲突。

桌卡3:"新的思想给我们插上翅膀!"

这样来鼓励员工积极参与进来,并表达自己的想法。每一个想法都值得倾听。

桌卡4:"谢谢!"

你的员工将会看到真诚的感谢。你要对他的工作予以肯定,这很重要。受肯定的员工才会更有兴趣、更积极地开展每天的工作。

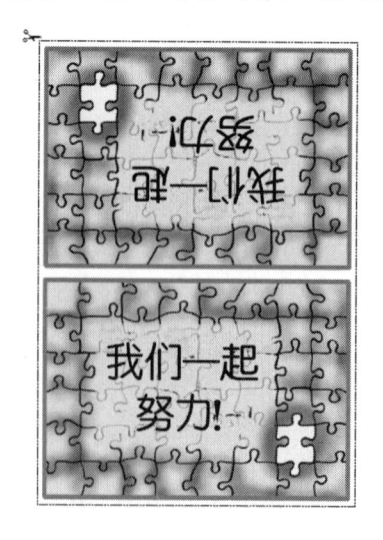

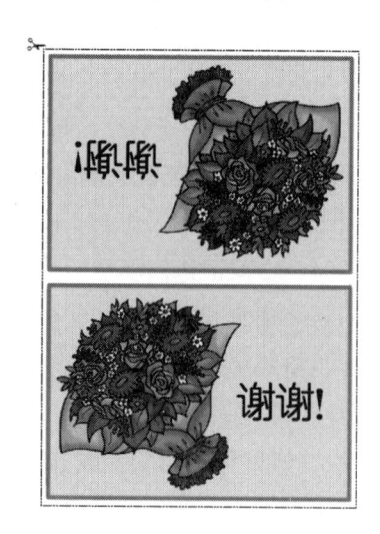

方案7：开展目标谈话。

有明确目标的人才能更轻松地进行工作。定期与员工谈谈他们的目标和观点。也谈谈你自己的目标。

示例——不要丢掉目标。

把谈话结果记录下来，以便下一次的目标谈话时使用，由此清楚地知道员工已经取得的成绩和未来工作的方向。

方案8：提出反馈意见。

赞誉和认可是对灵魂的慰藉。告诉你的员工，你欣赏他们工作的哪些部分。你要赞赏他们取得的成绩，并为其所取得的成绩高兴。

示例——称赞和肯定。

定期给员工做出反馈。如果他做得差强人意，你们就要讨论一下怎样可以做到更好，客观地站在对方的立场上考虑问题。即便有不满之处，也要找到一个解决方案。

方案9：在日常生活中创造良好的氛围。

小小的关心之举可提升工作中的友谊。多制造一些这种可以激励团队的小时刻。

示例——给日常生活换换环境。

在每个员工的桌上摆一盆花，集体会议时为每个人泡杯茶，在洒满阳光的地方开一次集体会议，为忙碌的一天制造轻松的空间。

方案10：强大的团队。

人多力量大。所有人一起努力，再艰难的任务也会轻松完成。一个强大的团队是很激励人心的。

示例——每个人都很重要。

让员工参与到决策、任务和工作中来。要坚持肯定他们。确保每个人都在团队里有自己的位置，不应有人被排除在外。

第二章　团队建设

建议

真诚而有意识地去激励员工

你不必每天都对员工的工作立即做出积极的反馈，你应该注意夸奖和奖赏的剂量，频繁的、轻率的赞美反而没有分量和作用。你的员工只会认真对待那些真诚的评价。只有当你态度真诚时，你的夸奖才会激励他们。

员工激励不是一次性的。你可以在必要时进行一次员工激励。

概要——十大方案来激励员工

1. 微笑开始新的一天

   笑容会给别人带来积极的能量。

2. 信任你的员工

   信任你的员工并相信他们的能力。

3. 表达你的尊重

   通过语言和肢体语言来表达你对他们的尊重。

4. 让员工得到适度的休息

   为团队取得的成绩安排放松和休息时间。

5. 让员工能够安静地工作

   为了让你的员工集中精力工作，要避免打扰他们。

6. 激发你的团队完成有难度的任务

   激励性的话语帮助你达到员工激励的目的。

7. 开展目标谈话

   激励员工一起为大家共同的目标努力。

8. 提出反馈意见

   赞美、认可当然还有客观的批评，都可以表明你对你的员工的工作持关注态度。

9. 在日常生活中创造良好的氛围

   注意运用一些小细节来改善工作氛围，达到员工激励作用。

10. 强大的团队

    保证团队的良好气氛。团结力量大，再困难的任务也会因此变得简单。

> **建议**
>
> **展示员工出色的工作成绩**
>
> 以下这些经验被证实有极大的激励作用：在黑板上以彩色拼接画的形式挂出历次活动的照片。把孩子们和家长们的信件和照片加框后，放在工作场所附近能看到的地方，这样你和团队就能一直看到你们所做出的成绩。

四、美好的经历会使你和你的团队受益

你现在已经知道怎样在日常工作中和谈话中去激励你的员工。你可以每天或者是每隔一段时间来使用这些方法。

集体活动可以激励团队积极性，借此你可以了解到，你还能为激励员工做些什么。集体活动很有意义！

- 举行一次互赞座谈会。每个员工都向同事说点什么。你可以组织一次员工互赞会来达到员工激励的目的。你每年至少应该开一次这样的集体会议。

把每个员工的名字分别写在A4纸上，把这些纸片放在桌子上，请你的员工在其他员工的纸片上写出欣赏对方的哪些方面。

会议的最后，每个员工都会得到一张写满其他人对自己积极评价的纸片。适合进行这种激励的时间点可以是在幼儿园年会结束时，或者是某个项目开始时。

- 你相信别人吗？能很好融入团队的员工往往是积极自信并且更有创造力的。

你引导蒙着眼睛的同事在屋子里走一圈，然后你们交换。这样的练习可以增进彼此的信任。

- 奖励整个团队。当大家一起完成某项任务后，你应该做出奖励。圣诞节之前、暑假前或某项计划完成后——这期间一直都有机会来进行团队奖励。大家一起吃一顿晚餐，组织一次特别的郊游，或者是大家一起去

第二章　团队建设

剧院，这些共同的美好经历可以加强团队精神，而且让大家的付出得到回报。

> **建议**
>
> **为员工的奖励寻找赞助商**
>
> 　　一次集体晚餐或者是一次郊游会花费很多钱。通常家长委员会或相关机构会通过一些小礼物来表达他们对幼儿园全体员工的谢意。如果这种现象在幼儿园很普遍的话，你可以建议他们把这些礼物换成对员工团体活动的资助金。

要点回顾

激励并加强员工的积极性

　　激励就是动力。通过激励，你可以提高员工的工作效率，从而进一步提高员工的工作兴趣和满意度。这样，每个员工和整个团队的工作效率都得到了加强。

　　受到激励的员工会更努力地工作，富有创新性并且有责任感，这样受益的不仅仅是员工个人，其工作质量也会得到改善。作为管理者的你，应该去尝试用不同的方法去激发员工的积极性。

　　第一步，针对员工满意度做一次问卷调查。这样你可以了解到，要从哪方面去激励员工。

　　第二步，选择一种适合当时情景和激励对象的激励方法，有目的地激励员工。

　　第三步，计划一次团队激励活动，比如你可以带大家共同吃一次晚餐作为团队奖励。共同的经历会加强团队凝聚力。

如何有效解决团队中的冲突

克劳迪娅·谢尔

与孩子、家长、老师是幼儿园的一分子一样,冲突也是幼儿园的组成部分——这可是件好事。学会正确处理冲突,人们就能在一次又一次或大或小的口角与摩擦后挖掘出看问题的全新角度。你应该认识到这一点,并且好好运用它来服务你的团队。

创造性地解决冲突,勇于尝试新事物,向他人学习——如果做到这几点,那么团队的发展也就走上了正轨。

如何自信沉着地应对团队中的冲突?想要做到这一点,你并不需要施展什么神奇的魔术。下面会教你如何及时发现冲突的前兆,如何借助"六顶帽子法"与大家一起直面冲突。成功解决冲突只需要五步。每一次矛盾对你的团队来说都是一次成长的良机!

一、多看多思考——怎么辨认冲突

日常工作中交织着每个人不同的利益、观点及工作方式,因此产生冲突也是极平常的事。对我们来说,重要的是及早发现冲突并且学会如何以最好的方式处理冲突。

> **定义**
>
> **什么是冲突**
>
> 冲突总是产生于人际交往之中。它主要指由不同的利益、观点或行为方式而引起的未解决的争论。

（一）冲突是如何产生的

冲突的产生有不同的原因。如果你了解这一点，就已经能提前做好准备避免冲突了。以下是五种最常见的冲突起因。

1. 不同的目标

没有统一商定的目标或者在实现目标的过程中缺少充分的配合，会导致出现各种不同的目标。这种情况下，误解就会产生。因此，你需要向所有员工明确并公开地说明幼儿园的发展方向，如此一来，在实践过程中的误解便会减少。

2. 不同的知识水平

你的员工知识水平参差不齐，因此他们也有着不同的教学理念或者个人观点，这样往往会产生意见分歧。因此你需要分出一些时间用于观点讨论。如果所有人都能向他人表达自己的观点并且每个观点都得到讨论，那么这些不同的意见和看法就会对结果产生积极的影响。

3. 不均匀的任务分配

分配任务不均会产生冲突。特别需要注意的是，应恰当地分配那些不受欢迎的任务，同时还要说明这样分配的原因。这样做能创造公开透明的氛围并且令人信服。

4. 资源分配的冲突

资金或其他材料等资源的不足很可能引起冲突。资源的分配不可能永远平均，因此你需要向员工明确解释资源是如何分配的，以及为什么要这样分配。这样他们就会给予你更多的理解。

5. 个人关系的冲突

一旦员工之间无法相互理解，甚至争执已经白热化了，那么影响整个团队的冲突也就产生了。注意不要让事情发展到这一步。你需要注意冲突发生的前兆，并且在谈话中向大家澄清这些矛盾。

（二）及时发现冲突

冲突极少在最初期就明显地显现出来。因而你需要细心关注幼儿园里员工们的举动。参照下面列出的几点，你能够及时感知冲突的存在。

- 员工看上去很消极，不怎么说话或者对工作、团队讨论、晚会等表现出很少的兴趣。
- 对事情的反应过激、敏感，很容易神经紧张，会对孩子大吼大叫，而且缺少耐心。
- 既固执又小心眼，总是反对任何的改变，对很多提议只说"不行""但是""因为"，而且不遵守约定。
- 常感觉身体不舒服，并且生病的次数比别人多。
- 安于现状，对所有的事情都表示赞同或者办事情只会循规蹈矩。
- 总是传播谣言，对别人说三道四。
- 整个团队的氛围十分紧张，人与人之间的交往有隔阂。

如果不能及时发现冲突，也就无法着手处理，那么冲突程度便会不断升级。你需要长时间观察员工们的行为，多多与他们交流。你的员工是否任务过重或者压力过大？你们需要合力找到一个解决办法，比如重新分配工作的任务。如果团队中发生了冲突，那么你需要将之提到日程上并且趁早解决。

二、争论与和解——为什么偶尔吵吵架也是件好事

一次次公开的争执可以被视为一笔财富。冲突解决的过程往往会促进事态产生积极的变化。那么就请以另一种视角看待冲突吧。冲突也是有价值的！

以下为看待冲突的五种积极视角。

- 冲突为积极寻求改变带来压力和动力，它会推动你的团队继续发展。
- 解决冲突需要人与人的交流，因此个人的需求和感觉得以对外表达，误解得以消除。
- 化解冲突能够改善团队中的人际关系。员工们将更深刻地认识彼此，理解彼此。比如什么事情对别人来说很重要，什么会惹恼别人。
- 在解决冲突的谈话中，如果员工用"我—信息"表达方式说出自己的感受，那么就能够促进不同观点之间的交流，员工相互之间也就加深了理解。
- 成功化解冲突有助于加强团队内部的合作。员工们重新回到了相互

理解的状态。

请你将每一次冲突都看成是促成积极改变的良机。关键的问题是"我们还可以怎么做",而不是总想着"这不行",或者"我们一直都是这样做的"。

三、倾听与理解——五步解决争端

解决冲突不像泡方便面那么简单:打开盖子,把答案倒进去,搅拌,大功告成。但是我们却有一个五步烹调法,最后的成品将是一道健康又可口的佳肴。

(一)步骤1:感知冲突

现在冲突就在眼前了:一名员工泪汪汪地坐在你面前;团队讨论时两个员工吵得不可开交;或者当你刚踏入单位的大门,空气中紧张的气氛便扑面而来。即便你碰巧很忙,也要去感知一下冲突是否存在,因为只有这样冲突才有可能被解决。

> **建议**
>
> **对员工的感觉感同身受**
>
> 情绪在冲突中起着很大的作用,因而你需要好好体会员工们的感受。你要跟他们说说,你在他们那儿看到了什么、听到了什么或者感受到了什么。可以是愤怒、悲伤、失望,亦可以是伤害。这样一来员工便会感到被关注、被重视了。只有将情感表达出来之后,事情发展才能走向客观公正。

(二)步骤2:安排一次共同谈话

请你确定下这次谈话的时间,以便大家可以一起找到一个解决办法。你也要给自己预留充足的准备时间。请思考:谁卷入了冲突?是否需要一个中立的第三方?会谈的时间和地点?要为解决冲突的谈话选择哪些方法和哪些材料?

开谈话会前的准备——谁真的卷入了冲突

需要准备的问题	答案摘要
谁真的卷入了冲突？ 冲突只涉及一到两名员工、整个团队，还是包括了一位上级？	
我要邀请谁参加会谈？ 除了当事人之外还应该邀请一位第三方，比如主管等。因为他处于中立位置而且看问题很客观，所以能够帮助你化解冲突	
会谈的时间和地点？ 除了幼儿园之外还可以考虑一个中立的地点，因为远离幼儿园同时也意味着远离冲突发生的地方	
谈话中我应该使用哪些方法？ 你需要选择一种能让所有人都参与的方法。事实证明较有效的方法是"六顶帽子法"	
我需要准备哪些材料？ 活动挂图、演示卡、笔或者幻灯片，请根据你选择的会谈地点和使用的方法而定	

（三）步骤3：交际准则帮助你将谈话进行下去

现在所有的参与者都坐在了一起，他们朝向一个共同的目标，即找到解决冲突的办法。你能想到比这更好的解决问题的基础吗？你主持谈话会时，需要注意以下谈话准则。

- 实事求是。如果一方不能实事求是地讨论问题，那么你就要告诉他：我们到这里来是解决冲突，而不是为了赢得争论。
- 使用"我—信息"表达方式。相互指责毫无益处。我们的目标不是找到一个罪魁祸首。用"我—信息"表达方式可以避免相互指责。
- 给员工一个表达感受的机会。你需要给予每一位员工表达感觉和愿望的机会。这会促进人与人的相互理解。在这之后，讨论才会往客观求实的方向发展。
- 围绕主题讨论。请注意让员工讨论事情发生的具体情境，所有人的

第二章　团队建设

发言都应围绕主题。只有这样才能有针对性地制定解决措施。

> **建议**
>
> "前线"更激烈了——你需要搭起一座桥梁
>
> 有的时候争执异常激烈，连坐下来谈一谈都不可能了。你需要通过保持中立和给予争执双方同样的重视来获得他们的信任。你还可以给他们机会跟你私下聊聊。这样一来他们就会感到受重视，也愿意与大家一起解决危机。

（四）步骤4：解决冲突的办法——"六顶帽子法"

大家一起化解冲突的一个灵验方法就是使用"六顶帽子法"。这个方法非常适用于大家开团队会一起讨论如何解决危机的时候。

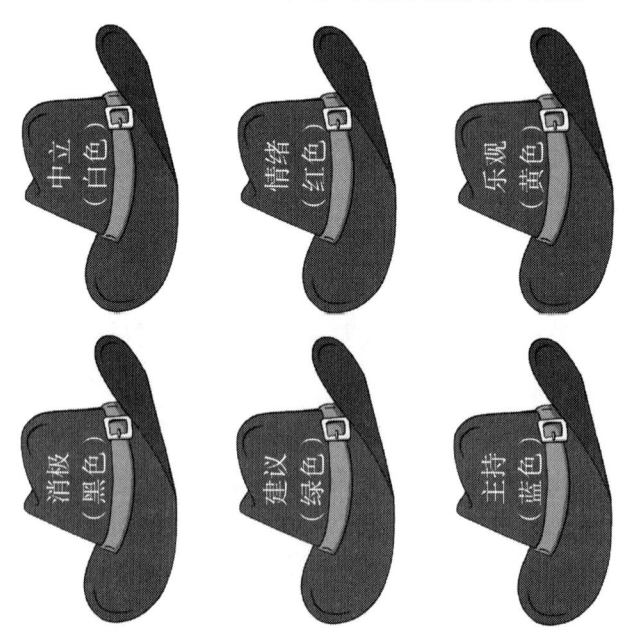

中立（白色）　情绪（红色）　乐观（黄色）

消极（黑色）　建议（绿色）　主持（蓝色）

要如何操作呢？

准备六顶不同颜色的帽子，每一种颜色代表着一种思考方式，比如说中立的、情绪化的或者积极乐观的。你需要把参加谈话的人聚在一起，然后由你来主持会议。

让我们从白色帽子开始。白色代表中立。请把帽子放在桌子上。由参加谈话会的人依次对冲突发表中立的看法。当所有的人都发过言之后，你再将第二顶帽子放到桌子上。接着就按照上一轮的形式进行，直到六顶帽子都摆在桌子上。

通过这个方法大家能够一起解决问题，因为每个人都从不同的角度对问题进行了分析。

举例说明——使用"六顶帽子法"化解冲突

团队中的一位员工因自己被分配做清洁的次数最多而心存不满。这个问题可以借助"六顶帽子法"来解决。

（1）白色帽子——中立/事实

白色代表中立。在这儿要做的是收集信息，但不能只收集那些你认为重要的信息。言出必为实。这样的话你们对事情就会有客观的第一印象。

例如：

● 我列了一张表，上边记着前几个星期我多长时间做一次打扫。记录表明我做值日的次数比其他人多得多。

● 我当时要准备家长会，所以没有时间做值日。

（2）红色帽子——情绪/直觉

所有参与者现在都可以表达自己的情绪了。盛怒、悲伤或者怀疑，此时倾泻而出。大家可以畅所欲言，而且不需要对此进行解释。

例如：

● 这真是太令人气愤了，竟然没有人主动愿意帮我分担一些工作，连做一下清洁都不肯！

● 看到你值日的次数比别人多我也不好受，但是我实在太忙了，真的爱莫能助！

（3）黑色帽子——担心/消极面

在这里要做的是讨论冲突带来的消极影响，不需要做出评价。

例如：

● 我都忙死了，所以根本没办法再尽心地去完成那些任务。这对孩子们可不好。

第二章　团队建设

现在的我又累又敏感。如果我不做清洁了，这里会变得脏兮兮的。

- 因为有准备家长会的额外任务，所以我现在也忙昏头了。

（4）黄色帽子——乐观/积极的想法

现在需要大家考虑积极的一面了，例如机会、加分点、期望以及值得追求的目标。

- 以后还应该继续保持干净的环境。每个人都应出一份力，而且要注意，不要把大部分的工作都推给我。

- 我也想让环境保持干净。也许我们可以灵活地安排值日时间。这样一来，谁能协调好工作时间和值日时间，谁就负责做值日。

（5）绿色帽子——灵感/建议

绿色帽子代表了新的灵感和发展。大家都来提供选择方案，一起寻找解决办法。

例如：

- 必须制定一个值日表。

- 我不同意制定一个严格的值日表。大家觉得制定一个没有任务分配的值日表怎么样？每个人都干他想干的，然后在已经做了的任务上标注出来。

- 这周干的最少的那些人得为我们的存钱罐贡献点基金，没完成的任务还得在下周补上。

（6）蓝色帽子——主持/最终裁决

你要以领导者的身份来主持这次会议。这顶蓝色帽子就是为你准备的。一个全局观是必要的。现在所有的线索都汇集到你这儿了，你需要总结这些观点并且做出最终决定。

例如：

是不是所有人都希望有一个值日表？如果是的话，我们就来考虑这件事，大家一起制订一个计划。现在我们来协调一些细节问题。

　　这个方法很简单而且能获得大多数人的赞同，因为在使用它时所有人都参与其中。团队会议的流程很清晰，有很好的组织性，既没有跑题也没有走进死胡同的情况发生。每一位员工都发言了。每个人能从不同的角度看待冲突，同时与团队合作共同寻找一个解决办法。

（五）步骤5：请遵守所有的约定，多反思

谈话结束时应展望一下未来。将来你的员工们怎样才能好好相处呢？所有的意见分歧都解决了吗？大家都遵守约定了吗？由谁负责哪项任务？

- 制定切实可行的解决方案。你需要询问大家是否都赞同这个解决办法。即便大家仅仅只说了声"同意"，也意味着一个共同解决办法确实制定出来了，大家都愿意承担并且实践它。

- 请另外安排一个时间让所有人再开一次会。是不是所有的约定都付诸实践了？冲突真的化解了吗？如果没有，原因又是什么？

- 你需要经常关心一下冲突双方现在相处得怎么样了，这样一来既表明了你的存在，也向员工们表示了你对他们的关心和重视。

要点回顾

学会怎样利用冲突

你要及时发现冲突，这样就能很快将它们解决，团队里的正常交流将得以维持。公开的冲突为每个人的继续成长提供良机，对所有人来说可能意味着一个新的开始。因此要好好利用冲突，为你和你的团队带来积极的影响。只有这样，争执才有价值。

教你五步成功解决冲突。

步骤1：感知冲突的存在。留心周围的情况，当感觉到团队里的氛围很紧张的时候，与员工们谈谈。

步骤2：安排一次共同谈话。你需要留出足够多的时间做准备。

步骤3：主持解决冲突的谈话。讨论时实事求是，让情感得以表达以及建立"我—信息"的意识对创造一个良好的谈话氛围非常有帮助。

步骤4：学会利用解决危机的方法，比如"六顶帽子法"。优势：全员参与。共同想出的办法代表了大家的意见。

步骤5：最终要严格遵守约定，并时常反思：周围有没有发生什么改变？冲突真的化解了吗？

如何共同解决问题

乌里克·马勒

想必你也曾陷入这样一个进退两难的困境：我要做出哪些决定？我对事件的评价是不是正确的？我要如何继续？为了快速找到解决问题的方法，我们可以借助同事的建议，这样就可以在日常的工作中相互帮助，因此你要鼓励每一位员工贡献自己的知识和能力。

下面将会告诉你一些在幼儿园里寻求同事建议的方法，同时给予你一些指导，以让全体员工可以相互帮助并提出建议。你将会看到同事建议的价值。

一、同事的建议——利用团队的力量

你知道你的团队具有怎样的力量吗？通过运用同事建议来挖掘团队的潜能，从而激发他们的专业知识和经验，这样你就能够充分利用一些潜在资源，进一步提高团队的服务水平。

定义

什么是同事建议法

同事建议法是一个非常简单的方法，借此团队成员能够互提建议。每个成员都将充当一次提出建议者或者寻求建议者。同事建议的目的在于解决棘手问题或者摆脱困境。这个方法将使你的团队、幼儿园以及孩子和家长们都从中获益。

（一）同事建议的目标是什么

同事建议的目标在于提高工作质量。并不是每个人都能在工作上遇到问题时，立刻找到一个合适的解决办法。因此同事之间可以通过相互建议、互帮互助来解决问题，并且同事也确实会有值得称道的好建议。

（二）同事建议的优点

- 减轻压力。通过同事间的相互建议，你和你的员工可以互相减压，因此没有人感觉自己的任务必须要自己去完成，这样也能缓解你的紧张状态。
- 利用有针对性的资源。同事建议可以提高所有人的知识、能力及经验，从而帮你发现意想不到的来自员工的资源。
- 增强团队的凝聚力。一起找出解决问题的方法，互帮互助，互相鼓励——这能建立团队间的相互信任，增强团队的凝聚力。
- 促进自我反思和换位思考。当一个员工介绍他所处的困境时，会获得来自不同视角的建议，这样能够让他反思自己，从而开阔思维，便于接受新的解决问题的途径。
- 提高自信。成功摆脱艰难处境的经验，能够提高员工的自信。
- 促进学习。不只是寻求建议者从建议中受益，整个团队也能获得提升。所有人都相互学习，这样就使得你的团队得到进一步的发展。
- 提高独立性。每个员工都有能力提出自己的建议，解决工作问题，这有助于提升他们工作的独立性，从而减轻你作为领导的负担。

二、不能缺乏动力——如何鼓励你的员工

动力和热情是工作成功的保障。你要使你的团队鼓起勇气，尝试团队协作的新途径。从下面你可以看到它是怎样起作用的。

（一）步骤1：进行一次以"同事建议"为主题的团队会议

在团队会议中介绍关于"同事建议"的方法。你可以使用"同事建议——找到解决方法的六个建议步骤"为标题海报，向所有人阐明这一方

第二章　团队建设

法。这样员工们就能知道，同事建议是怎样起作用的。你还需给予他们提问和讨论的空间。

给所有的员工分发关于同事建议法的资料。这样他们就能够在家里静下心地再看一遍，并相信这个方法的作用。

同事建议——找到解决方法的六个步骤

步骤1：角色分配——谁来扮演这些角色。

角色的分配：主持人、寻求建议者、记录员、观察者和提出建议者。

步骤2：事件报告——发生了什么。

寻求建议者要报告并形象地介绍他的处境，以便所有人都能够很好地理解。主持人通过提问题来帮助寻求建议者，其他人都可以在报告尾声提出自己的问题。

步骤3：核心问题——到底是什么问题。

大家一起来探究核心问题。你在一边帮助限定问题的范围，从而找出有针对性地解决问题的方法。核心问题在于哪些目标和哪些结果是寻求建议者所期待的。为了找出冲突的真正根源，提出建议者同时要向寻求建议者提出问题。

步骤4：找到解决问题的方法——大家一起来会有更好的效果。

在寻找解决方法的过程中提出建议者只涉及核心问题。他们在进行头脑风暴的时候要运用他们的知识、能力及经验，从而使得寻求建议者获得很多解决问题的方法，他可以从这些方法中找出一个合适的方法。

步骤5：结束环节——我采纳这个建议。

在结束的环节，寻求建议者要表述提出建议者给出的解决方法建议。他要解释，哪些建议能够对他有进一步的帮助，为什么他决定采纳这些建议。

步骤6：反思——哪些是好的，哪些我们可以做得更好。

观察者在活动尾声的时候要给整个小组和每个人反馈。这样所有人就会知道，哪些是好的，哪些他们能够在下一次同事建议时有所改进。

（二）步骤2：讲述关于同事建议法的优点

你不仅要向大家讲述关于同事建议法的优点，也要关心员工的期望。

当所有人都能够明白，通过这个方法他们能够获得什么，以及达成什么目标的时候，这对于他们来说才是真正有意义的。他们才愿意为此花费时间和精力。

（三）步骤3：进行第一次的尝试

你要协调并确定进一步的措施：根据一个假设的事例来进行一次尝试，这样所有人就会有一个关于角色的感受，并体会到同事建议在实践中是怎样起作用的。你要在结尾时设置一个反馈环节，在这个环节中，你要讨论哪些是好的，哪些是你想要继续改善的。

> **建议**
>
> **同事建议——没有什么比来自同事的好建议更棒的了**
>
> 同事建议并不是什么新鲜的事物。你需要向员工阐明，从原则上来说，源自于同事的好建议远胜于通过其他途径获得的建议，而大家在平常工作都曾接触过同事建议这一方法。通过这个活动，能够让你和你的员工在一个正式的场合进行相互建议，彼此之间分享知识和经验。

三、找到解决问题的六个步骤——这样就能奏效了

借助同事建议法解决问题需要遵循一个确定的流程。你可以将你的同事分组，每组有4—6个参与者，每次会议将由六个建议阶段组成，每个阶段控制在5—10分钟，总时间维持在45—60分钟。

一个员工处于非常艰难的处境中，他要向他的同事们寻求帮助。在开会时将"同事间的事件报告：找到解决问题方法的六个步骤"的海报挂在墙上明显的地方，以便所有人都能遵循。

你可以从步骤的实施过程中获得安全感。这样建议就能有序地开展，六个步骤是为了能在结束时找到一个结果。关于一个问题产生根源的探究是非常重要的。这里你会知晓建议的步骤是怎样相互建立起来的，以及你

在每一个步骤中需要掌握什么、获得什么。

（一）步骤1：角色分配

在这一个阶段你要为在场的人确定角色，同时向他们解释角色的任务。有这样一些角色需要你来分配。

- 主持人。每次会议都需要由你以外的人来担任主持人的角色。但在第一次会议上，最好由一位你这样的领导来担任这个角色。主持人需要关注的是同事建议的流程，确保每一个步骤都不超过规定的时间，同事间的交流不能脱离主题，以及确保每个人都要发言。每一个新的阶段都需要你进行引导。另外，在会议结束时，你还需要对所有内容进行总结。

- 寻求建议者。寻求建议者要在团队中介绍他的处境。在这之前，他要做好充分准备，并以一个非常开放的姿态来接受其他人的建议。在会议结束时，寻求建议者需要决定采纳哪些建议。

- 记录员。记录员要把所有讨论的关键点及提议用书面形式记录下来。这样寻求建议者就能以书面形式留存所有解决问题的建议，并能在建议环节结束后再一次运用这些建议。

- 观察者。观察者只需要观察会场情况，不需要参与建议。他们需要做好笔记，以便在会议结束时进行反馈，比如哪些进行得很好，哪些还能够有所改进。每个参与者都会给出他们个人的反馈。这样每个人都能够有所发挥并进一步发展，从而使你能够在团队中进一步改善这个方法。

- 提出建议者。除上述人员以外，其余都是提出建议者。他们要仔细倾听寻求建议者的请求，在寻求建议者报告时，提出建议者不能打断也不能做出评论。他们要运用自己的经验来提出理解性的问题并帮助寻求建议者。与此同时，他们不需要评价寻求建议者的报告，只需努力地提出想法和解决问题的方法。

（二）步骤2：事件报告

寻求建议者要提供关于自身问题的全面信息。他可以借助直观描述，例如用一幅草图，或者一些适当的卡片来描述他的处境，让其他人心中有数。在进行直观描述时尽可能还原事件的原貌，以便所有人了解这些情况，从而让提出建议者进行有针对性的研究。

1. 寻求建议者在事件报告时要注意的关键点
- 重点概览。寻求建议者在他的讲述过程中要突出重点。
- 事件概况。有关寻求建议者处境的整体情况对于提出建议者而言是非常重要的。
- 主观感受。如果寻求建议者能表达出他的主观感受，那会更便于提出建议者理解他的行为。比如，他是怎样看这个事件的？是什么让他觉得不堪重负？
- 在报告的末尾要弄清所有的开放性问题。主持人的任务是在报告过程中帮助寻求建议者，并能够把握好时间。提出建议者则需要仔细地倾听。

2. 讲述也是能够充分进行准备的
通过运用这个预先准备的材料，能够使寻求建议者对描述他的处境进行充分的准备，这样内容就能更丰富。

预先准备的材料——对同事建议事件做笔记

对你的处境提出的问题	你的回答
1. 问题出在哪里	我和一个孩子的母亲出现了一个问题。她不想让她的孩子托马斯继续参加语言促进的课程，但是托马斯需要参加此课程，因为他在语言表达方面有所缺陷。这个问题成了我工作上的负担
2. 指出日期和事实来讲述你的处境	托马斯5岁，来园已经有一年半了。这户人家是新搬来的，他还有一个残疾的妹妹。他的父亲工作繁忙，很少在家
3. 到目前为止发生了什么	孩子的母亲在上周一给我们打来电话，并向我诉苦。她很愤怒，以致我不知道该说什么好。我没有像对待其他孩子一样对待托马斯，因此她现在想要带托马斯离开语言促进小组。她对我说话的口气异常恶劣。我只能建议她，和孩子一起再来听听我们的语言矫正课程，但她坚持托马斯完全不需要语言矫正
4. 谁参与到其中	托马斯的母亲和我
5. 和参与的人是怎样的关系	她是我负责的小组中一个孩子的母亲

第二章　团队建设

续表

对你的处境提出的问题	你的回答
6. 这个问题出现的频率	总是出现。当我和她交谈时，彼此间显得十分生硬。我们几乎不再交流，她对我总是很气愤
7. 这个问题给你造成了哪些负担	每次我与她碰面或者与她谈话时都会感到恐惧。虽然每次交流我都努力使自己保持理智，但都以失败告终。通常我对她也非常恼火并且也没有兴趣再进行尝试
8. 这个问题给参与的人都造成了怎样的负担	孩子的母亲对于她自己的处境过于苛求。她经常单独和孩子们在一起。她的丈夫倒班工作，在家的时候总是在睡觉。我认为，托马斯也有沉重的负担。他通常都是独自一个人而且非常安静。只有在我要求下，他才参与到活动中。并且我发觉，他的母亲在同他说话的时候都是用非常恼怒的语气
9. 你对处理这件事情的期望是什么	我只期望能够和她有一个非常正常的关系。我期望我自己能够和她一起思考，我们能够为托马斯做些什么，并为了他上小学做好准备
10. 为了解决问题，你到目前为止都做了哪些工作	我一直在尝试着使她平静下来，但都没有成功。我也尝试着让她的丈夫参与到其中，也失败了，因为他没有时间。我向她解释，让她的孩子在家进行学习的重要性，她也不愿意听。我不知道我还应该做些什么。我发觉我越来越不愿意去解决这个问题。在想到要面对更多的令人不快的对峙时，我会有恐惧的心理，虽然我知道这是不对的
11. 哪些是好的，哪些不是	让她的丈夫参与进来的建议令她非常的恼怒，我认为这样很不好

下面你会看到一个实例。

案例研究

一个事件报告的直观描述——可以是这样的

背景：
　　一位母亲过分的苛求。
　　她要自己照看两个孩子，其中一个还有残疾。
　　她的丈夫不能给她任何帮助。

给我造成了怎样的负担？
我对她的语调感到气愤。
我非常伤心和愤怒。

问题：
　　这位母亲给我的工作造成了负担。
　　这位母亲不想让她的孩子托马斯参加语言促进小组，但托马斯非常需要这方面的帮助。

我期望：
　　和这位母亲能够合作。
　　我想和她在一个充满尊重的层面上进行交流。
　　我想和她一起帮助托马斯。

（三）步骤3：核心问题

　　寻求建议者想要得到关于哪个问题的建议呢？这就需要大家一起进行探究。一个核心问题的表述有助于限定问题的范围，并将其带到关键点上。提出建议者要关注建议过程的进一步发展。当寻求建议者表述完一个核心问题的时候，他们能够非常有针对性地探究解决问题的方法。

　　1. 在提出核心问题的时候必须要注意哪些方面

　　● 目标和建议的期望。核心问题揭示了哪些目标或哪些结果是寻求建议者所期望的。他有哪些需要？他期望从提出建议者那里获得什么？他应该如何有针对性地改善自身处境？

　　● 冲突的根源。提出建议者要努力探究引起冲突的真正根源。他们尝试着把冲突的感觉层面及客观层面区分开。一个提出观点的方式是：受到的情感影响越小，越能开辟解决问题的新视角。为了限定核心问题的所在，提出建议者要再进一步查问。对于寻求建议者来说，能够在谈话中非常自信地面对孩子的母亲是不是非常重要呢？或者说和孩子母亲的合作是非常重要的？提出建议者的问题可以参考下面的例子。

我们对于你想要在将来非常有自信地面对孩子母亲的建议是不是真的有所帮助？对于孩子来说有没有帮助？

孩子的母亲为什么会恼火，你是怎样认为的？是不是她觉得你夸大了托马斯必须进行矫正的重要性？

2. 核心问题——问题可能是这样的

核心问题应该涉及各自的行为，只有这样才能对寻求建议者产生影响。当更多的核心问题产生的时候，寻求建议者做出决定，他想要继续解决哪些问题。重要的是，所有的提出建议者都能够理解这个问题，并能够感同身受，只有这样他们才能够提供有帮助的解决问题的建议。为了所有人都能看到，把这个核心问题写下来。

寻求建议者应清楚，这与他的感受或者是孩子母亲的感受无关。他应该知道，孩子的母亲负担过重，所以才有了这么敏感的反应，因为她没有时间在家里帮助她的儿子进行矫正。参加一个矫正课程的建议有可能戳中了她的伤痛点。寻求建议者意识到，对于他来说，能够让托马斯继续留在语言促进小组是更为重要的。因此他确定了如下的核心问题："为了让托马斯能够继续留在语言促进小组，我能够做些什么？"

（四）步骤4：找到解决问题的方法

在寻找可行的解决问题的方法过程中，提出建议者只对核心问题做出建议。与此同时要运用他们的知识，发挥他们的能力以及他们的经验，这样就更可能产生多种多样的解决问题的方法。同时，这些可能性也扩展了寻求建议者的视野。主持人不应参与到建议过程中，他要确保建议在正确的方向上进行，所有的内容都要涉及核心问题。建议的目标是提供给寻求建议者更多不同的、切实可行的解决问题的方法，给他进一步的帮助。

1. 头脑风暴——一起找到解决问题的方法

头脑风暴是一个非常实用的方法，运用这个方法能够使你快速找到解决问题的方法。建议和想法都是多方面的。所有在头脑中产生的想法，都要立刻讲出来。

2. 这样采取行动

- 在一个活页上写下核心问题，以便随时看到。
- 提出建议者要大声说出他们解决问题的建议。他们要把每一个解决问题的建议都在评价之前记录下来。
- 紧接着尝试将所有解决问题的方法都以主题来进行分类。这样在会议结束前，你就能了解全部的进展情况。

告诉提出建议者，他们应该站在寻求建议者的角度设身处地地考虑，并用简洁的语句表述解决问题的建议。你将会在接下来的描述中看到关于解决问题的方法的实例。

案例研究

为了让托马斯继续留在语言促进小组，我能够做些什么？

1. 和孩子的母亲进行交谈

- 我想要掌握主动权并花时间来进行一次澄清对话。这样我就能够告诉她，我们双方都想要托马斯好。
- 我只是想了解，孩子母亲的感受是怎样的，又是什么加重了她的负担？
- 我想要提问，她对孩子有怎样的期望？

2. 提供外部的帮助

- 我会向她介绍能够让她的残疾孩子获得帮助的机构。这样她就会变得更加轻松，更加配合。

3. 使语言促进课程更加透明

- 我会向她展示我在语言促进课程中做些什么。这样我就可以告诉她托马斯的出色之处，以及他还需要什么帮助。
- 我会向她解释为什么语言促进小组是非常重要的。
- 我想要让她参加一次我们的课程。这样她就能够看到，其他的孩子也是有强项和弱项的。

第二章　团队建设

（五）步骤5：结束环节

在结束的环节，寻求建议者要表述那些解决问题的建议。他要解释，哪些对他有进一步的帮助，为什么他决定采纳这些建议。此外他要做总结性的陈述，他是怎样看待自己现在的处境，他又获得了哪些新认识。主持人在结束环节进行提问，询问寻求建议者是否满意。

案例研究

寻求建议者的总结

我决定鼓足勇气，利用一次澄清对话获得主动权。到目前为止我可能有这样的印象：在我跟她的谈话中，我一直都感到非常不愉快。但是我认为，解决这个问题确实是非常重要的，而且还涉及孩子的利益。告诉孩子的母亲，我们双方都是为了托马斯的成长考虑，这是一个非常好的建议。这样孩子的母亲就不会再对我有一个糟糕的印象了。

提及托马斯积极能力的建议，我认为也非常好。因为这样托马斯就不再会被视为一个问题儿童，是必须接受矫正的，而是一个具备很多能力的孩子，这些能力是有发展潜力的。这确实是一个能够使我更好地面对孩子母亲的基础。

孩子的母亲对孩子有怎样的期待，她又有怎样的感受？我也想在我们的谈话中提出这两个问题。这是我从来没有产生过的念头。这样我肯定能够更好地理解她，而且当我邀请她来参加一次我们的课程的时候，她或许也能更好地理解我们。

因此我做出决定，首先进行这一步。如果进行顺利的话，我们就能够更好地了解对方，当我向她解释对于托马斯来说继续参加语言矫正的课程是多么重要的时候，她才能更容易接受。我也想要向她介绍能够使她的残疾孩子得到帮助的机构。

非常感谢！这些意见对我来说非常有帮助。

没有合适的解决办法时该怎么办?

没有合适的解决办法吗？那么你需要再定一个新的日期。寻求建议者要通过简短的回顾，再一次提出他的请求，提及核心问题并复习那些解决问题的方法。他还要阐述在这期间是不是有了新的情况发生。

（六）步骤6：反思

建议过程的观察是同事建议法的一个很重要的基石。这就需要观察者们在结束环节给出反馈，并对每一个参加者进行反馈。这就产生了学习的过程。每一个人都知道，他们在将来能够为其他人做些什么，这样就能够持续改善同事建议法。

四、同事建议如何帮助你解决问题——五个建议

为了使同事建议的方法达到预期目的，这里给你一些建议。

- 建议1：选择是非常痛苦的吗？

当提出建议者不参与到寻求建议者的处境中时，他们能够客观地观察这个处境，并能够给出有助于解决问题的建议。寻求建议者最好向专业的、通晓这个主题的提出建议者寻求帮助。这样有助于所有人分享这些专业知识。

- 建议2：时间也发挥作用。

你要注意，在同事建议的过程中考虑时间和每个人扮演的角色。当同事建议的过程有一个明确的时间限定的时候，所有人就会把关注点放到重要的内容上。每个参与的人都遵从所扮演的角色也是非常重要的，这样使得建议的过程不会陷入混乱，不同角色的任务也能够令人满意地执行下去。

- 建议3：平等对话。

同事建议应该建立在相互尊重的基础上。相互之间要进行平等的对话，这样每一个人都能够很自由地表达自己的想法。同事建议的过程，不是要说服其他人运用自己解决问题的方法，而是非常中立地表达自己的建

第二章　团队建设

议，并给寻求建议者自由选择的权利。让他自己去选择，即使他已经有了其他决定。

- 建议4：重视反馈和反思。

你要给出交流经验和反馈的空间。这个方法在团队中是怎样获得成功的？它有没有帮助？你是否达到了目的？哪些是能够进一步改善的？所有人都赞同这样的方法吗？这样你就可以把同事建议的方法纳入到日常工作的计划中来。

- 建议5：关于私人问题和请求。

同事建议的方法不能被用在个人事务上。

要点回顾

同事间的好建议——非常简单地与同事开展讨论

通过运用同事建议的方法能够使你的日常工作变得更加轻松。在遇到棘手问题的时候，所有人都能够向同事们寻求帮助。一起去寻找解决问题的方法，对你的工作很有帮助，并且能够提高你的工作质量。为了方便，可以在墙壁上挂上"同事建议：找到解决方法的六个步骤"的海报。这样所有人都能够遵循这个步骤。

在这里，再一次总结一下这六个步骤。

步骤1：角色分配。

在这一阶段，在场的人都会被分配一个角色。解释清楚与角色相关联的任务也是非常重要的。人们会一起来扮演这些角色：主持人、寻求建议者、记录员、观察者、提出建议者。

步骤2：事件的报告。

寻求建议者要提供问题的全面信息。通过一个非常直观的描述，使所有人对这个处境有一个概括性的认识。

步骤3：核心问题。

对核心问题的阐述有助于限定问题的范围。这样提出建议者就能够把注意力集中在下一步的建议过程中。当寻求建议者已经表述完一个核心问题的时候，他们就能够有针对性地探讨解决问题的方法。

步骤4：找到解决问题的方法。

在寻找可行的解决问题的方法时，提出建议者会涉及寻求建议者的核心问题。在头脑风暴环节他们都在运用自己的经验，这样就产生了各种各样的可能解决问题的方法，这些可能性能够扩展寻求建议者的视野。

步骤5：结束环节。

在结束环节，寻求建议者要陈述提出建议者所给出的建议。他要解释，哪些建议对他有进一步的帮助，为什么他决定采纳这些建议。他要做一个总结，表明现在他是怎样看待自己的处境的，又获得了哪些新的认识。

步骤6：反思。

观察者在建议进行到结束环节时要在团队中给出反馈，注意对每一个人都进行反馈。这就产生了学习的过程。让每一个人知道，他们能够在将来为其他人做些什么，这样他们就能够改善同事建议法。

第二章　团队建设

时间都去哪儿了

佩特拉·巴托丽

你对自己的工作是否满意？也许你经常想：我希望有更多的时间和孩子在一起。或者你想做一个长期规划却总是抽不出时间。你要习惯分配任务——但是一定要巧妙地运用各种方法！有目的地利用你的团队的能力和优势，必将激励你的员工，还能给你提供新的发挥空间。

创建一日计划，会帮助你找到浪费时间的症结，并学习怎样分配任务。这样你将有更多的时间用来进行管理。

一、自我分析——找出不经意间浪费掉的时间

你是不是有时候禁不住问自己："我的时间都去哪儿了？"

你每天都完成了大量的工作，但是工作并没有变少。这是为什么？

即使有一个良好的时间计划，但你还是总会把时间消磨在一些小地方。

仔细检查一下你的工作时间，并找出哪些时间被浪费了。

（一）对自我工作时间的分析为什么如此重要？

在工作中，有些浪费时间的行为你早已习以为常。找到被浪费的时间，打破旧有的浪费时间的习惯。

如果有不可预见的任务摆在你眼前，那么你原本计划的工作就没有时间完成了。所以，知道时间被浪费到何处是很有意义的。你要创造一个良好的缓冲，并获得更多放松空间。

（二）用时间表来确定被浪费时间

制定你的时间表，记录一周的时间分配，包括你每天都做了什么。这样你就能快速找出是谁或者是什么偷走了你的宝贵时间。当你对你的整个工作环节有了一个清楚的了解之后，就能实施一个成功的时间计划了。

现在开始吧。

在你的时间表中确定，哪些任务是你要花很多时间来完成的。

在"中断"这一列中填入打扰你工作、浪费时间的事件。当你在重要的会议上被打断的时候，这会浪费你很多的时间吗？是什么事情在打扰你的工作呢？

在"改变"这一列中填写你第一个想到的解决方法。例如：在我的门上挂一个牌子，让所有人都知道我现在正在忙于做一件重要的事情，并且不想被打扰。或者：减少我的阅读材料。忽略那些对我来说并不重要的东西。

虽然最初看起来记录时间表有些的烦琐——但这么做是值得的。

- 你会对你的工作任务有一个大致的了解。
- 你可以意识到完成一项任务需要花费多少时间。
- 你可以清楚地看到是什么阻碍了你的工作。
- 你学会了要更好地珍惜自己的时间。
- 你会计划好一天的工作，而不是浪费时间。

二、众人拾柴火焰高——根据日程安排分配工作

你的时间表说明了什么？如果你一周的工作时间超过了50小时，那么你就要考虑给自己留点时间了。把任务分配给你的员工吧。你要安排固定的时间休息，并且让你的员工看到你对他们充满了信任。他们将承担责任，而你则能时刻保持轻松的状态。

（一）将任务分配下去

作为负责人，你身上担负着特殊的责任。在同一时间做很多事情，这一诱惑是巨大的。因此你要检查是否所有的工作真的需要你亲自去完成。你可以在团队中公开表达出来，并且通常要考虑以下五点。

- 谁要承担什么样的任务？
- 这周要优先做什么？
- 这项工作应该怎么处理？
- 你的员工需要花费多长时间来完成？
- 准备工作已经做好了吗？

你要在团队中花费时间制订共同计划。要让你的任务分配是有意义的。鼓励你的员工，同时也要提前加以考虑。准备好的会议要抓紧召开。

（二）谁可以做什么——利用员工的优势

对员工的不同能力加以考虑。当你分配任务的时候，要做到人尽其才。你要注意以下几点。

- 每个人都有优势。

每个员工都有其个人的优势，或者他们接受过特别的培训。你要考虑让他们参与进来。假如一位员工有过经商经历，那么他就能对幼儿园的账目进行管理。一个具有音乐天赋的员工，可以对乐器进行维护和修理。

- 信任员工。

你只需分派任务，其他可以放手不管。如果你以后还需要对任务进行再一次的返工，这就会花掉你双倍的时间。要相信你的员工能够完成任务。

- 一起思考。

要定期用一些时间来反思已经完成的任务。让你的员工对他们的工作做出反馈。对他们工作的认识和评判是重要的。这可能会产生激励和改变。在团队中要一起思考，怎样才能解决问题。

- 谁做了什么——你要了如指掌。

谁、做了什么、什么时间做的，这些你都应十分清楚。你最好把已经分配出去的任务用文字记录下来。同时你也要注意，到什么时候任务应该完成。所以你应该是那个了解全局的人。

三、为你的团队创建一个日程计划

现在讨论的是对你的工作日进行组织的问题。在晚上用10分钟的时间，制订第二天的工作计划。

这样做有以下优势。

- 早上就可以直接安排工作，不用再费心琢磨了。
- 你和你的团队对一天中的所有任务和活动都有一个大概的了解。
- 你有更多的时间用于领导工作和随时叫停。

把你分配的任务填入日计划表中。把你的日计划表挂在你的办公室或者员工活动室中，并确保可以被所有人看到。员工会把已经完成的任务选项打钩。所以你可以对哪些任务已经完成，而哪些还在进行中十分了解。你可以很清楚地看到，哪些工作已经完成。

请你注意只能填写分配下去的任务。这样就会使得日计划表条理清晰、一目了然。

要点回顾

把任务分配下去，你可以有更多的时间留给自己

设置正确的优先级别，确定待分配的任务和时间安排，以方便你的日常工作。这不仅节省你的时间，更重要的是能让你保存精力。这样做可以帮你留出自由空间，进行自我调节并放松自己。

如何操作？

- 制定一个时间表。这样你就能看出需要为单个任务花费多少时间，并且你会认识到哪些时间被浪费了，例如有孩子闯进来打断了你的谈话。
- 将浪费时间的行为从你的生活中赶出去。例如，如果不想被人打扰，

第二章 团队建设

就在你办公室的门上挂一个标志。这让你的计划更容易达成,并且让你可以在安静的环境中工作。

- 在团队中讨论你想要分配的任务。注意记下商定好的任务和日期。
- 创建一个日计划表。在计划表里,你要填入分配下去的任务,划掉已经完成的任务。因此你能够确保对一切工作都了如指掌。

如何召开员工会议

凯特琳·舒尔茨

员工在日常工作中总是碰壁？困难是不是由于团队工作不明晰，或者工作动机消退才产生的？员工会议有助于维持一个开放和相互尊重的状态。约定共同的目标也有助于互相协作。下面你将了解到如何举行员工会议。核对清单、步骤流程和会议帮助则会帮你在员工会议上使用恰当的语言。

一、好了，没有人知道——召开员工会议的目的

你的幼儿园中每天都要进行几十次的团队协商，但通常没有足够的时间（包括团队会议）用来进行更深入的交谈，目标总是遥不可及？如果长此以往，会导致不良的情绪。

你乐于和员工定期进行交流吗？你了解有关个人的情况吗？或者，你想要知道为什么团队中的冲突依然还没有平息吗？

你要定期召开员工会议。你需要有空间和时间来了解员工的需求和福利——这关系到他们在团队中的工作。你需要用一个共同的话题来表示你的兴趣。你要对此表示赞赏，并明确共同而又具体的目标。

员工会议有助于团队中的合作，因为会议是商定具体目标、鼓励员工和防止冲突的一种方式。想法和愿望可以作为会议的主题，而误会能得到解决。定期举行员工会议提供了一个开放和相互尊重的工作环境。

你应该注意，员工会议并不是只顾着谈论自己，不是在咖啡馆中的闲聊。这样的闲聊虽然不错，但是没有具体的目标。但同时，会议也并不只是机械性地处理问题，否则无法使员工提高对会议的重视和兴趣。

相互交谈和共同对话是两码事。一个良好的员工会议要有建设性的交流和具体的目标，可以促进领导者自己在工作中的动力和信任感。

员工不会认真对待一个失败的会议，或者说不会在一个失败的会议中发言。失败的会议具有消极影响并可能对我们的工作有所损害。有了明确的对话和交际规则，你就可以避免这种情形的发生。

二、员工处于中心的位置——所以你要举行一次员工会议

相互交流可以创造出透明度、信任和动力。这是发展一个良好的合作关系的基础。

（一）员工会议的简介

如果你还没有进行过员工会议，请你在团队会议上解释原因。你要说明你更乐于在私下和每个员工进行定期的会谈。员工和确定的目标是会议的核心。

你要根据团队的规模和组成情况，每年安排1—3次的员工会议。对于新的团队或者较高的员工流失率来说，这样的会议在短期内是很有意义的。这些会议会清楚地向你传递团队和员工的信息。而对于稳定和运转良好的团队来讲，一年一次的频率就已经足够了。

（二）共同准备

员工必须和你一样对会议进行准备。你要及时公布日期，时间大约是在会议前的3—4个星期。你要告诉员工，你想要和他们谈论什么，并且给他们一张准备表格。你们都需要在表格上做好记录，并且带到会议上。有了这个模板，你就可以准备好每一次的会议了。

对于一次成功的员工会议来说，最重要的是你要提供足够的时间和空间。你要在百忙之中至少抽出一个半小时来举办员工会议。

用于员工会议准备工作的模板

姓名：
日期：
1. 刚刚 / 过去的六个月新组建的团队如何？
2. 工作（工作过程 / 团队 / 家长 / 孩子）满意度
3. 能力现状与合作需求
4. 培训建议 / 愿望
5. 其他

建议

会议的好时机

会议要安排在幼儿园正常的工作日。这样，新孩子带来的问题会得到解决，目标也可以及时达成。在早上或一天结束的时候召开会议，员工会比在中午的时候更加有动力，并且你的头脑也会比较清醒。

思考一下，你想要从员工身上了解到什么。他们在团队中觉得舒适吗？他们对自己的工作还满意吗？他们对于工作和相互的合作有什么想法和愿望？他们是否想继续深造？你对此要做出记录。

写出你对员工的评价以及你对他的期望，制定可行的目标。然而，这些只是你自己需要做的。在会议上你要和大家制定共同的目标。为了指明方向，你需要使用员工会议流程图。一段时间过后，你肯定就不会再需要它的帮助了。

第二章 团队建设

员工会议流程备忘录

1. 开始——幼儿园负责人
   对会议的解释

2. 员工
   想法、愿望、目标、困难

3. 幼儿园负责人
   对员工和他们的工作提供建设性的评述

4. 对话——双方
   讨论所提出的问题,为员工确定共同的目标,检查最终报告中的目标

5. 结束和报告——幼儿园负责人
   确定目标和时限,检查团队的信息传达,商定下一次会议的日期,告别并表示感谢

（三）积极的气氛

在会议中要为在座的每个人营造积极的气氛。你要准备一个合适的房间,让大家平等地坐在桌子旁。你不要坐在你的办公桌后!如果可能的话,最好和员工斜对而坐,不要面对面,否则会产生一种对抗的态势。

调好电话的来电转接,并在门外挂上"请勿打扰"的牌子。你要确保没有其他的安排打断会议。在桌子上放一些饮料——这是礼貌,而且如果会议气氛如火如荼的话,饮料也是很必要的。

建议

咖啡有助于放松

即使是夏天,也要为员工提供一些热饮。这会创造一种积极的情绪,并显示出你对他们的尊重。

（四）我的指南——确保员工会议成功

你要将会议分成五个部分。这样大家都能知道会议议程是什么。

- 第一部分：开场白。

对员工参与会议表示感谢，再次简要解释进行这次会议的原因，并大概描述会议议程。一边做记录一边做出解释，以免中断会议。

- 第二部分：现在是员工时间。

员工表达自己的想法、愿望和目标，并且诉说工作中遇到困难。他们的意见是关键所在。

给员工时间，不要打断他们。你要认真对待他们所描述的问题。如果你有不清楚的地方，要马上提出来。

- 第三部分：轮到你了。

现在你获得了员工说出的内容要点。你提出一些积极的方面，并对其进行适度的称赞。赞美是一个最重要的激励工具，在员工会议中是不可缺少的。指出负面意见的建设性作用。客观地进行表述并提出问题。

- 第四部分：共同商定目标。

提及员工所说到的论点。如果有必要，去查一下上次会议的记录。共同思考如何取得积极的进展以及改进消极因素。为员工接下来的工作制定目标，并进行阐述。

如果你有不同的意见，要努力找出原因。你应该保持对话的状态，并避免会议陷入口水战当中。我们的目标是达成一致的目标，以及不和员工发生对立。

- 第五部分：对于目标的记录。

商定何时以及如何检查目标，并把它写下来。你要考虑，是否一些会议的信息对于他人来说也很重要，以及你要如何进行传达。

向员工解释，会议记录只是为了让你们双方能够记住会议内容。它不属于个人档案，不具有任何的评价作用，在下一次员工会议的时候它将被销毁。要对下一次会议的大致日期进行商定。

在会议结束后要和员工告别。你要对他们的到来再次表示感谢。你要感谢他们的坦率——当然是实事求是的。

三、方式即为目标——目标是什么以及如何发现目标

确定目标是幼儿园中的日常工作。但是要谁去确定？以及确定什么？对于员工会议，适用SMART。

建议

> **在员工会议上商定出SMART目标**
>
> 特殊的（S）　　　　目标必须是明确的。
> 可衡量的（M）　　　目标必须是可衡量的。
> 可接受的（A）　　　目标必须是可接受的。
> 实际性（R）　　　　目标必须是可行的。
> 日期性（T）　　　　目标必须有期限。

你和员工们并不十分了解学前班项目的内容。你想知道负责这个项目的员工每周和孩子进行的两次活动都在干什么，并把这些信息与大家分享。你已经和这位员工商定，她要在每月的团队会议上简短地对主题进行讨论。商定以一年为期。你要再和员工确定一个开始时间。

目标是具体的、可衡量的和有期限的，因此你们要共同商定，一起执行。我们的目标是实现这项工作，并使之符合幼儿园的需要。

如果为员工设定的目标不明显，那就不能达到目标。如果你希望在未来能够运行得更好，你一定要问：应该如何才能变得更好？对此必须做些什么？这些都必须准确制定。"谁、什么、如何、多少、何时"等词汇可以帮助你设立目标。

你可能已经听过员工对于目标的描述。也许他们自己也可以直接表达培训内容和工作流程。但有时你也要重视潜意识里的一些疑问，也许真的

存在某些被忽略了的问题。

考虑提出的主题。想想有哪些愿望、想法和困难可以转化为目标。请注意要永远和员工在一起，而不是为了别人而设立目标。设立目标少胜于多。设置优先等级，因为3—5年的目标会比7—10年的目标更容易实现。

四、现在——会议继续

在会议之后，你要记录有关目标，其中要标注会议的日期。你签署两份会议记录。打印一份副本交给员工，另一份则由你保管。文件要保密保存，但不要放到个人档案中。

在会议中你要添加附加信息。例如，对团队中可能会发生的冲突，或者对员工的权利和义务进行阐述。你需要考虑到这些细节，以便及时在改变消极事物的方面有所作为。

对会议进行反思，这有助于开展进一步的讨论。可以和员工或团队中的其他人一起讨论。如果你想在下一次的会议上讨论其他事情，请写下来。

你现在只要为达到目标而做准备。员工想要有进一步的培训吗？考虑一下你的财政、人力和时间。过程应该改变吗？向你的当事人说明并做出变动。

把检查目标实施情况的日期记在日历上。你还要注意对下一次员工会议进行及时的规划。记录下来，并放在手边便于取用。你应该定期检查哪些目标依然存在问题，哪些目标已经实现。

建议

设定详细的目标会更加容易实现

如果目标没有马上实现，你就要设定一个分步骤实施的清单。你要注意哪些步骤是必要的，谁应该参与其中，以及哪些子步骤需要实施。在此期间，你要和员工保持接触。这样做增加了工作的透明度，也使沟通更加顺畅。

第二章 团队建设

要点回顾

互相交谈

员工会议能促进机构的良好运转。员工一起讨论什么对于他们来说是重要的，并共同商定目标。这样会使每天的工作更加清晰明了。会议将对员工起到促进的作用，并且有助于防止冲突。因此你要创造出一个开放的和相互尊重的工作氛围。

一个成功的员工会议需要五个步骤。

步骤1：创造时间和空间。

请你为会议的举行寻找一个好的时机，并预留足够的会议时间。

请确保房间可以待客，提供咖啡等热饮。

步骤2：畅所欲言，尊重彼此。

像日常对话那样开始会议，并注意交流的规则，例如积极地倾听。

步骤3：商定明确的目标。

目标应该被员工所接受，并且有期限。确保目标是可行的，并且所有的员工都能明白这一点。明确你何时以及如何对目标进行检查。

步骤4：谈论会议的心得。

对会议进行反思并做笔记。让目标变得具体并持之以恒，要及时和员工保持联系。如果员工去进行培训，那就要找人代替。

步骤5：持续下去。

让员工会议定期举行。在日历上及时记下日期。

如何提高团队会议效率

夏洛特·特莱梅尔

团队会议对于你和你的员工来说是非常重要的。团队会议讨论的是重要的内容，并将做出相应的决定。但是很多团队会议缺乏一个清晰的结构，可能会持续很长的时间，而且往往没有任何结论。这样的结果会引发所有参与者的挫败感。

下面将介绍多种技巧，帮助你使会议主题结构化，并促使你们做出最后的决定。你还会了解到如何在团队会议的准备阶段让员工有机会参与进来，并创建一个有效的会议议程。

一、成功的沟通——什么是重要的

参加团队会议，参与并且和同事一起推动某项活动——这看起来是个完美的团队工作。然而团队工作是一个复杂的过程，需要维护和改进。

沟通很重要。

团队工作中很重要的一点就是交流。每次交流都有一个内容层面，信息或事实都在这一层面上进行传播。但是它也有一个关系层面，是人与人之间的信息传输。对话双方之所以产生误会，是因为他们不会进行正确的交流。肢体语言或者沉默不语也可以传达出信息。

对于一个良好的合作来说，重要的是有顺利的沟通，因此所有的参与者必须要了解交流的重要规则。作为负责人，你的任务是确保你的每个员工都了解并遵循这些规则——成功沟通七法则。

- 使用"我—信息"。
- 积极地倾听。

第二章　团队建设

- 每个人都可以表达观点。
- 公开对话。
- 只作具有建设性的批评。
- 目标一致。
- 一起再次总结讨论过的内容。

二、日期和时间限制——让会议更成功

每次团队会议都需要确定的会议计划和有效的会议控制。你作为负责人，担负着计划并实施团队会议的任务。

（一）定期安排

为你的团队会议安排固定的时间。这个时间应该固定在每周同一天的同一时间，例如每周二的晚上六点，每隔一周的周三下午五点半，或者每月第一个周末的晚上七点。你的员工就可以把这项固定活动纳入自己的日程安排中。

建议

定期举办

安排团队会议的时间时，要让所有员工都能来参加。许多班级都在不同的时段工作，因此在工作时间把大家组织在一起，然后再进行详细讨论是不可能的。我们只能在工作结束后进行讨论。

（二）明确会议时间

对于团队会议，重要的是要有一个明确规定的时间段。找到大家都可以接受的会议时间是一个良好对话的基础。每个人都必须遵守这个时间。如果一个员工总是在一个半小时之后才来，那她会错过很多东西，而且还要再对她重复一遍已经说过的内容。这对其他同事来说很不公平。这就会

导致大家必须再听一遍所有内容，会议也会因此延长更多的时间。

每个人的注意力都是有限的。你的同事们也和你一样有工作。现在他们必须再次集中精力并讨论重要的事情。通常这样的状态会持续两个小时，之后会很难再仔细倾听或集中精神参与其中。所以你要把会议的时间安排为两小时，通常情况下不要超过这个时间。

不是所有的问题都要讨论，你可以将剩下的问题推迟到下次会议再讨论，并且直接进入下一议程。请你把对于普通会议来说范围过大的主题放到特别会议上进行。

> **建议**
>
> **会议要简短**
>
> 请确保会议不超过时间限制。不应该在这次会议上讨论的议题，请你带到下次会议上进行讨论。

三、海报和议程——准备阶段

（一）避免意外——使用海报

许多会议持续的时间都要比原来计划的长，这是因为与会者还有问题和建议，或者是要澄清一些事情。为了防止这种不可预知的情况，你的员工要有机会在会议的准备阶段表达自己的需求。

在这种情况下，就尤其适合使用这种方法——在小组的房间或办公室里挂上海报。这样，你的员工就有机会把他们希望在团队会议上提出的主要问题记录下来。你要在会议前两天的时候拿走这张海报，并把上面的要点记在会议议程上。大一些的主题需要一个单独的议程，小一些的主题会在某个特别的问题下进行总结。

如果议题太多或者范围太广，你就要把有关议题写在下一张海报上，以免漏掉任何内容。你要把这些要点留到下一次的会议上讨论。在讨论会上告诉你的员工，哪些问题是需要延迟讨论的。

第二章　团队建设

海报应该始终挂在同一个地方，并且在任何时间都要提供给所有的员工。

> **建议**
>
> **海报上的会议议程**
>
> 在会议开始之前，把会议议程写到会议室的白板或者黑板上。这样可以让员工了解到会议正处于什么阶段，以及接下来的议程会是什么。

（二）会议的结构——根据会议议程进行

为了能保证根据计划完成会议，预先计划希望在会议上讨论什么内容是十分重要的，这样你就可以分配时间，同时又不会忘记任何要点。所以你需要合理确定会议结构并制定会议议程。

步骤如下。

- 准备。取一张白色的A4纸，并在左上角写上日期、时间、谁需要负责控制会议长度和做记录。协商开始的时间和计划结束的时间。

如果出现与记录不符的情况，记录者需要在记录表中记下正确的时间。记录表中也要记录在这一天的出席人和请假人，这对于记录来说是非常重要的。根据这个记录，你可以在会后检查，谁获知了某些事情或者做出了哪些决定。

- 问候。以问候开始实际的议程。这将显示出你对员工的尊重，并且将你和员工放在了同一个出发点上。
- 检查记录。接下来是检查上次的会议记录。总结一下上次会议的决议，并再次检查是否已经完成了所有的任务。
- 讨论的主题。介绍你要在会上进行讨论的题目。
- 信息。向员工们发布重要信息—如果有的话。
- 员工的要求。你要给员工机会，让他们提出问题。
- 特别事项。在这里讨论特别的话题，并写在海报上。

- 总结。一起再一次对会议的成果和决议做出总结。
- 告别。和员工告别，并对他们参加会议表示感谢。

> **实事求是**
>
> 在会议议程上不要安排太多的议题。你要选择重要的和有截止日期的事情。推迟其他的议题，并确保会议能准时结束。这对于你和员工都很有帮助。
>
> 在会议的前一天给员工一天时间，这样每个人都知道在会上将讨论什么内容，并且可以考虑自己是否能在"其他"议题下加入些内容。

四、即时贴——简单的控制技巧

（一）彩色即时贴帮你做出决策

如果你要在团队中进行投票的话，这种方法是最好的——例如下个月的会议主题，该买哪些玩具，或者年度旅行要去哪里等。

这种方法需要一块移动白板、一张大纸、透明胶带或者彩笔和彩色即时贴。

在团队会议之前，把大纸粘在移动白板上，或者用图钉固定好。用粗彩笔写上问题，例如下次的旅行要去哪里。

在会议进行到这个问题时，你要向同事们提出问题。每一个员工当场提出建议。你将员工们的意见不加评价地写在移动白板上。

共同讨论每个想法的优点和缺点。认真地对待每个建议。让提出建议的员工否决你不可行的想法，和员工讨论导致想法被删除的原因。

每个员工都得到三个彩色即时贴。他们要把这些即时贴贴在最喜欢的建议下面。如果他们觉得好几个想法都不错，也可以给多个建议贴上即时贴。

在所有人都贴完之后，计算一下各个建议下的即时贴数量，并互相比较。结果集中吗？如果是的话，那么大家的意见就很明确了。然后你们就可以继续讨论下面的具体操作了。

如果有多条建议得到了相同数量的即时贴，那么你就需要再进行一轮投票。每个员工这次只得到一个即时贴，只能贴在他最喜欢的建议下面。

如果在这一轮过后仍然没有明确的结果，那么你们就要讨论。可以适当妥协以达到目的。

（二）使用卡片

如果你想在团队中收集想法并随后把这些想法组织起来，那么就非常适合使用卡片了，例如下一个暑假的计划、修改网站主页或者理念设计。

这种方法需要白板、粗记号笔，以及不同形状、颜色、大小的卡片。

在团队会议之前，你要准备好白板，写下要讨论的话题，例如：我们的网站主页看起来如何？把问题写在一张大卡片上，并把它挂在白板的中上部，让每个人都能很好地看到。把记号笔和卡片分发给各人。

可以开始你的团队会议了。当会议进行到该议程时，要向大家说明如何使用卡片。最多给每个员工分发五张卡片。你必须记住，你要和大家一起讨论所有的题目。但如果你的团队很大，则有可能需要很长时间。每个与会者都需要一支笔将他的想法记录在卡片上——每张卡片只记录一个想法，否则如果字写得太多，从远处就看不清楚了。

> **建议**
>
> **分发相同尺寸的卡片**
>
> 让大家在大小相同的卡片上写。太多不同颜色、大小的卡片会使得白板显得很凌乱。

请和大家确认预留多长时间来写卡片。如果你发现有同事提前完成或者还需要一些时间，那你可以提前开始评估或者再留出更多的时间。

收集好卡片。取出第一张卡片并把它粘在白板上，大声地读出来。如果有什么不清楚的地方，请询问写这张卡片的员工。然后继续读出下一张卡片。

你要把卡片组织好，将类似或者相同的卡片分组。你还要总结不同方面的情况，并归纳为一条。把总结得出的条目写到另一张与其他卡片有明显区别的卡片上，将其附在或放在相关卡片的上面，直到所有的建议都分类汇总。

建议

在任何情况下都不能把卡片撕掉

切勿撕掉员工的卡片，即使你得到了他的允许。你可以把卡片还给员工，这样他们可以自己把卡片撕掉。这显示了你对员工和他们想法的尊重。

用几句话对讨论结果再一次进行总结。结果是否清晰明了？还缺少些什么？是否还有需要深入讨论的内容？

下面的核对清单可以帮助你规划团队会议，并划掉已经完成的事情。

团队会议的核对清单

要做什么？	完成
通知所有人会议的时间——如有变化，及时通知	☐
准备好海报	☐
确定会议议程	☐
记下海报上的讨论点	☐
将会议议程分发给所有员工	☐
使用即时贴	
移动白板	☐
大纸	☐

第二章　团队建设

续表

要做什么？	完成
透明胶带	☐
即时贴	☐
粗记号笔	☐
使用卡片	
白板	☐
不同颜色、大小的卡片	☐
粗记号笔	☐

要点回顾

组织团队会议

团队会议需要一个固定的日期和明确的议程。你作为一名负责人，需要注意不同主题所需要的讨论时间，实事求是地规划会议。

让员工有机会提前表达自己的意愿和建议。你可以把这些内容加入会议，或者安排另一次会议来单独进行讨论。

团队会议步骤如下。

- 设置固定的团队会议时间。
- 准备好海报，让员工写下他们自己的意愿和建议。
- 制定会议议程。
- 将海报上的建议尽可能地纳入会议议程。
- 通过不同的技巧组织各个主题。

怎样有效面试新员工

佩特拉·巴托丽

你在为幼儿园寻找一位新员工？当然，他不是随便什么人都行，而必须是最适合你的团队的，因为一位好的员工是成功的重要组成部分。下面将告诉你如何正确进行面试。这十分重要，因为你需要做出的是一个长期决定。

通过确定的书面要求，你可以明确对于新员工你究竟有哪些期望。这是你决定的基础。同时面试指南会帮助你有目的地进行面试，并为你的团队挑选最好的申请人。预祝成功！

一、谁适合你的团队——做出预选

幼儿园有一个职位空缺，但你的新员工应该是怎样的？他应具备哪些能力？你要知道，他不应是随便什么人，而是一位可以充实你的团队的员工。你需要为此预留足够的时间来考虑，因为你需要做一个长期决定。在你邀请申请人面试前，请考虑清楚，你对新员工有哪些期待，因为一个机构的成功依赖好的员工。

（一）成功的搜索及寻找——通过这些要求达到预定目的

为了找出适合你的团队的人，你需要对发布的职位有一个整体要求。首先是你对新职员有哪些期望，他们需要承担哪些责任，以及他们应具备哪些能力。因为在开始寻找之前，你需要知道，你要寻找谁。

请你从团队整体考虑，回答以下关于新员工招聘要求的相关问题。请你列出新员工需要承担哪些责任，他们应具备哪些能力。请你回答所有问题。你可以设立一个文件夹，在里面放入你的笔记及申请表，如此你便可

第二章 团队建设

以把所有重要的相关文件放在一起。

关于新员工的要求设定

需要招聘的新职位是：
新员工将要负责的工作领域是：

问题	注释	回答
1. 新员工应具备哪些专业能力	• 新员工应完成哪些培训项目，具备哪些资格 • 对于这一工作领域，新员工需要多少职业经验 • 他需要完成某些额外的培训项目吗 • 他还需要其他知识，例如计算机知识	
2. 新员工需要具备哪些教学技能	• 幼儿园内实行的教育方式是否需要新员工熟悉 • 你是否希望新员工具备有关经验	
3. 新员工需要具备哪些社交技能	• 你的新员工需要特别的表达及沟通能力吗 • 你认为新员工的合作能力有多重要	
4. 新员工需要具备哪些个人能力	• 新员工必须适应灵活的工作时间吗 • 新员工必须能独立工作吗 • 他需要吃苦耐劳吗？即使是在压力下也可以完成工作吗	
5. 对于这一工作领域，新员工需要有领导能力吗	• 新员工需要接手很多职责吗，例如副手的职位 • 他需要已经具备这一领域的经验，指导过新同事或者实习生吗	

建议

从发布招聘广告起就开始选择

把设定的要求填写到空缺职位的招聘中，通过这种方式，可以确保你首先面试的是特别合适及你感兴趣的应聘者。你也可以提供一位联系人，并且设定申请期限。这样应聘者就可以知道，他们需要联系谁，以及可以申请的时间。

（二）收到申请了吗——做出预选

第一批申请已经收到。那么，开始挑选合适的申请人吧，之前填写的要求可以帮助你进行挑选。你需要把申请排序，看何种能力与你的设定要求匹配。

- 申请人具备较高的匹配度。
- 申请人具备一定的匹配度。
- 申请人具备极少或者不具备匹配度。

为了不产生混淆，请你使用排序卡片整理申请。将排序卡片放置于对应的申请组别上。箭头向下，插入两个申请文件夹之间。排序卡片正面朝上放置于组别上，这样申请可以有序地排放在你的书桌上。

- 排序卡片1：未分类的申请。在申请限期内每天都会收到新的申请，你可以把它们都排放在一起。把用于未分类的申请的排序卡片1放置于这一组别上。你必须继续通读这些申请，寻找合适的申请人。

- 排序卡片2：初步入选的申请人。此处放置的是所有的申请文件中与你设定要求有较高匹配度的申请文件。把排序卡片2放置于这一组别上，准备邀请这些申请人做单独谈话。

- 排序卡片3：候选的申请人。把排序卡片3放置于这一组别上，表示这些申请人你还要进一步考虑。当初步入选中的某个人不合适时，可以致电这些申请人。

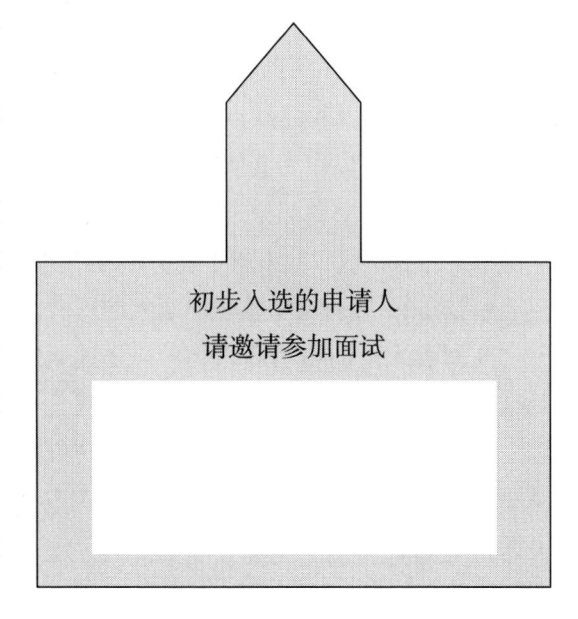

初步入选的申请人
请邀请参加面试

- 排序卡片4：拒绝的申请人。排序卡片4放置于你要寄送拒绝信的申请人的组别上。将此任务委托给一位工作人员。他将负责回寄申请。如此你可以继续专注于申请的后续步骤。

（三）你已经做出选择——邀请申请人，但是要单独谈话

你可以电话邀请所有进入初选名单的申请人，和他们进行单独谈话。这样做的好处是，你可以与申请人协商面试时间。在打电话之前，你需要考虑一个可行时间及一个备选时间。除此之外，通话还可以帮你获得申请人的第一印象。

二、如何立即识别好的申请——五个技巧

一份申请涵盖了一个人的重要信息。你可以了解到申请者具备哪些专业资格，这是你做出决定的一个依据。当然，一份申请还会提供更多的信息。例如，如果你仔细观察，可以发现一位申请人是否可以信任或者具有积极性。以下技巧可以帮助你了解这些内容。

- 技巧1：一份完整的简历，没有隐藏问题。

请你注意简历中的空白时间的部分。这些空白阶段是否被解释清楚？即使是失业，也并不是缺点。如果这些空白时间被证明为在接受培训或者育儿，那么它可以作为支持申请人的佐证，因为他们是有责任心的。如果没有对简历中的空白部分进行说明，那么这就产生问题了。这位申请人是否隐瞒了什么？或者他不屑于说明原因？注意，申请文件中不应留有问题。

- 技巧2：在行文中发现申请人的积极性。

在阅读大量的申请后，你可以迅速判断出一个人的申请是否全是套话或是套用了标准格式。而你则应该优先选择那些努力尝试独立完成申请，并且清楚详尽地提到你招聘的职位以及你的幼儿园的申请信。因为从中你可以看到申请人是多么重视这次申请。他已经提前了解了关于幼儿园的信息。

- 技巧3：正式的申请文件是必需的。

混乱的申请文件显然会留下不好的印象，例如错误的拼写、错误的联系方式、错误的时间、不适当的照片或者褶皱的申请文件，从中你可能会发现某个申请人对一个重要的机会并没有付出足够的努力。由此自然会产

生一个问题：他能否在日常工作中有序地完成自己的工作？你需要自己对此做出判断。

- 技巧4：了解真正的兴趣。

申请人真的对这个职位感兴趣吗？你可以从申请人在实习、培训以及主要课程之外自愿进行的学习中了解到。如此你可以认识到，他对这个职位有多大的兴趣。这是非常有价值的。因为只有这样，你才可能获得一位有责任心的员工。

- 技巧5：不完整的申请文件？别浪费你的时间。

同样，缺失申请文件附件，例如成绩单，也会留下不好的印象。只是单纯地忘记这份文件吗？或者申请人想要隐瞒，因为他的成绩不好？寄送所有文件才是诚实的表现。诚实是良好工作关系的重要基础。

三、做好自我准备——五个步骤便可实现

面试时你会对自己进行介绍，因为你也会希望给对方留下一个好印象，从而让申请人决定留在你的幼儿园。因此，你需要做好准备。

- 步骤1：为所有面试预留足够的时间。

为了使所有面试都轻松进行，以及使申请人感到满意，你需要为所有谈话预留出足够的时间。每个面试需要两个小时，但谈话本身不应超过90分钟。剩余的时间你可以与你的同事一起反思谈话内容，如此可以避免判断错误。并且，一天不要超过三场面试，只有这样你才可以对每一位申请人都留下明确的印象。

请你把所有面试时间安排都录入到时间表内，如此你便可以确定面试时间安排没有重叠。你也可以录入申请人的联系方式。如果预约推迟，你也不必为查找联系方式花费太长时间。

第二章　团队建设

面试时间表

招聘的职位： 负责人： 面试时间：					
日期	时间	申请人联系方式	参加的员工	注释	完成
					☐
					☐
					☐
					☐
					☐

- 步骤2：按你的要求设定的核心问题。

请你向所有申请人提出按你的要求设定的核心问题，如此你便可以对申请人进行对比。例如，你在要求中对时间灵活性有很高的要求，那么你可以在谈话中就此询问申请人是否可以接受周六也要上班，由此你可以了解哪一位申请人最符合你的期望。你还需要为每一位申请人设置单独的问题，然后在面试的时候提出。

为申请人设定什么问题？请记录。

请你在表格中录入所有问题，并在谈话中做好记录。申请程序结束后再对这些问题的答案进行评价。

对申请人的问题

招聘的职位： 申请人姓名：		
面试的核心问题	申请人回答	备注
1		
2		
3		
4		

续表

对申请人的单独问题	申请人回答	备注
1		
2		
3		
4		

- 步骤3：提供所有重要信息。

你可以为申请人提供材料，由此他们可以对你的幼儿园有进一步的了解，同时他们回家后也可以继续浏览。招聘职位的信息也同样重要，例如工作时间、工资额度或者休假制度等。这些信息十分关键，因为并不是每个人都敢于在面试时直接提出此类问题。

- 步骤4：营造一个愉快的谈话氛围。

大多数申请人在面试时都会紧张。如果我们回忆一下自己当年面试时的感觉，那么大家就都能理解。因此，你需要注意营造愉快的谈话氛围。你可以提供一些饮品，同时提供一个明亮的、温度适宜的房间。但首要问题是你要通过友好、善意的举动来消除申请人的紧张。因此，你要注意保持与申请人平等交谈，这样他们才会觉得自己是被作为新员工认真对待的。

- 步骤5：邀请一位同事一起进行面试。

请你事先决定哪位同事和你一起面试。这对你们事后就申请人交换意见、做出决策是非常重要的。另外，这还可以保证你在提出问题和陈述时拥有一位证人。这对于避免涉及违法问题或者建议而导致的冲突是十分必要的。

四、正确进行面试——面试指南

所有你今天邀请参加面试的申请人都是专业人士。你凭借申请可以做出这样的判断。

第二章　团队建设

首先，今天的面试是从个人角度了解和评估申请人，究竟哪一位是最适合你的团队的人。

你可以设想一下，你要和他们一起工作很长时间，他足够仔细、认真吗？这都是非常重要的。为了选出合适的员工，你必须了解这些。因此，下面的面试指南可以帮助你达到目的。

- 第一部分：面试中的问候及介绍。

请你在门口迎接申请人，问候他，带他进入面试房间，并提供一些饮品。稍后，你可以采用一些温和的问话开始面试，例如幼儿园是否很容易找到。你也可以告诉他们，你很喜欢他们的申请，期待面对面与他们交谈和了解，这样可以增强他们的自信。因为只有在平等的条件下，对话才是可能的。

- 第二部分：介绍你自己和你的幼儿园。

现在开始向申请人介绍你的幼儿园以及你招聘的职位。这样，申请人可以通过你的介绍对招聘职位建立一个更加准确的印象，并据此提出问题。你也需要进行自我介绍，因为申请人自然也很希望了解他的新老板是怎样的。另外，未来的工作条件对申请人而言也是非常重要的。你可以向他提供事先准备好的关于幼儿园的文件，帮助他进一步了解你的幼儿园。

- 第三部分：申请人做自我介绍。

你需要请申请人做自我介绍，让他尽可能多地介绍自己。如果他陷入停顿状态，你可以帮助他，例如从他的最后一句话接着问下去，保证谈话的顺畅进行。然后你可以问一些事先记录的单独问题。通过谈话你可以了解到申请人的回答与简历中提供的信息是否一致，同时你也可以获得更多的主观感受。

- 第四部分：向申请人提问题。

现在你要做的是更多地了解申请人的个人能力及他的积极性。你可以向他们提问：为什么要申请这个职位？希望达到什么样的职业目标？积极进取的员工是有价值的。他们是热情向上的，同时这项工作可以给他们带来乐趣。向他们提出你的要求设定中的核心问题。看他们是如何应对的？

从中你可以知道他是否符合你的期望。

并不是所有问题都可以在面试中提出。有些问题涉及申请人的隐私，这些问题是他们不必或不会如实回答的。你稍后会发现这些申请人明显没有如实相告，但这并不能作为解雇他们的理由。下面是一份关于可以及不可以询问的问题的概述。请你在面试前通读概述，它可以确保你做的一切符合法律要求而且是正确的。

面试中的禁忌问题

1. 这些问题在面试中不可以询问

    关于配偶、家庭关系的问题，例如配偶的职业。

    现有的生育计划或者未来的家庭计划。

    党派归属或者政治意见。

    是否是某工会或者专业爱好协会成员。

    询问财政状况及先前的工资。

    询问过往疾病史。

2. 这些问题可以询问

    询问职业生涯，以及之前的雇主。

    询问证书、考试成绩。

    询问重度残疾或者残疾人平等的问题。

    当健康对工作职位具有重要意义时，询问健康状况，例如过敏史等。

    当犯罪记录对工作职位具有重要意义时，询问犯罪记录，例如在所在街区是否有人身伤害记录等。

- 第五部分：结束面试。

你对最后一个问题进行解释，然后就此向申请人表示感谢。你需要告知他，到何时他会收到来自你的决定。在你陪同申请人走到门口前，你可以带领他在幼儿园内简单地转一圈。你在门口以私人名义告别，结束面试。

第二章　团队建设

五、整体评估——做出正确选择

你是否已经对所有申请人进行过了解？那么现在就是做决定的时候了。你需要考虑哪一位申请人最适合这个职位。还要问你自己，哪一位申请人给你留下的印象最好？哪一位使你振奋？哪一位最满足设定的要求？你可以借用笔记作为辅助。

（一）你有很多个选择——让反思表格来帮助你

请你把你的印象录入反思表格中。这是你决定的基础，由此你可以知道，哪位申请人应进入最终名单。

面试的反思表格

申请人姓名：
面试时间：
面试参与者：
问卷填写：

决定标准	我的印象				备注
	非常好	好	差	非常差	
1. 第一印象 ● 准时					
● 外貌					
2. 申请人的表现 ● 肢体语言					
● 职业经验					
● 反思优缺点					
3. 其他印象					
4. 总结					

（二）你以此做出正确的决定

一般情况，你应与员工一起做最后的决定。当然，你不应立即做出决定，而是应该安睡一晚后，第二天再做决定。只有这样，你才可以更客观地评价面试情况。如果你已经做出决定，那么请你立即告知你选择的申请人。

建议

好的申请人是有价值的——你应保存联络材料

有时候会有多名合适的申请人，然而，最后你必须做一个抉择。请你保管好与他们的联络材料。虽然没有人知道这些材料对你日后的招聘是否有益，但这些材料已经使你对这位申请人有了一定的了解。如果以后真有需要，你便无须再一次重复招聘程序的全过程。

要点回顾

找到合适的申请人——你的面试就是成功的

找到合适的员工，充实你的团队，是一件重要的工作。要有目的地进行招聘，因为一位好的员工会以他的贡献来回报你的信任。

请这样开展招聘工作。

步骤1：你需要在众多申请人中找到合适的人选。

你需要为新招聘的职位设立要求。你要确定新的员工需要具备的所有能力。因为在你寻找之前，你必须知道你要找谁。然后你要做预选，通过预选邀请那些最符合设定要求的申请人进行面试。

步骤2：为面试做好准备。

把所有面试都录入时间表中，这样你可以对所有时间安排一目了然。你需要想好在面试中向申请人提出哪些问题，这些问题来自你设定的要求。把它们录入表格中。这样你便已经做好准备了。

第二章　团队建设

步骤3：正确进行面试。

在门口以私人名义问候申请人，并以一些温和的词语开始面试。让申请人觉得和你在一起感觉很舒服。然后你开始做自我介绍，并介绍幼儿园的情况。稍后，请申请人介绍自己，由此你可以进一步了解他的性格。最后，向申请人提出准备好的问题。从他们的回答中你可以知道，他是否适合这项工作。注意——不是所有问题都可以提出。面试指南则会辅助你有目的地进行面试。

步骤4：现在请你做决定。

对你的印象进行反思。你可以使用反思表格。你需要与参加面试的成员交换意见，由此避免判断错误。然后你们可以就新员工的选择做出决定。

如何让新的员工尽快投入工作

佩特拉·巴托丽

你是否欢迎新员工的到来？如果你事先已经为他的到来做过充分的准备，那么他就能够轻松地在一个新的工作环境中有新的开始，从而保持工作动力和拥有愉悦的心情。

下面你将了解到怎样准备工作培训计划，怎样很好地引导新员工。通过运用工作培训计划，你可以使新员工很快理清头绪并独立工作，这对于你的团队来说是很有益的。反思表能够帮助你记录所有给你留下深刻印象的事。

一、让新员工拥有愉悦的心情——成功进入状态

不只是新来的孩子需要在第一天给予欢迎，新来的员工也一样。他必须在第一时间找好自己的位置并开始适应，因为他要面对的是一个新的团队、一个新幼儿园和一个新的领导。因此你要花时间来为新员工的到来做准备并让他熟悉工作。这样他就能够更好地适应，怀着愉快的心情快速进入工作。这是工作培训阶段的目标。

建议

符合期望的第一次接触

如果可以事先接触，那为什么不呢？在新员工的第一个工作日开始前，给他提供一个接触新环境的机会，这样能够帮助他了解幼儿园中日常的工作流程，他也能从中发现问题。与此同时，你们也可以更好地相互认识。这些可以使他更加轻松地进入状态并缓解他在第一个工作日的紧张情绪。

（一）为新员工的到来做好准备

- 告知你的团队。告诉你的团队关于新同事的情况，他来自哪里，他将在幼儿园中负责什么工作。这样就能够让团队成员为新同事的到来做好准备并对他有一个初步印象，因为这对于他们来说也是一个新的状况。
- 为他准备一个空间来放置私人物品。你要为新员工准备一个空间放置他的个人物品，这样他在新的工作环境中就拥有了一个固定位置，这会增强他的归属感。
- 告知他第一天最重要的事情。你要告诉他，他什么时候报到，报到时要带哪些东西，例如工资卡、社会保险证明或是一双便鞋。
- 为他指定一位导师。在开始的时候新员工一定会有很多问题，因此你需要为他指定一位导师。这位导师能够陪着新员工跨过第一步，也能回答他提出的问题，这会给他安全感。
- 为他准备一份信息手册。为新员工制定一个信息手册，里面有所有重要的信息，例如工作时间、团队会议或者假期规定。通常在最开始的时候，新员工不敢立刻提出问题，而信息手册能够把所有相关问题包含在其中。

为新员工准备的信息手册

1. 欢迎辞——由衷地欢迎你来到我们的幼儿园
2. 团队——我们就在这里
3. 提纲——我们是这样工作的
4. 员工福利——这是我们应该获得的
5. 日常工作——一个好的开始是最重要的
    5.1 假期规定
    5.2 生病的情况
    5.3 工作时间
    5.4 工作安全
    5.5 幼儿园的物业管理员
    5.6 午休
6. 进修

（二）新员工——你可以运用这个核对表进行充分准备

你在为新员工的到来做准备时，这个检查表会对你有所帮助。在新员工第一天来向你报到时，你要把这个核对表放在手头，这样你就不会忘记重要信息了。

核对表——为迎接新员工的到来做充分的准备

在准备的时候思考下列事项	完成
1. 你已经签好工作合同并已经寄出了吗	☐
2. 你已经告知团队成员了吗	☐
3. 你是否已经通知他，哪些资料或者东西应该带来	☐
4. 你是否已经为他确定了一位导师	☐
5. 你是否已经准备好了和他的谈话	☐
6. 你是否为他准备了一份信息手册	☐
7. 你是否为进行反思谈话做了计划	☐
8. 你是否制订了培训阶段计划	☐
9. 你是否已经通知他，第一天应该什么时候报到	☐
10. 你是否已经为他个人物品的放置安排了一个地方	☐

二、第一步——有一位导师在一旁会更好

导师能够在新员工熟悉工作的时候给予帮助并引导他认识团队的成员。

（一）指定一位导师的好处

你作为领导不用在工作培训阶段把所有工作都承担下来，这样你就有时间完成其他的任务。

你要积极地将新员工纳入管理事务中去。这就给了他们机会接受一个新的挑战，激发他们对于新的工作的积极性。

你让新员工的工作开端变得简单,这样他就有了一个能够寻求帮助的人,而不会有打扰别人的感觉,而且他会很快在团队中交到朋友。

(二)确认导师的人选

你要考虑由谁来承担这个工作任务。与此同时你要注意以下几个方面。

- 自愿。这位担任导师角色的员工应该非常愿意承担这样的工作。在团队会议中向大家阐述为新员工找一个导师的想法。你要解释与此相关的任务是什么,然后询问谁想要承担这个任务。
- 能力。作为导师的人选,应该具备较长的职业经验。你要确定一名员工,他需要满足这个条件并已经在幼儿园中工作了很长时间。如果他以前在新员工的岗位工作过,那就更好了。

(三)导师的任务

导师要在新员工的工作培训阶段承担下面的任务。

- 随时准备好回答问题。他要在任何时候都准备好回答新员工提出的问题。而且他要思考哪些信息应该是非常重要的,并把这些信息告诉新员工。
- 讨论工作任务。他要和新员工讨论工作任务,向新员工展示怎样在幼儿园中工作,这样新员工才能在短期内独立完成工作任务。为此他们要定期碰面讨论。
- 帮助指明方向。新员工在第一个工作日肯定会遇到一些难题,导师需要花费一些时间来帮助他理清头绪。
- 把新员工介绍给团队成员。他帮助新员工在团队中结交新朋友,因为一个良好的同事关系对工作满意度来说是很重要的。

> **建议**
>
> **为什么与导师定期交流很重要**
>
> 和导师的合作在新员工上岗之前就已经开始了。你要和导师一起讨论工作培训计划,要清楚地告诉他,他要承担哪些责任,如为了解释一些问题,要定期与他碰面。这样可以避免误解。

三、工作培训计划——简单快捷的三个阶段

提前思考一下怎样拟订工作培训计划。在第一天你要向新员工展示什么？他在第一周和第一个月应该学习什么？你要让他负责哪些任务？一个工作培训计划能让一个新的工作关系变得轻松。工作培训计划的目标是把任务转交给新员工，这样他就能够很快成长，独立进行工作。

建议

给新员工分配他能够完成的任务，但是不要过分要求

你要给新员工一些他能够完成的任务，但不要过分要求，因为他在开始的时候还没有成功的经历。成功的经历能够让他在新的工作环境中保持动力和愉悦的心情。

（一）工作培训阶段1：成功地度过第一个工作日

第一个工作日的目标是相互认识。新员工应该受到热烈欢迎并为此感到幸福。他要认识幼儿园、日常的工作流程和新同事。在第一个工作日开展下面的工作。

1. 第一次谈话

你要在新员工开始正式工作前留出半个小时，这样你就有时间解释所有重要的内容。例如，向他表示对于他紧张情绪的理解并鼓励他提出问题，向他解释与新职位相关的工作任务是什么，并告知他你对他的期望。你也要询问他的期望是什么，这样就避免了误解的产生。

2. 对于日常工作流程的解释说明

这些信息能够帮助他明确自己的方向，使他对于幼儿园的整体运作有一个初步了解。他会知道，在第一个工作日对他的期待是什么。

3. 在团队中的介绍

这样他就能立刻认识团队中的成员。你也要向他介绍他的导师是谁。这样他就知道，遇到问题的时候能够向谁寻求帮助。

第二章　团队建设

4. 工作计划的讨论

通过这个讨论能够让他对明天的工作有所安排并做好准备。

5. 简单在幼儿园中转一圈

你要向他展示幼儿园的设施并向他解释，这些设施是来做什么的，他在那里会找到什么。这样能够让他更好地熟悉周围的环境，也能帮助他明确方向。

紧接着陪同新员工去看他的学生，这样他就能够认识那些他未来要照看的孩子们。你也要向家长们介绍他。对于家长来说，认识新的老师也是非常重要的。

6. 通过运用工作培训计划成功地度过第一个工作日

和导师一起探讨你的计划。这样他就知道，哪些任务是他在第一天就应该承担的。

工作培训计划：第一阶段——成功地度过第一个工作日

新员工的姓名：			
领导：		幼儿园分组：	
导师：		工作关系开始日：	
第一个工作日的目标：			
时间	计划了什么？	谁来引导新员工？	个人笔记

建议

花一些时间进行讨论

在第一个工作日快结束的时候，花一些时间再来检视一遍。这一天中发生了什么？新员工有着怎样的感受？他有哪些问题？还有没有其他内容需要在明天进行讨论？在没有其他问题的前提下，你就可以结束一天的工作，这样明天会有一个轻松的开始。

（二）工作培训阶段2：成功地度过第一周

新员工已经克服了第一个工作日里遇到的困难，现在他能够轻松地把精力用于他的工作。在第一周，新员工要了解他日常的工作和工作的例行程序。

- 未来的工作范围。
- 自由时间。
- 与家长和孩子打招呼。
- 陪着孩子们去卫生间。
- 早餐和午餐。
- 朗读。
- 整理活动室。

导师要指导新员工在小组里完成所有的工作。他要向新员工展示一天是怎样度过的，这些工作在幼儿园中是怎样进行的。他还要向新员工指出需要注意的地方，并告诉他，在哪里可以找到所有重要的表格和信息。这些对新员工的工作来说也是非常重要的。

第一周的目标是什么？

新员工会慢慢地被引导执行日常工作中的例行程序。他将完成一些很小的任务，目标是能够找到日常工作的节奏，并能独立执行例行程序的任务。导师也会在一旁帮助他建立与其他同事的沟通。他有愉快的感受并能够与团队融为一体是非常重要的。

和导师一起讨论他第一周的任务。哪些任务属于例行程序的工作？把它们记录下来，填在第二阶段的工作培训计划中。

第二章　团队建设

工作培训计划：第二阶段——成功地度过第一周

新员工的姓名：			
领导：　　　　　　　　　幼儿园分组：			
导师：　　　　　　　　　工作关系开始日：			
第一周的目标：			
日常工作中的例行程序	新员工能够独立承担的任务	导师	笔记

> **建议**
>
> **安全的防范措施**
>
> 作为领导，你要关注新员工是否已经很好地熟悉了他的工作。但你不应仅关注他工作的独立性，还应关注他要担负的责任，例如在他的照顾下孩子们不会受伤。他能够评价自己的能力，认真地对待自己的任务并管理好自己职责范围内的事，这是非常重要的。你必须要向他指出安全防范措施。

（三）工作培训阶段3：成功地度过第一个月

现在你确定新员工能够独立完成的任务，例如对一小组孩子提出教育方法。你要开放地接受新员工的想法，即使你已经在幼儿园中做了很多其他的事情。请你给他自我施展的空间，看看结果是怎样的。新员工通常会给幼儿园带来清新的空气。请你试验一下，这是很值得的。

第一个月的目标是什么？

除了日常的工作任务，新员工还需要了解不属于日常工作中例行程序的任务。此外，要让他参与家长之夜或合作伙伴的谈话等，这样就能提高他的能力。

你要同导师一起进行讨论，哪些任务是新员工能够独立承担的，哪些是他能够主动协作的。把这些都记录在工作培训计划的第三阶段中。

工作培训计划：第三阶段——成功地度过第一个月

新员工的姓名：		
领导：	幼儿园分组：	
导师：	工作关系开始日：	
第一个月的目标：		

新员工能够独立承担的任务	导师	笔记
新员工能够积极参与的任务		

四、进展顺利吗——在结束时进行一次反思谈话

在三个月之后进行第一次反思谈话。让导师和新员工一同参加。在这次谈话中，你要对之前的情况进行反思。新员工有怎样的感受？他很好地适应了吗？他还有没有其他问题？他对于新职位的期望有没有得到满足？哪些任务他出色地完成了？他在哪里还需要帮助？

第二章　团队建设

为了把你的观察记录下来,可以利用反思表,记录下你对于新员工执行的每一项任务的印象。你也要把这个反思表给导师,让他来填写。你们要一起讨论对新员工的印象,这样就能够给新员工一个统一的反馈。

反思表——关于新员工

新员工的姓名： 领导： 导师：		幼儿园分组： 工作关系开始日：	
任务/工作	我的印象	我的问题	讨论
第一阶段			
第二阶段			
第三阶段			
新员工的反馈：			

要点回顾

充分的计划和准备——让新员工顺利地熟悉工作

在第一个工作日有不安全感是非常正常的。为了让新员工很快在你的幼儿园中理清头绪,准备好工作培训时间并制订一个工作培训计划。

你可以采取如下措施。

步骤1：为新员工的到来做好充分准备。

踏上新的工作岗位往往伴随着复杂的心情。尽管在开始的时候一切都是新的，但这也会使很多人感到不知所措，因此你需要花一些时间来做准备。想好新员工应该带来的资料了吗？已经通知你的团队成员了吗？查阅核对表，这样就能够保证你在准备的时候没落下任何重要的信息。

步骤2：为新员工指定一位导师。

如果有一个有能力并有丰富经验的人指导的话，新员工将会更加轻松地开始工作。导师会随时准备好为新员工提出建议，和他一起讨论工作任务，并帮助他在日常工作中朝正确方向前进。在你的团队中谁想要承担这个责任呢？谁具有长期的工作经验并已经非常了解你的幼儿园呢？为了避免误解并说明他的职权范围，你要定期同导师进行讨论。

步骤3：制订三个阶段的工作培训计划。

把工作培训时间划分为三个阶段：第一个工作日、第一周和第一个月。你要思考一下，你想要展示给新员工哪些东西？你想把哪些任务交给他？把这些内容都记录在工作培训计划中。第一个工作日要引导新员工认识同事并指明方向。第一周你要引导新员工了解日常工作中的例行程序。这样你就可以在第一个月把一些任务交给他。他有没有自己的想法呢？如果有就更好了。你要开放一些，新的想法能够丰富你幼儿园的工作。

步骤4：进行一次反思谈话。

在三个月之后你要与新员工以及导师一起进行一次反思谈话。工作培训进展得怎么样？现在新员工有怎样的感受？他还有没有其他问题？在反思表上，你能够把对他的个人印象记录下来，在反思谈话中使用。这样你就会给他一个非常有价值的反馈，并成功度过工作培训阶段。

与员工谈话的技巧

多罗·本克

众所周知，每个人都会犯错。错误的出现并非那么可怕，但当它对你的工作产生负面影响时，作为领导，讨论这个错误就成为你的一个重要任务。这不是一项简单的工作。下面你将学到如何引导一个"评判"谈话，帮助你的同事改正他们的错误行为，一起找到解决方法。

一个检查清单能帮助你做好准备。借助谈话卡片，你可以看到所有重要的信息和观点，这样你就不会偏离主题。用记录模板记下所有重要的结果，它们将会成为进一步谈话的基础。

一、不能说出的问题——团队的气氛受到影响

每个人都会犯错。当同事的错误行为干扰到工作时，一次谈话对于清楚解释问题就显得十分重要。对大部分人来说，谈话都会让他们觉得不舒服——每个人都希望能拖就拖。这是能够理解的！但如果重复出现的问题始终解释不清，那么势必会对工作产生负面影响。有时，可能只是一些误解或小事，但如果始终不能解释清楚，它们就会成长为一座大山，并导致如下后果。

无意识的错误行为。你的同事没有得到机会改变自己。他们或许没有认识到自己的错误行为，当然也就不能改变它。但另一方面，这又可能使其他同事感觉不舒服。

逃避的行为方式和拒绝。在最坏的情况下，这种不必要的行为会被夸大，以至于同事们根本不想接受这个人积极的一面。结果可能是逃避行为和拒绝。

团队里的不良气氛。团队中的气氛会不断变差，从而妨碍开放的交流。团队会议变成一种折磨，同事们都各顾各的，而且都避免直接冲突。

团队期待你作为领导关心并且解决问题。如果你什么都不做，让你的同事们感觉不到支持，失望的情绪就会蔓延，使你在不知情的情况下，对局面失去控制。

这样，不仅是对相关的同事，对整个团队来说，工作的快乐明显地消失了。为了逃避令人不舒服的情况，病假可能增多。不久孩子和家长或者其他人也会注意到这种情况，这对幼儿园的形象来说，也是极为不利的。

如果你提出问题，所有人都会从中受益。请你提出更多的问题，这样你们就可以共同寻求解决方案。矛盾冲突可能是一个机会，让你重新思考日常工作中的行为，对习以为常的事物提问。也请给你的同事一个改变和提高自己的机会。提出问题的人会得到关注和赞赏，这将营造一个更加开放的氛围。

> **建议**
>
> **一定要考察谈话是否必要**
>
> 在任何情况下，你都要考察谈话是否必要。对于一些小的冲突，例如上班迟到，不必夸大，只需要让他知道，你已经注意到他的错误行为。如果他不改变的话，那么你就要通过正式谈话提出这个问题了。

二、谈话的准备——应该注意这些内容

谈话需要充分准备，不仅包括确认组织方面的事情，例如找到一个共同的时间，更重要的是关于谈话内容的准备。谈话内容经常和情绪连在一起，所以将你之前思考过的所有重要论点都摆出来是十分有帮助的。充分准备是一次成功谈话的基础，并且会在谈话进行中给你安全感。在谈话准备中有几点提醒你注意。

（一）准备内容——哪些是你期待的

在进行谈话前，请你思考你对同事有什么期待。他们的哪些行为真正干扰到你？只有当你知道自己期待什么，才能够明确告诉同事们。

请你看下表的问题，如冲突的原因是什么，对你和你的团队有什么影响，什么是你和同事所期待的，这样你会得到一个关于矛盾情况的总结概括。请注意从管理者的角度回答问题，因为这里只需要找出同事妨碍工作的行为方式。

谈话准备

领导姓名： 同事姓名： 日期／时间：
1. 哪些事件是谈话的起因
2. 作为领导，我想批评哪些行为
3. 我想提及哪些方面的问题
4. 这些问题在什么程度上影响我们的工作
5. 对此我发现了哪些例子
6. 涉及哪些人，他们怎么看待这个情况
7. 我对同事的期望是什么
8. 我有哪些解决问题的建议
9. 我不想采取哪些方案
10. 如果这个行为没有改变，会产生什么影响

(二)哪些因素影响谈话——认识到这一点对你有很大帮助

很多因素都会对交流起到正面或者负面的影响,例如同事的个性。这或许是件好事,想想看,或许因为文化背景的不同,或年龄的原因,他的想法和其他同事们有差异,由此会产生哪些困难?这样你就能够理解他的行为了。这对谈话能起到正面的影响。

你的语言和非语言的交流方式也会影响谈话效果。用平静、友善的声音,传递理解和尊重的信号。

影响谈话的因素

谈话者的特性	非语言的交流
年龄、性别、个人经历、社会背景 个人的情况(家庭、身体的情况) 和谈话者的关系 习俗、文化、价值观	时间选择(正确的时间点) 是否有准备 干扰因素 手势、面部表情、目光接触 身体语言 穿着 是否准时
语言交流 遣词造句 声音和语速	

三、组织上的准备——这也很重要

为了让一切进行顺利,你应该做好组织上的准备。谈话前应考虑以下几点。

● 约定谈话时间。请你提前预约对你们两个人都合适的时间。此外,请你注意值班计划、休息日或者同事的个人预约。谈话前后,你还要计划一个时间缓冲,以应对临时的变化。

● 计划足够的谈话时间。请你计划足够的谈话时间,这样谈话就不会在匆匆忙忙中进行。谈话时间不应该太短,但也不能超过90分钟,因为时间长了注意力就会减弱。请你在通知预约时间的同时给出时间范围。

● 预告谈话内容。你在发出谈话邀请时要说明谈话内容，这样可以让你的同事有机会去准备，使他们不会整天都在为猜测可能的谈话内容而困扰。

● 减少所有干扰。请你努力使谈话在无干扰的情况下进行。切断电话，通知团队或保洁人员，你正在进行一次重要的谈话。你可以使用"请勿打扰"门牌，将它挂在门上。让每个人都知道，你不想被打扰。

● 创造一个舒适的氛围。房间应该保持整洁，所有的摆设都应该让人觉得舒服。再准备一些喝的东西。在谈话中，细微的手势也是重要的，它可以显示你的礼貌和对对方的尊重。

为了让你在准备谈话时没有遗漏，请使用检查清单。在每次谈话之前浏览一遍，并检验你是否把所有的细节都想到了。

谈话准备——检查清单

我必须考虑这些内容	完成
1. 和同事约定时间	☐
2. 说明谈话原因	☐
3. 准备房间	☐
4. 关闭所有的干扰源 　　通知保洁人员 　　转接电话或者打开电话录音 　　挂上门牌	☐
5. 营造一个舒适的氛围 　　房间温度 　　空气 　　饮料	☐
6. 记录目标和观点	☐
7. 记录答案	☐

四、七步得到结果——如何引导谈话

你已经准备好了吗？你在下面将看到如何用七步法。

- 步骤1：开始谈话——如何打破冷场。

重要的是不要立刻关上门，这样你就不会马上和你的同事直接面对面。选择一个柔和的话题作为开场白，例如："很高兴你能为我们的谈话抽出时间。"这可以使紧张的气氛得到缓解。然后，你要先说一些关于他工作中正面的事情，这样可以让他感到，你对他并无偏见，并且你的批评也不是针对他个人。

- 步骤2：进入主题——这样提及矛盾。

现在进入主题，请你直接说明谈话的动机，例如："我今天邀请你，希望我们可以一起讨论一些事情。几周以来，我发现你在使用材料后不清理，比如上周你就在工作完后把所有工具都留在了工作间。"

不要指责你的同事，而是借助日常生活中的一些例子，将困扰你的行为展示给他。告诉他这对幼儿园可能存在哪些影响，以及你想找出一个解决方案。在谈话期间，你应表现出对他的理解。试着站在他的角度，理解他的动机和感受。这可以让他知道，你是很认真地对待这些事情的。对他来说这种情况也很难过，因为在行为的后面或许存在着受伤的感觉。

- 步骤3：明确你的期望——让同事了解你。

解释你为什么批评这种行为，以及你希望看到什么，例如："这种行为影响到我，因为我希望我们的幼儿园井井有条，以免当其他同事需要这些材料时，却不知道放在哪里。此外，如果家长看到所有的东西都乱摆乱放，也会对我们的幼儿园产生不好的印象。我希望你在每次用完后，抽出一点时间，把所有的东西重新整理，放到合适的位置。"

或许你的同事根本不清楚你对他们有哪些期望，因此你要详细解释你的期望是什么。

- 步骤4：让同事给出回应——描述他的看法。

给你的同事机会，谈一谈他的感受。比如他对你的批评如何反应？他理解你批评的核心点吗？你需要听他把话讲完。当你不明白时，要随时提问。这样你能够了解到你的批评是否真的合适，因为这也有可能是一个误会。这样做能够帮你消除误会。

如果你错误估计了情况，且你的批评是不合理的，那么就应该承认错

第二章 团队建设

> **建议**
>
> **我们的谈话没有达成一致的是什么**
>
> 如果你发现谈话不能很好地进行，那么干脆中断谈话，或者延期。你可以告诉同事："我注意到我们不能继续进行下去，我希望能停下来。"然后，你应该告诉他后面的谈话将如何继续进行。应该约定一次新的谈话吗？也许可以和其他同事一起？如有必要，请一个中立的调解人介入进来。

误，修正你的评价。道歉是力量的表现。

- 步骤5：一起找到解决方案——相互靠近。

现在你们一起找到了解决方案，你应当只约定可以履行和检查的解决方案。这样你就能够确定问题确实得到了解决。你应该明确哪些解决方案是不被考虑的，建议解决方法并表示愿意妥协。这样你的同事就不会觉得你随便给他们强加一个解决方案。

- 步骤6：结束谈话——友好地结束。

无论你们的谈话进行得如何，都应该友好地结束，重要的是在谈话结束时对未来的展望。你的同事应该得到哪些结果？你将如何确定解决方案的执行？还有进一步的谈话吗？什么时候举行？最后，你要把重要的事情再总结一下。作为结束，你也要让对方提供反馈："你现在感觉怎么样？"

- 步骤7：记录谈话——记下所有重要的东西。

记录所有的结果，然后你们两个人都要签字。这对于文件资料保存和检查你的任务约定都是十分重要的，而且可以避免事后产生误会。

同事谈话记录表

领导姓名： 同事姓名： 日　　期： **批评是关于哪些方面的？** 关于幼儿工作 关于家长工作 关于团队/领导 关于态度和价值 关于幼儿园的合作伙伴		
主题	我对谈话的评估	同事的评估
开始谈话 问候 友好地引入 给出正面的反馈		
进入正题 说明谈话的动机 逐条进行 不要忘记举例		
我作为领导的期待		
同事的解释		
共同的方法 / 目标		
结束 简短地重复内容 进行约定 确定复检		
于　　　　日进行了目标复检		
签字		

五、相互讨论——五个关于谈话的提示

这五个提示可以帮助你在每个谈话后学习，或者正确对待同事再次出

第二章 团队建设

现的错误行为。

- 提示1：对谈话进行反思。

让谈话起作用。记录你下次想做得不一样或者更好的地方。你在什么地方太好说话或者太严厉？你对自己的声调、措辞和举例满意吗？同事的反应是你所期望的吗？将这些记录下来，在下次谈话前看看，会帮助你提高引导谈话的水平。

- 提示2：及时计划评判谈话。

如果你发现有的同事的行为是不正确的，或者团队里存在矛盾，那么你就应该及时进行谈话。探讨一个月以前发生的事情不会有很大收获，因为记忆已经失真。你应立即提及问题，并详细阐述这位同事的行为，这样在产生大的问题前，你就能够将误会消除了。

- 提示3：充满信心地结束谈话。

请在谈话接近尾声时带给同事信心，让他觉得你相信他有改变的能力。你可以鼓励他，告诉他你很高兴事情终于解决了，然后愉快地结束你们的谈话。

- 提示4：如果没有改变，你应该再次强调。

如果同事在谈话后没有改变，请你通过第二次谈话强调你的态度。你应该向他表明，如果他不改变自己的行为，会带来什么后果。但是应该以你自己能够接受的结论作为谈话条件，否则对方会对你失去信心，从而导致谈话失败。谈话之前，你应该事先与领导商谈可能出现的结果。

- 提示5：如果同事哭了，怎么办？

在谈话时，有人也许会流泪，那么你应该找出原因。他看到了自己没有注意的错误行为，并且为此而伤心吗？那么请你鼓励他改变他的行为，并且安慰他。他感到被误解了吗？那么请你试着解释问题，让他集中精神表达自己的看法。眼泪是真的吗？如果不，请告诉他哭在你面前不起作用，然后继续进行谈话。

要点回顾

不要推迟谈话

你不要推迟谈话。你需要借助良好的谈话建立幼儿园的专业性,并努力将问题直接摆上桌面,以便快速解决。

1．内容上的准备

想想你对同事的期望是什么?矛盾的原因是什么?矛盾对你和团队有什么影响?你对同事有哪些期望?这样你能对情况有一个总体概括,并且可以有目的地解决问题。

2．组织上的准备

请你借助检查清单准备谈话。你们约定一个共同的谈话时间。你要计划好足够的时间并适时宣布你关注的事情,这样可以避免同事在谈话前绞尽脑汁思考谈话内容。请你努力营造一个舒适的谈话氛围。

3．谈话的引领

步骤1:开始谈话——友好地开始谈话。告诉同事,你很高兴他能为这次谈话抽出时间。

步骤2:进入主题——提及矛盾,说明谈话的动机,告诉他,他的行为有哪些后果。这不是责备,而是为了共同找到解决方法。

步骤3:明确期望——明确告诉他,你对他的工作有哪些期望。他经常搞不懂这些,因此很容易形成错误的习惯。

步骤4:请同事给出回应——给你的同事机会说出想法,你要仔细倾听。如果你有不明白的地方,请提出问题。

步骤5:一起寻找解决方案——和同事一起找出解决方案。你需要确定你可以遵守和检验的方案,这样才能确定方案能够被实施。

步骤6:结束谈话——友好地结束:在结束时你们一同找出解决方案。请你确定这些方案是可以实施的,并且能带来行为上的改变。

步骤7:记录谈话——记录所有重要的东西:在记录单上记录所有的结果,然后你们两人签名。这不仅对建立资料档案很重要,对你复查商定的目标也同样重要。

第三章

家园合作

第三章　家园合作

如何在报名日赢得家长的信赖

陈 馨

如何在报名日赢得家长的青睐？报名日是你第一次与家长见面。第一印象很重要！家长对你和幼儿园有好的印象，才会决定让他们的孩子来上你的幼儿园。下面将告诉你如何获得家长的信任，以及如何为第一次交流做好准备。

运用报名日技巧，你会成功赢得家长。同时，小便签也会帮助你快速通过电话预约时间。家长们从资料中可以获得关于幼儿园的所有重要信息。不遗留任何问题，并将其展示给家长，让他们确信将孩子托付给你是最好的选择。

一、第一印象为什么重要——如何运用第一印象

要知道，第一印象很重要。为什么？很简单，因为我们会在短时间内对交谈对象做出判断。同样，家长们也会在报名日立即对你和幼儿园做出判断。好的印象取决于谈话是如何进行的，你可以运用这方面的知识，为报名日做准备，从而赢得家长的信任。

为什么在报名日的第一印象很重要？

与家长们建立互信的合作关系是你工作的重要基础。因此，从一开始就建立这种信任是非常重要的。通过报名日你可以为此做初步铺垫。第一步要做的是唤起家长们对你的安全感及信任感。因为只有当他们对你感觉很好时，才会将孩子托付给你。

> **定义**
>
> **什么是报名日**
>
> 在报名日，家长会和他们的孩子一起来到幼儿园，目的是更加详细地了解你以及幼儿园。你可以介绍幼儿园提供的教育内容，同时带领他们参观园内设施。你还需要回答他们的问题，向家长发放登记表。此次访问对家长们来说，最重要的是了解他们将孩子交托给你的决定是否正确。

二、第一次交流——做好准备

你需要为报名日做好准备。交流并不是从报名日那天开始的，而是始于电话。你可以在任何适当的时间给家长打电话，告诉他们报名日的时间，或做简短的自我介绍。你应该准备好一些小便签，以便快速记录家长们的联系方式及已经预约的时间。

（一）快速记录预约时间——小便签

为了你和同事们能以最快的速度对家长来电做出回应，你应把《报名日预约时间表》放置在电话附近。你需要向团队说明，友好礼貌的态度在电话联系中非常重要。只有这样家长们才会采取下一步——预约报名日的时间。如果有同事已经与某位家长进行过交流，那么就由他专门负责与这位家长联系，这样会让家长觉得自己得到了专注的对待。

报名日预约时间表

家长姓名	
儿童姓名	
地址及联系电话	
预约时间	
备注	

（二）准备好所有重要的信息

你还需要为家长们准备所有重要的信息，将其放置在电话附近，因为家长们可能会打电话咨询。你需要记录下家长在为他们的孩子注册时必须知道的所有信息，这会为你及你的团队营造一个专业的形象。在报名日，把这份资料一并发放给家长，加深他们对这些信息的了解。

关于幼儿园的重要信息

地址： 负责人：	
关于幼儿园的信息	备注
1. 开放时间	
2. 节假日制度	
3. 员工人数	
4. 规模	
5. 接送时间	
6. 录取标准	
7. 费用	
8. 教学内容	
9. 教育理念	
10. 录取时间	
11. 我们需要家长提供的文件	

三、幼儿园的特色——都有哪些

你是如何展示幼儿园的？你会强调什么信息？哪些信息你觉得是重要的呢？请你注意：幼儿园应该如何被外界认知？第一点当然是取决于你的教育理念。因此，你首先需要确定你的教育原则与目标。只有这样，家长们在报名日才能理解你工作背后的教育理念。

你可以在表中记录所有可以为幼儿园建立良好形象的内容。你必须把焦点放在机构的特色上：与其他幼儿园相比有什么不同？这样才能保证家长对你的幼儿园有一个清晰印象。

推荐我们的幼儿园

家长们需要了解我们哪些工作内容	这些工作在幼儿园是如何组织的
我们幼儿园的特色以及和其他幼儿园的区别：	

四、真实且可信——三个技巧给家长留下深刻印象

这一天终于到了。今天家长们将第一次了解幼儿园。你需要提供一个愉快、祥和的氛围。你应该准备好一切所需文件，例如注册登记表、宣传册、记事本及服务协议等。你还需要预留足够的时间，这样才能保证谈话轻松愉快地进行。除此之外，怎样才能在谈话时给家长们留下一个深刻的印象，请你阅读以下内容。

- 技巧1：闲谈——让你的谈话成功开始。

用闲谈作为谈话开始？为什么不呢？因为由此你可以向家长们传达一个信号：你是坦率的，并努力尝试和他们展开交流。话题越平常越可能使人放松，并且打开交流的大门，在你和家长之间建立起第一个信任基础。这对于接下来的报名日行程奠定了重要的基础。推荐话题：天气、旅途怎么样，或询问家长们是如何来幼儿园的。

第三章　家园合作

- 技巧2：我的个人形象同样重要。

你也需要介绍一些自己的情况。例如，你任幼儿园园长多长时间了？你在此之前是做什么工作的？或者你喜欢你职业的哪些方面？由此，家长们可以获得关于你个人的印象。谈话会因此变得更开放，更充满信任感。你必须友好地对待家长，并选择一种可以被他们接受和理解的语言。开放、耐心、尊重、宽容等都是谈话必不可少的。

- 技巧3：保持真实——更加可信。

你必须始终保持真实。因为只有真实的人才有说服力，才会被信任。同时要始终通过你的肢体语言强调你所表达的内容。你要保持与家长们的眼神交流，全神贯注地倾听他们所说的话。那么家长们会觉得你是真的对他们感兴趣。当你描述一些积极正面的内容时，例如你很高兴认识家长们，就需要保持微笑。这会比单纯的语言表达更有说服力。如果你对你的工作以及幼儿园有信心，那么你要表现得真实。然后，将这种信任关系持续下去。

要点回顾

用能力及专业性给家长们留下深刻印象

你需要很好地利用报名日给家长们留下美好的印象。因为这对于与家长们的进一步合作十分重要。只有家长对你及幼儿园产生积极正面的印象，他们才会决定将孩子托付给你的幼儿园。请你阅读以下内容，了解如何获取家长们的信任，以及如何为第一次交流做好准备。

请你这样开展工作。

1. 第一次交流——做好准备

你需要为报名日做好准备。交流并不是从报名日那天开始的，而是始于电话。你可以在任何适当的时间给家长打电话。然后，你可以为此做好准备。你应该始终备一张小便签，以便快速地记录家长们的联系方式及已经预约的时间。你需要向团队说明，友好礼貌的态度在电话联系中是非常重要的。只有这样家长们才会采取下一步。

2．你希望被如何认知——那么就如何展示自我

幼儿园应该如何被外界认知？你需要记录所有可以为幼儿园建立良好印象的内容。由此你可以再回顾一下，你的幼儿园有哪些特别之处。这些可以帮助你展示幼儿园。例如，你希望幼儿园被视为专业的教育机构，那么你就需要突出教育内容。你必须把焦点放在幼儿园的特色上。你的幼儿园与其他机构有什么不同？这样才能保证家长对幼儿园有一个清晰印象。

3．真实且可信——三个技巧给家长留下深刻印象

- 技巧1：以闲谈开始你的谈话。这会使你谈话的开始阶段变得更容易。因为由此你可以向家长们传达出一个信号，你是坦率的，并努力尝试和他们展开交流。话题越平常越可能使人放松，并且能够帮助打开交流的大门。

- 技巧2：注意你的个人形象。你需要介绍一些自己的情况。例如你任幼儿园园长有多长时间了？或者你喜欢你职业的哪些方面？由此，家长们可以获得关于你的个人印象。谈话会因此变得更开放、更充满信任感。开放、耐心、尊重、宽容等都是谈话中必不可少的。

- 技巧3：保持真实及可信。你必须始终保持真实。因为只有真实的人才有说服力，才会被信任。同时要始终通过你的肢体语言强调你所表达的内容。当你描述一些积极正面的内容时，例如你很高兴认识家长们，你需要保持微笑。这会比单纯的语言表达更有说服力。然后，要将这种信任关系持续下去。

第三章　家园合作

如何进行家长满意度调查

佩特拉·巴托丽

你的幼儿园为家长和孩子们提供服务，然而家长们对你的服务满意吗？幼儿园的工作时间、服务或教育课程与家长们的需求和期待一致吗？下面是有关如何进行家长调查的提示和建议。

一、把家长当作顾客——研究家长的需求

你要对孩子负责，但是除此之外，与家长共同工作并向家长提供服务也是你的职责。

（一）了解家长的需求是十分有意义的

你知道如何打动孩子的家长吗？你的幼儿园应当为家庭提供哪些教育和服务？不同的家长对自己的孩子有什么样的教育目标？不同的家庭都需要什么样的入托时间？

请你和家长一起考虑，这样你就可以回答上述所有问题了，你的工作也会从中获得好处。

- 融入幼儿园工作的家长会感觉到自己得到了认真对待。这会增强双方的信任，为以后良好的合作奠定了基础。
- 当家长关心孩子在幼儿园里的教育和保育需求时，请你向家长解释清楚，你每天在都做了哪些工作，这样你就能获得理解和肯定。
- 只有当你真正了解家长的想法后，你才能对这些想法做出回应。请让你的保教服务与家长的需求相符合，这样你才能向这些家庭提供他们真正需要的服务。

（二）反馈会带给你重要的答复

通过家长调查，你也能够了解家长对你工作的满意度。而满意度可以确保幼儿园的工作质量，这样成功就变得可以测量了。

> **定义**
>
> 评估是什么
>
> 想要检查你工作的质量，就应该描述其实际状况，这样就能检查出当前的情况是否符合约定，从而使工作质量得到正确评估，并根据评估结果改变服务。

（三）你们对于家长调查的态度

在思考家长调查的具体内容之前，请你在团队内详细地研究你们对于家长参与的个人立场。

在这一步，你可以使用自测表。请你要求所有的同事都填写这张表，然后将所有被提及的内容搜集起来，接着你就可以评估了。如果你可以坦率地面对家长调查问卷以及由此可能出现的结论，那么你就可以开始制作一份调查表了。

自测表——我可以坦率面对家长调查结果吗？

我怎么看待这个问题	赞成	反对
家长不应该介入我们的工作		
家长不能判断我们的工作做得好不好		
家长只能对自己家庭的事务发表意见，因此家长调查没有办法得出一个对所有家长都适用的结论		
家长调查的作用只是让一般的家长来诉苦，我们不需要它		
家长的正面反馈对我来说不重要，我更愿意自己分析我的工作		
每个家庭都有不同的需求，在这种情况下我们无论如何也不能满足家长的全部需求		

续表

我怎么看待这个问题	赞成	反对
我们的目标并不是满足家长们的愿望，反正我们也知道对于孩子们来说什么是重要的		
我还觉得下面这些内容很重要：		

（四）还有顾虑吗？请一次性明确这些问题

如果还有顾虑，你应该在团队中一次性明确这些问题。请你与同事们，特别是那些犹豫不决的同事谈话，要求他们正确考虑有哪些支持家长调查问卷的论点（虽然他们存有顾虑）。请你记录这些结果，其他的同事需要对这些收集起来的内容进行补充。

二、需要我们做什么——询问家长

在你向家长提出具体问题前，你应该先考虑要询问哪些问题。当然家长们不应该决定你每一分钟的日程，但他们肯定有你需要了解的需求。

（一）你的调查追求的结果是什么

你是否和团队商讨过希望就哪一主题询问家长？如果经过了讨论，你还需要统一调查目标。

1. 询问满意程度

如果你希望获知家长们对于服务的满意程度，那么请你向家长们提出相应的问题。

2. 对需求量的调查

如果你希望改变提供的服务并就此询问家长的需求，那么你的问题就应该以此为方向。

（二）请你制作调查表

接下来要做的就是起草问卷中的问题。例如你和团队达成一致，要在调查表中就教育和专业问题进行调查。

1. 孩子们在幼儿园里的日常生活

他们的孩子在幼儿园里是如何生活的？孩子们喜欢这样的生活吗？他们感觉舒适吗？适应（托管）时间对于孩子们来说合适吗？他们乐于参与教育课程吗？家长们在哪些方面有更多或者更高的要求？所有这些问题最好都能得到家长们的亲自解答，这种反馈会给你带来全新的视角。也可以让他们看到，孩子在家里和在幼儿园里是不一样的。

2. 老师和家长的教育伙伴关系

家长对于合作关系满意吗？家长和幼儿园里的老师关系怎么样？你可以借助问卷来询问家长，他们希望获得哪些方面的信息，希望在家长会或咨询谈话上讨论哪方面内容。

3. 有组织的保教活动

家长们对于各自的孩子有不同的教育需求。你的服务能够满足家长们的需求吗？对于在职的家长呢？家长希望孩子们在幼儿园吃午饭吗？请你问一问。

现在请你把问题目录分成不同的子目录，例如家长会谈、家长会和家长信。请你和团队一起找到相应的问题，将这些问题用简短的句子表达出来，这样阅读起来会更加简单。另外，还请你给出团队成员上交问卷的截止时间。

> **建议**
>
> **请注意：问卷应该有一个吸引人的形式**
>
> 问卷设计要让家长们可以简单、迅速地填写，因此最好使用有选项的问题。还要请你为进一步的说明留出空行，这样能够使家长们节约时间，而你也可以收回更多的问卷。

第三章　家园合作

亲爱的家长：

您对我们的工作满意吗？您对我们有什么期望？请您抽出一点时间回答下面的问题。

1. 幼儿园希望从家长会谈、信件和家长会获得哪些方面的内容？
——日程安排、每天的活动和课程
——特别的教育项目和活动
——郊游、节日和庆祝活动
——幼儿园的教育目标和工作重点
——每个孩子的个人信息，例如发展情况、在小组中的名次等
——在教育方面的建议和支持
——员工的信息，例如改革、进修等
其他：_____

2. 您希望以什么样的频率收到我们的信息？
（1）家长会谈
——只有在有重要的事情发生的时候
——每月
——每季度
——也可以通过电话
个人的建议和希望：_____
（2）家长信
——每周
——每月
——每两个月
——每季度
（3）家长会
——每月
——每季度
——每半年

3. 对于怎样从我们这里获取信息，您有什么建议吗？
_____

4. 您还希望获得哪方面的信息？
_____

请最晚于20××年××月××日前将填好的问卷交到幼儿园。

感谢您的协助！

××幼儿园

问卷可以采用不记名方式，但如果家长有某种需求想和你沟通，那么写上名字当然是十分重要的。

现在你可以将设计完成的问卷转交给家长。为了收回问卷，你可以在幼儿园的入口处放置一个信箱，也可以让孩子们将家长填好的问卷带到幼儿园。

三、行动起来——将调查结果运用到工作中

当你将家长们填写好的问卷收集起来之后，就应该开始评估了。请你找一位同事帮你一起整理，将每个问题下每个选项选择的人数统计出来，这样你就可以在团队讨论时直接开始评估结果了。

请你准备好四张不同颜色的海报，在海报上分别写上标题。

- 标题1：家长们对于这些工作很满意。

请你在这里写下正面的反馈。

- 标题2：家长们对于这些工作不太满意。

在这张海报上你应该记录下所有负面的反馈。

- 标题3：家长们有这些期望。

在这张海报上你应该写下家长们的特殊意见。这样你就可以对每个人的期望、需求和建议有一个全面了解。

- 标题4：对于结果的评估。

最后一张海报是用来记录你的评价的。请在海报上记下你的想法。

（一）请你从调查结果中提取有用的内容

请你在团队中讨论，为什么家长会对某一点感到满意。你可以将这一认识应用在其他方面，以便改进你的工作。

请你对负面的反馈进行反省。为什么家长会对某一方面的工作不满意？怎样才能让家长更加满意？你怎样才能对此做出改变？

请你同时将家长们的提议收集起来。哪些内容对于大多数家长都有帮助？你可以实施哪些内容？

第三章　家园合作

> **建议**
>
> 向家长们汇报你的调查内容
>
> 请你将重要的关键词总结起来，放在幼儿园的黑板上，这样家长们就能获得相关信息了。

（二）请将结果付诸实施

家长调查的最后一步是将你通过调查得到的结果付诸实施。请你在小组中一起讨论，你希望在哪些方面做出改变，将哪些内容付诸实施。

请你不要同时计划做太多的事情。例如，你可以首先进行两项改革。请你一定自觉地、严肃地实现这些改革，并分配好每个人的任务。

请你制定一个时间表，确定改革的试验期限。在这个试验期结束后，你应该在小组内共同讨论改革的实施情况。如果成功了，那么你可以继续坚持下去；如果还有困难，那么你应该在小组中讨论还可以做出哪些修改。

核对清单——调查结果的实施

有什么需要做的？	是否完成？
请你找到一位同事总结好家长们的答案	
请为你的评估准备好四张颜色不同的海报	
请你在每张海报上分别记下正面的反馈、负面的反馈和家长的建议	
请你为家长们写出调查结果的关键词，然后在幼儿园里张贴	
请你从反馈中找出关键内容，然后在一张单独的海报上记下你的认识和想法	
请你在团队中总结怎样才能更好地满足家长们的愿望	
请考虑你希望接受并实施家长的哪些建议	
请具体确定改革的步骤	

续表

有什么需要做的？	是否完成？
请你确定主管改革的部门	
请你和你的团队就一到两项改革达成一致	
请你确定检查改革成效的时限	
然后请你在团队中反思改革是否成功	
当改革不成功时，请你思考还有哪些需要改进	

要点回顾

家长调查——研究需求并保证工作质量

通过家长调查你可以了解家长们真正需要什么，他们的观点是怎样的，这能够使你的工作得到提高。

这样你就有可能追溯到具体的问题并且使你的服务适应家长的需求，从而帮助你在家庭和幼儿园之间建立起有效的合作。

当然你不可能实现所有家长提出的愿望，但是你应该严肃地对待他们的所有需求。有意义的改革对家长和幼儿园都有好处。

采取行动吧。

- 在你的团队里公开坦率地说出你对于家长调查的立场。
- 请你和团队共同消除对于调查的全部顾虑。
- 请你和团队一起确定希望询问家长的主题。
- 请你设定一个希望通过调查达到的目标。
- 为调查问卷收集子项目和具体的问题。
- 将你的问题设计为可供选择的、坦率的问题。
- 确定一个回收问卷的时间。
- 将问卷的结果收集在一起。
- 请你在评价结果时重视使家长满意的内容，严肃对待批评，分析家长的建议。

第三章　家园合作

- 向家长告知调查结果。
- 在小组中思考应该如何运用得到的认识，例如进行改革。
- 请你详细计划改革并且设定一个确定的时限。
- 在改革过程中，请你确认改革是否有意义并且值得延续。

如何成功举办家长会

佩特拉·巴托丽

你计划在幼儿园里举办一次家长会？在会上你想谈论一个家长们真正感兴趣的主题吗？下面的内容将告诉你，如何选对一个会议主题，以及家长们该如何参与其中。我们会为你提供一些有关如何准备家长会的建议。此外我们还将告诉你，哪些方法和设备最适合你使用。你会了解该怎样避免发生错误，以及出了状况后该如何应对。

一、有意义的主题——请选择让人感兴趣的内容

你正在计划一次家长会吗？你是否重视家长对此的兴趣？你想把家长会办得丰富多彩吗？你想以一种既正式又引人注目的方式通知所有家长吗？

那么你必须主动地在你和家长们之间建立起一个教育伙伴的关系。仅通过一次家长会，就可以展示幼儿园与家长的合作中最重要的两个支柱：透明度和家长教育。

> **定义**
>
> **什么是透明度**
>
> 成功的教育伙伴关系意味着公开 —— 与家长分享信息以及坦诚交流，目标是使家长充分理解幼儿园的行为和决定。透明度是理解与合作的基础。
>
> **什么是家长教育**
>
> 教育是获取知识和能力的过程。家长们通过听专题报告或者学习一些课程，学到了教育方法。这期间幼儿园变得越来越重要了。家长们不必再去其他机构寻求帮助了。

（一）家长会的重点内容

1. 相互认识

家长们通过家长会认识幼儿园，认识幼儿园的老师，认识其他家长。这有助于增强透明度，消除疑惑。

2. 传达信息

常与幼儿园沟通的家长知道孩子所在的幼儿园都发生了哪些事。让家长了解并参与幼儿园的日常工作，会赢得家长的信任和双方的相互尊重。

3. 谈论教育上的重要问题

让家长了解教育领域的相关知识以及针对日常教育的一些建议，可拓宽家长的知识面，帮助他们解决孩子教育中的某些重要问题。

（二）有意识地选择家长会主题

你想选择哪一个主题作为家长会的重点呢？为了能引起家长们的兴趣，你应该满足家长当前的愿望和需求。

想要达到目的，你应该有针对性地询问家长们对哪些主题感兴趣。此外你应该事先在团队里根据不同的方面进行主题选择。

你的幼儿园现在正处于哪个阶段？在孩子刚上幼儿园的时候，熟悉环境对他们来说是最重要的。而对于即将上小学的孩子来说，幼升小咨询会则会成为家长们关注的重点。

你可以就某一个主题邀请一位主题报告人吗？或者你最近是否深入研究了某一个主题，而你想给家长们有关这一主题的更多信息？研究过后你就可以使用这些专业知识了。

在你的幼儿园里哪些是最新话题？目前孩子们特别喜欢接触自然科学吗？或者幼儿园里是否将开展一个艺术项目？有没有一些问题是你一再被家长问到的？在具体的教育问题中肯定会产生家长会的一些主题灵感。

请你的整个团队一起为家长会想四个主题，然后通过问卷的形式让家长自己选择。

亲爱的家长们：

您的意见对我们至关重要！

我们即将举办一次家长会。为此我们向您了解，跟您孩子有关的话题中您特别感兴趣的是什么？请您拿出一点点时间，告诉我们您的兴趣点和想法。请您最迟于××日将问卷交到您孩子的所在班级。我们的团队很高兴收到您提出的宝贵意见。

我对下列主题感兴趣：

☐ 孩子在幼儿园里的日常生活

☐ 教育问题

孩子在以下方面的发展：

☐ ——与其他小朋友的相处

☐ ——自然科学领域和对数字的理解能力

☐ ——语言能力

☐ ——身体发育和肢体活动

您可以为家长会推荐一些话题吗？

1. _____
2. _____

我们思考过一些具体的主题，您最感兴趣的是哪一个？

1. _____
2. _____
3. _____
4. _____

如果您留下姓名，我们将非常欢迎您稍后再次咨询：

_____
_____

××幼儿园

二、谁来做、做什么、如何做——好好做准备，轻松开始你的报告

家长已经做出了选择，家长会的主题是健康的饮食。现在可以开始准备家长会了。你应该考虑早一些向家长们发出邀请，这样他们可以及时把家长会纳入日程计划之中。

您的孩子也是我们的宝贝

因此，亲爱的家长，

我们衷心欢迎您到××幼儿园参加家长会！

我们想与您再次讨论一些您作为家长感兴趣的主题。

这次的主题是：

麦片还是棉花糖——学前儿童的健康饮食问题

此外我们还为您准备了大量的信息、实例以及一份小点心。让我们同心协力，共促孩子成长！我们十分期待您的光临。

时间：××

地点：××

请于××日之前告知我们您是否参会。十分感谢您的合作！

我们十分期待您的光临、您的建议和对我们的帮助。

（幼儿园领导签名）

主题家长会：麦片还是棉花糖——学前儿童的健康饮食问题

时间：××

☐ 我愿意参加。

☐ 很遗憾这次我不能参加，但是下一次家长会我一定到场！

孩子姓名： 　　　　　　　　监护人签名：

为了让家长们觉得家长会既有趣又丰富多彩，你应该花足够的时间和心思去准备。而为了不让准备工作成为一个负担，你可以参照以下步骤进行准备。

（一）交流思想

请团队里的每个人都想一想，在健康饮食这一主题下你们要跟家长说些什么。请在一张思路图上记下所有的建议。要不带评价地记录所有的想法。只有到交流结束的时候才选出那些与主题最相关的内容，然后确定家长会的整个流程。

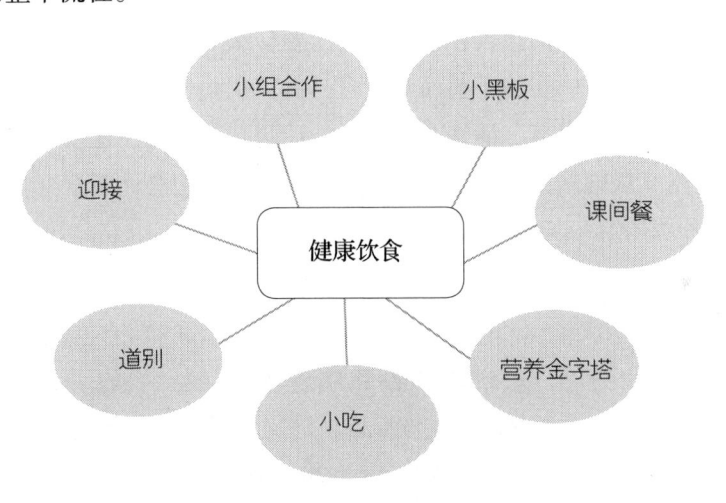

健康饮食家长会思路

（二）分配任务

不是家长会的所有内容都需要你自己来准备。请仔细想一想团队中每个人的能力和强项所在，谁负责迎宾？谁负责主持？谁来准备家长会的哪一部分？请你记录任务的分配情况。

（三）请做一个简短的摘要

你应该为做报告准备好一些发言卡。在每张卡上用关键词记下报告的各个小段的内容。不要把整篇报告文章都抄写上去，那会让做报告变成照本宣科，整个家长将会变得枯燥乏味。

（四）选择一个精彩的入题方式

一个精彩的开始能够点燃听众的激情。因此你需要用心选择一个精彩的引子。例如可以在开头提出一个挑衅性的问题，也可以放映一部跟主题相关的幽默动画片，或者为主题选择一句恰当的名言。整场家长会你都可以为活跃气氛而不停地添加动力。

（五）看看镜中的自己

如果你想知道你的报告在听众中会产生什么效果，你应该事先看一看自己的表现。你可以在镜子前面对着自己做一次报告。这样你就能看到自己的姿态、手势和表情。请练习在讲话中让眼睛朝前看，还要与家长们进行眼神交流。双脚站稳。一个微笑和落落大方的姿态会让听众喜欢你，信任你。

建议

充分的准备可以避免压力

你需要给自己充足的时间做准备，这样才可以避免压力和紧张感。沉着的表现会让你看上去更有能力，也会让观众更喜欢你。

三、小组合作、幻灯片展示——让家长会丰富起来

当你对所选的主题做好内容上的准备之后，就需要确定家长会的辅助工具以及家长会该如何进行。现代科技和设备可以帮助你完美地呈现家长会的所有内容。你可以通过不同的方法让家长们积极参与到你的报告中。

如果你能把不同的方法和设备结合起来，那么家长会就变得多姿多彩，更加吸引家长们的眼球。通过这种方式，你能在一个涵盖很广的主题下为听众构建一个清晰的结构。

在海报上写下家长会的进程，这样家长们就能看到接下来有什么安排。为了表示对家长的尊重，你应该准备好饮料并分发姓名卡。

（一）使用不同的方法

家长会最重要的媒介不是电子设备，而是你自己。同时你可以通过主题的不同呈现方式来吸引家长，传递信息。

1. 做报告

以演讲者的传统角色来看，你要向家长们传递内容。你要站在观众前，把讲话的要点通过幻灯片、黑板或者海报呈现在他们面前。这样家长们才能更容易跟上你的思路，才知道应该看什么地方。你的报告将更吸引他们的注意力。

2. 讨论

在这里你应该先给家长们一些信息或者鼓励，接下来要询问听众们的看法。不要评论家长们的意见，而是要鼓励他们参与其中。你需要感谢每个人的参与。

事先要想好用一句话或者一个声音信号，比如锣声，明确而友好地结束讨论。讨论的最后你应该做总结。

3. 小组合作

请家长们组成2—4人的小组，各小组聚在一起。例如通过轮流抽纸牌的方法可以成功分组。

所有得到相同花色的家长组成一组，针对刚才提出的问题进行讨论。各组搜集大家的观点或提出自己的观点，接下来要在大会讨论中简单阐述本组的结论。你需要把这些结论记在一张挂图上。

> **建议**
>
> **更换形式——记得看时间**
>
> 请注意，每一个活动形式的持续时间不要超过整个家长会的三分之一。只有这样才能产生好的效果，家长会也能因此保持多样性。

（二）请使用可靠的技术或者现代技术

想要精彩地进入主题、成功地过渡或者使你的报告变得直观，就要利用不同的多媒体设备。但是事先你应该熟悉辅助设备的操作。

四、别害怕失败——别太在意小状况

家长会开始前，你的两手手心是否一直在冒汗？是不是不停地想上厕所？那么你很可能是怯场了。对失败的恐惧会引起人体内应激激素——肾上腺素的排放。人因此而紧张，但同时也更加专注了。这就有助于你在做报告时集中注意力。

但是如果对家长会的恐惧对你造成过大的压力，那么你就该想想怎么放松了。通过下列方式你可以达到目的。

- 注意自己的呼吸。你需要平静而均匀的呼吸。细细体会空气如何在你的身体里流动，你的腹腔如何随之升起、落下。在做这件事时，你要全神贯注，让所有的思想如浮云般随风散去。
- 积极想象一下家长会的成功。在脑子里描绘一幅绚烂欢乐的图景。想象一下，你如何独当一面地引领整场会议进行，还有家长们在听完你的报告后是如何热烈鼓掌欢呼。
- 选择一件穿着舒服的衣服。挑一件你喜欢穿的衣服，这件衣服应该是你常穿的。此外衣服不能太紧，也就是说不能紧到导致你无法轻松讲话。

五、即便犯错了也不要紧张

做报告时当然会出现这样的情况：并不是所有的事情都如你所计划的那样进行。真正的失败只有一种，那就是你在处理这些事情时极不自信。

因此你就要事先在脑子里过一遍，要怎样信心十足地应对某些可能的困难。你可以使用下面的检查表。这样一来就能自信而沉着地绕过那些绊脚石了，而且没人会注意到有些事情没按原计划进行。

家长会检查表

检查项	已完成
在家长会开始之前你已经准备就绪	
替代幻灯机和投影仪的纸和笔已经准备好	
演讲内容的关键点已记录在演讲提词卡上	
练习欢迎的第一句话,尽早进入状态	
尽早将设备连接好,并检查是否运行正常	
多媒体设备的替换线缆等已经备好	
为防止出现技术问题,事先备好小黑板或挂图	
请设想好若家长在会上注意力不集中时得体的用词	
在家长会开始之前深呼吸或做一些放松的活动	
选择舒适的衣着	
提早到场,解决细节问题	
遇到失误幽默化解	

六、发生状况后最重要的补救措施

（一）怎样继续你的报告

如果讲话时你的线索突然断了，那么我们提供的最主要建议是：请保持冷静。你需要深呼吸。你可以暂停一下，然后尝试着在脑子里再次重复刚才说的最后一句话或者最后的内容。平静地看一眼你的发言卡，或者勇敢地将观众带进你的小状况里。你可以带着微笑问他们："我们刚才说到哪儿了？"

（二）舌头打结

口误又不是骨折。你可以镇定地微笑着再次重复一个词或一个句子。如果你想不起相应的词，可以尝试着换另一个词。家长们肯定能很快理解

第三章 家园合作

你在说什么。

接着他们还会帮助你。要记得感谢家长们的帮忙,于是这个小状况就会变成报告中的一个轻松时刻。

(三)忘记关键点

如果你跳过了一个要点,那么可以稍后在合适的地方再提起。如果找不到合适的位置,就干脆把这一点删掉吧。如果这个点可以很好地解答观众的某些提问,那么你也可以适时将它提出来。

(四)观众不专心

偶尔有些家长会在报告期间小声讲话,你根本不必理会他们。如果总是听到大声的说话声,那就说明观众的注意力已经不在你这儿了。这时你可以认真地问一问,几位家长想不想跟大家分享他们的谈话内容,因为也许所有的观众都会觉得这些内容既有趣又重要。你可以做短暂的休息,然后再次请大家听你的报告,这样他们的注意力就会重新回到你的身上,或者可以不时变换做报告的形式,这样将你的报告不断推向高潮。

(五)技术问题

如果你决定在家长会上使用现代的辅助设备,那么当然会存在风险,设备很有可能失灵或者在家长会进行过程中出现某些问题。如果你能早点布置这些设备并在家长会开始前就已经调试一遍,那么你就能避免它们出问题了。

请注意,将打印稿作为选择之一准备好,出现状况的时候你可以把它贴在墙上,或者使用黑板和挂图把你要说的内容简略地写下来。

要点回顾

信心满满地举办一场家长会

在家长会上你可以积极地与家长一起分享你的工作,家长们因此能够了解自己的孩子在幼儿园里的生活。他们会得到一些教育问题的解答,也能了解幼儿园重要的教育计划和安排。

有序的计划和实施会帮助你组织一场精彩而又有价值的家长会。

这就开始吧!

- 鼓励家长选择家长会主题。
- 及时、详细地做准备。
- 交替使用不同的报告形式。
- 使用现代科技为家长会添彩。
- 事先想好应对突发状况的策略。

第三章 家园合作

如何利用接送时间与家长沟通

克劳迪娅·法兰兹

你想快速而简单地与家长们进行交流吗？你想和家长们谈谈关于孩子的近况和新的想法吗？做这些事情并不总是需要大量的时间，也不必花高额的费用。事实上，你可以快速而高效地进行这种交流。一次短暂的、私人的、更重要的是友好的谈话会增进你与家长间的相互信任，帮助你们建立紧密的联系。

下面我们会告诉你如何有效地利用门边对话。门边对话是家长工作的重要组成部分，不管是对你还是对家长来说都很有价值，能让双方都节省时间，最好可以定期谈一次，以有效而快速地讨论一些重要问题。在下面你会得到一些建议，帮助你进行一次惬意的门边对话。

一、保持交流——门边对话

门边对话是与家长沟通的一种方式，在幼儿园里这种方式通常不被重视。虽然这种谈话方式很简单，持续时间很短，但是对于老师与家长之间能够合作成功有着重要意义。

定义

什么是门边对话

门边对话指老师与家长间随机进行的谈话。它通常发生在家长到幼儿园接或送孩子的时候。

家长总是想知道自己的孩子在幼儿园里过得怎么样。一切都正常吗？他/她喜欢和谁一块玩儿？他/她在幼儿园里和在家里表现的有什么不同吗？他/她睡得好吗？吃得好吗？他/她都有哪些进步？

门边谈话让老师有机会每天都能跟家长们聊一聊。你可以告诉他们孩子们在幼儿园里过得怎么样，以及这一天都干了些什么。家长们都会很乐意听你说，也乐意跟你聊聊这些事情。你还可以告诉他们幼儿园里发生了哪些新鲜事，办了什么活动或者幼儿园有什么新的计划等。比如你可以说，你很快就要计划一次出游或者让他们关注小黑板上新贴的告示。

门边对话不仅仅是为了单纯的信息交换或者与家长们随意地聊聊天，它还有更大的作用。这种谈话能够创造双方间的相互信任。门边对话在与家长沟通的工作中有重要的意义，我们不能低估它的作用。通过门边对话，你与家长建立起一种联系，这为你们之间成功的教育伙伴关系奠定了基础。好好利用门边对话——这么做绝对值得！

门边对话好在哪儿？

- 轻松的谈话氛围和随意的形式有助于建立彼此的信任感，这对于你和家长的沟通工作来说很重要。
- 门边对话可以让家长送孩子到幼儿园来时感到舒心许多，因为你会给他们安全感。知道你把孩子照顾得很好，家长会很高兴的。
- 尽管家长们时间很紧，但是门边对话仍可使得老师定期与家长保持交流成为可能。这样的话你就能让家长在百忙之中停一停。
- 你可以立即回答家长提出的问题，消除他们的误解，这样一来冲突就得以避免了。

你越有心在日常工作中进行门边谈话，家长就越愿意跟你保持联系。门边对话能让你的工作透明化，同时还传递出一个信息，即家长有什么问题都可以找你谈谈。

建议

你是员工们的榜样

作为领导，你在与家长的交流中扮演着重要的角色。你的员工都在注视着你的一举一动。你需要以身作则，让他们知道该如何与家长建立联系。要让他们看到与家长保持联系是多么重要。员工们总是能学到很多东西，因为你就是他们的榜样。

第三章　家园合作

二、有针对性的准备

当然，你不需要计划和准备所有的门边对话。大多数时候它们都随机进行。这也未尝不是件好事。一次惬意的谈话总让人觉得如此的美好，连家长们也感觉乐在其中。

为了让谈话不只停留在随便聊聊，你还需要事先思考一些事情：你真正想告诉家长的是什么？你想跟家长说的话是否符合当下的谈话氛围？只有这样才能有效地利用门边对话。要想节约时间，就不必刻意约好每一次谈话。请根据以下步骤来准备你的门边对话。

（一）充分准备只需三步

1. 步骤1：请思考谈话的目的是什么

在门边对话中，是否有一些事情你只想跟某位家长说？或者你想从家长们那里知道些什么？没有必要跟每一位家长都进行门边对话。如果你能事先想好要和什么人谈些什么事情最好。然后便可以好好准备谈话的内容，和家长聊天时就会有针对性。这样你才能分配好时间，因为每天早上你都对今天要和谁谈些什么，自己想了解些什么都一清二楚。直击谈话的关键点，你就能好好利用家长接送孩子的一点闲暇时间。

2. 步骤2：选择恰当的时间

并不是所有的家长每天都有时间和你进行门边对话。因此你需要为每一个家庭建立一个文件夹，它也可以帮助你准备其他形式的家长谈话。在文件夹里记下所有对孩子及其家长重要的事情，例如家长早上或者下午几点有空。这样你就会知道，比如安东的父母周三因为要工作所以没时间，周五的时候他妈妈一直都有空。找到合适的时间段非常重要，这样家长也能从容跟老师聊一聊。

3. 步骤3：选择恰当的地点

即使这种谈话方式被称为"门边对话"，并不意味着必须在"门边"。想要安静地谈话，就得离人群远一点儿。周围声音小一些会更好。花园里安静的角落或者走廊拐角处都是绝佳的选择。你一定能想起幼儿园里几个合适的地点。

（二）请为家长多花一些时间

门边对话无需花钱，很随意，而且最关键的是不需要很长时间。不过它本来就应该这样。如果你们无法马上处理某个问题，可以约定一个时间再议。那些需要长时间讨论的话题就干脆不要在门边对话的时候提起。如果事情真的很紧急，那么请你为家长多花一些时间。你可以请他们到你的办公室去，但需要注意的是，这段时间里必须有人照看孩子们。

> **建议**
>
> **门边对话无法取代正式的家长会谈**
>
> 门边对话的目的是谈论最新发生的事情或者快速交换信息，但是它无法取代与家长的正式谈话。请告诉家长们，像孩子的发展这类大主题，需要有充分的时间来进行讨论。

（三）所有的谈话都要记录吗——只记录重要的

如果你计划以后要和家长再进行一次深入的正式交谈后，你需要记录此次谈话的重要内容。请把记录卡片整理好放入文件夹中。这样你就能很快开始下一次正式的谈话。

三、七点建议——提高你的谈话质量

无论是家长还是你都应该在谈话中感到舒服。接下来我们将提供一些建议，帮助你进行一次愉快的门边对话。

- 建议1：破冰。"您好吗？今天过得怎么样？"你要向家长们表明你是真的关心他们的近况。谈话时落落大方且充满热情，不过一定要

第三章　家园合作

实事求是。因为工作的需要你应该与家长保持一个合适的距离，这样你才能更准确地做出判断。

- 建议2：说话应通俗易懂。请避免使用教学中的专业术语。你不是在和同事谈话，而是和家长，他们有时会听不懂这些教学术语。请用例子来说明。

- 建议3：运用肢体语言。不要将双手交叉在胸前，这会被家长们理解为你在表示拒绝。你应该友善地微笑，与对方保持眼神交流并时不时点点头。这样就表示你对话题很有兴趣，同时也给家长创造了一个愉快的谈话氛围。

- 建议4：请保持在同一个高度。请与家长保持同一个高度。你们应该站着或者都坐着，这样你们就是以同等的身份在进行交流了。

- 建议5：掌握好谈话的时间。通常5—10分钟比较合适。如果你感觉时间不够，请另约一个最近的时间再好好聊一聊。

- 建议6：仔细倾听。家长们说话时请仔细地听。不要看表，也不要表现得很着急，这样家长才会感觉受到尊重。大家都喜欢看到别人从容不迫的样子。

- 建议7：谈话时表现得落落大方。谈话时请表现得落落大方。你要留心观察，看看家长是不是想跟你进行眼神交流。请给他们一个信号，表明你已经做好了交谈的准备。

要点回顾

请有效地利用门边对话

门边对话是指老师与家长们进行一段非正式的、随机的谈话。通过这种方式你能够在短时间内告诉家长一些最重要的信息。要有针对性地为谈话做准备，这样做可以为你节省时间。

做好谈话的前期准备。请思考你想告诉家长什么或者你想知道什么。装有每个家庭重要信息的文件夹会对你有所帮助。

创造一个愉快的谈话氛围：请为家长们提供一个愉快的谈话氛围。比如，你可以认真倾听或者用落落大方的肢体语言表明你对你们的对话内容有很大的兴趣等，这样一来，家长们就会很有兴致地和你聊天。

第三章 家园合作

如何通过有效对话解决与家长的矛盾

玛李斯·舒曼

当人们有冲突时，不可避免地会发生口角，这时，冲突对话是最完美的解决方案。双方的对话能解开误会，梳理各自见解上的不同。矛盾冲突的顺利解决属于一种相互认知的过程。所有的参与者在此后会知晓对方到底有怎样的想法和关注点，并且在此方面多加留意。这样更加有益于与家长的合作。

该如何把握并且有效地进行一场冲突对话呢？提出批评和接受批评都不是那么容易的。下面你能了解到该如何看待矛盾，以及如何对此保持中立的态度，让你在处理上既实事求是又有足够的把握。

一、与家长的矛盾——对话提供解决方案

在幼儿园中，你和同事们要承担教育孩子和照顾孩子的责任。当然这些任务不是你独自完成的，需要家长们的配合。所以与家长们建立良好的关系，是形成教育伙伴关系的先决条件。

在合作中，往往会出现双方对关注点、想法和目标产生分歧的情况，于是矛盾就出现了。尤其是在日常生活中，矛盾的出现是不可避免的。当然，出现矛盾并不是什么坏事，重要的是你该如何解决矛盾，解开双方的误会，找到有效的解决方法，并且缓解和家长的紧张关系，让双方之间的合作更加紧密。

在冲突对话过程中，你要给家长们足够的空间和时间，让他们发表自己的看法。你也有机会与他们一起分析问题出在哪里，并且寻找解决问题的方法。你应当找出是什么让家长们感到压抑。在家长们的要求和愿望背

后，往往是担心自己的孩子没有得到足够的支持。

> **定义**
>
> **什么是冲突对话**
>
> 当紧张的关系、误解以及争执突显时，通常需要进行一场冲突对话。它可以帮助我们把握矛盾的根源，共同找出解决方案。当矛盾得到缓解，双方今后的合作也能取得更好的效果。

有把握又有效果地进行一场对话，并不意味着努力维护各自的观点。请你让家长们了解以下这点：抛开不同的关注点和想法，大家都有一个共同的目标，那就是孩子的健康成长。这个目标是对话的基础。当你主持这场对话时，请保持自信并且就事论事，不要被情感问题或者个人的看法所左右。为了让你有更大的把握，请在对话开始前做好充分的准备。

二、积极的设想——这样才能让对话有效

在你开始准备之前，请你就矛盾做一番思考。你是怎么想的呢？你个人的观点会影响你对家长的态度，以及你和家长交流的方式。让自己在这个问题上保持清醒。通常我们能从评论和意见中听出一些话外的情感和想法。内在的态度经常会在对话过程中表露出来。

举例——一位教师的想法

A女士完全不懂让李恩在9点之前到幼儿园是多么重要的一件事。

有可能这位工作人员在孩子经常晚到这件事上有如上片面的看法，同时她还觉得自己的工作价值没有得到肯定。这样的情绪可能也会被带进双方的沟通中去，导致保持就事论事有些困难，甚至矛盾还有可能会再升级。

（一）怎样改善沟通

请你思考清楚并试着保持中立的态度，这样问题才会有解决的可能

第三章　家园合作

性,你在与家长们沟通时也会更有把握,更有效果。

在以上的例子中,这名工作人员本可以在相互沟通中了解为什么李恩总是这么晚才被送到幼儿园。如果她对待孩子的母亲和气些,处理上更加就事论事些,而不是对这位母亲指手画脚,大声指责她不该总是这么晚才送孩子过来,或许这位家长会更愿意就这一问题做出更多解释。最后,也许孩子晚到的原因和工作人员的工作质量毫无关系。

(二)注意你的肢体语言

我们内心的想法往往会表现在肢体语言、措辞和语调上。请明确自己在交谈过程中采取的方式。当你持中立态度对待家长时,他们就不仅不会刻意保留,反而会畅所欲言。所以请在交谈过程中一直注意你自己的肢体动作,这样不仅会让情况好转,还更有可能解决问题。

- 注意友善的语调。这样的对话不会让人感情用事。家长们也会对你吐露真言。
- 采取眼神交流。家长们会觉得对话更加直接,给他们一种你的注意力都在他们身上的感觉。
- 经常点头和微笑。向他们传达这样的信号:你理解他们,倾听他们。一个微笑还能够缓和双方的关系。
- 减慢说话语速。你在暗示家长们,你有足够的时间,对他们感兴趣,并且是忠实的倾听对象。

请不要急于当面解释双方观念上的差异,而是要抽出时间来安排一次对话。你在后面的内容中将了解到如何准备一次冲突对话。

三、计划让你更有把握——准备好三步走

有把握又有效果地进行一场冲突对话需要全面的准备,这是对话的成功关键。只需以下三步,你就能了解该如何为对话做好准备。

（一）步骤1：认清矛盾所在

看清现阶段的情况，矛盾是怎样产生的？为什么家长们对现状不满意？或者为什么你对现状不满意？为了认清矛盾所在，请回答下列问题。

关于矛盾的问题——这样你就能认清形势

请回答下列问题	个人笔记
1. 矛盾是什么	
2. 谁处于矛盾中	
3. 家长有哪些期待、要求和愿望	
4. 家长的观点有哪些	
5. 我有哪些期待、要求和愿望	
6. 我的角度是什么	
7. 最集中的争执点和关注点是什么	
8. 哪些要点是我想谈论的	
9. 谈话的目的是什么，好的解决方案应该是什么样的	
10. 我可以在哪方面妥协	
11. 之前我曾和这位家长谈过吗，还有其他的相关资料吗	
12. 我还需要哪些额外的信息	

表格可以帮助你更好地了解矛盾，以及引发矛盾的原因。这样你对矛盾状况就有了进一步的认识。你知道了家长们的立场以及你自身的立场，并且在对话之前就得到了可能的解决方案和可能的让步。因为你现在已经知道症结在哪里，以及该从哪里入手。

重要的是，你还要继续保持中立态度。在此讨论的关键是，去认识矛盾是怎么产生的，有哪些解决方案。在和家长们对话的过程中，你要注意，不能把所有可能的解决方案全都道尽，要对家长们明确地表示，自己希望能找出一个共同的解决方案。

（二）步骤2：调节谈话气氛

舒适的谈话气氛能够在谈话的最初减少双方的紧张感。当家长们感觉很好的时候，通常也是他们打开心扉、与你共同就事论事地解决问题的时候。请你考虑以下问题。

1. 谁参与对话

谁应该参与到冲突对话中呢？请你注意矛盾双方参与人数的协调。当家长们，也就是母亲和父亲应约而来时，请让你的同事陪同。这样就不会有人会被忽视。请你亲自邀约对方，这样能让对话更容易进行。

2. 冲突对话应在哪里进行

- 舒适的氛围。如果有可能，请选一个中性的场所，比如在聊天室，而不是在你的办公室。告诉你的同事们，在对话期间不要来打扰。同样你还要注意合适的室内温度，并且提供茶水。这样家长们会觉得自己是受欢迎的。

- 准备好材料。当你在谈话中需要用到譬如白板、纸张、即时贴等时，请事先准备好。这样你才能全身心地投入到对话中去。

- 坐在桌角边。当你和家长们坐在一张桌子边谈话时，不要和他们面对面而坐，这样桌子立在你们中间会产生距离感。请坐到桌子边角，这样你就有足够的空间，同时也表现出和家长们的亲近感。

3. 谈话该在什么时候开始

提前告知家长，并和他们约好谈话时间。这样能让所有的与会者和你自己有足够的时间为此做好准备。为这次谈话腾出足够的时间。这同样也是向家长们表示，这次谈话对你也很重要。

> **建议**
>
> **匆忙解决矛盾——请腾出更多时间吧**
>
> 尽量避免让这场心灵谈话匆匆忙忙地进行，否则只会让所有的与会者不满意。提前和家长们约好时间，也好让你和家长做好充足的准备。

（三）步骤3：计划谈话过程

充分的准备当然还包括计划好谈话的过程。这样你就不需要在对话过程中操心这些细节了，比如如何很好地开始对话、如何讨论矛盾点等。当然也不需要费神考虑下一个要讨论的问题是什么了。如果你事先很好地准备，工作将会更轻松，更有效率，也更有把握。

谈话过程包括以下几点。

1. 这样开始谈话

如何开始谈话呢？如果已经考虑过双方的关系，找到一个切入点并不难。所以在谈话之前，请多考虑一下。切入点很重要，因为你想尽可能地打破僵局，家长们需要很放松，并对你有足够的信任。

此前请准备好相关资料和文件。另外，当家长们应约而来时，请表示对他们的到来感到高兴和欢迎。保持微笑，并且从一个和矛盾无关的主题开始对话。这样能让整个谈话气氛更加轻松。向家长们清楚表示，你已经准备好去理解可能存在的问题，并且尽力理清相互之间的矛盾。

2. 开始谈矛盾

当你从一些积极的事情开始话题，切入矛盾点就很容易了。比如首先说一些孩子们表现好的地方，或者孩子已经完成的教育。家长们都很乐意听到这些。

然后实事求是地描述矛盾的主要症结所在。把话题聚焦在具体的主题内容上。试着解释状况，别扯太远。记录并总结各种要素，然后所有人做一份有关现状的总结图。

然后你要给家长们说明他们自己看法的机会，同时你还要求他们讲出他们的关注点、要求以及愿望。请不要打断他们。接着你要说清楚你自己的观点和立场。把双方所说的各种要求、观点通通记录在白板上，并站在双方的立场上思考，哪些关注点和想法是双方一致的？

第三章　家园合作

> **建议**
>
> **责骂、批评、生气——背后是什么**
>
> 责骂、批评和生气总是难以接受的。经验告诉我，往往这背后还隐藏着一些问题，而这些问题对于家长来说非常重要。请把这些问题看作对孩子的投入、照顾和负责的积极信号。告诉家长们，你同样很重视和尊重他们的担忧。这样能够建立相互间的信任，而信任是与家长合作的一个重要基础。

告知家长们，你和他们一样都很关注孩子的健康成长。这样能给家长一种感觉，即你和他们是站在同一条战线上的，同时提高家长的合作意识。

3. 一起寻找方法

冲突对话的要点在于改善将来的问题。每一个问题并不只有一个解决方法。

通过向家长征求解决问题的意见，可以让他们也参与进来。在白板上记下他们的意见，当然还有你个人的意见，然后同家长一起考虑每个意见。

- 哪些是可实施的？
- 哪些是不可实施的？
- 你同意哪几点/不同意哪几点？
- 家长同意哪几点/不同意哪几点？
- 哪些人已经准备好在哪些地方做出让步？

在白板上划掉那些家长不同意的和不可实施的意见，圈出双方都准备让步的意见，剩下的意见点即是双方都能接受的。

谈论这些意见点，并且做出决定。当然可能解决方案不仅仅只有一个，达成双方都愿意接受的结果。如果有必要，可以再去掉一些选项。因为一个解决矛盾的方案，只有在所有参与者发自内心地同意时才有效果。

4. 总结谈话结果

现在总结谈话的结果。这样你就记录了所有对你和对家长们都重要的信息资料。

对话笔记

谈话负责人：	日期：
与会者：	
地点：	
谈话主题：	

哪些观点已经达成一致，哪些还没有	个人笔记
1. 哪些已经达成一致？我们已经决定好什么样的解决方案	
2. 之后我们怎样更进一步	
3. 家长有哪些任务	
4. 我有哪些任务	
5. 还有什么问题是保留的吗	
6. 有必要再另约个时间吗	
7. 已经达成的协议与下一次谈话有关吗	

当家长们还有疑惑，或者你还想增加一些内容，请记录下来，并让家长们签字。这样你就可以在以后查阅这些讨论过的内容，或者在后续的谈话中用到这些信息。所有的协议和约定都已经记录。这个信息的总结同样对你的同事们很有帮助。当他们想和家长们进行一次谈话时，他们也可以参考这些材料。

5. **请感谢家长的到来**

向家长表达对他们应约谈话的感谢。告诉他们，如果他们还有疑问，或者有进一步解释的需要时，你随时为他们提供帮助。

建议

一直保持开放

对心灵的沟通来说，做好准备是非常重要的，但人们的愿望、反应以及要求确实不好评估和预计。因此在谈话中，请你一直对所有计划和准备保持开放的心态。不要只注意你为谈话准备的笔记，还要记下每个你想讨论的要点。可以只记录一些关键字。这样你既能有把握地主持谈话，还能有足够的时间对没有预见的内容进行反馈。

四、与家长的冲突对话应这样进行——七大建议

- 建议1：通过赞美和认同缓和局面。

在谈话前请考虑一下家长和孩子积极的一面，并且说出几个关键因素。注意你必须认真考虑。这能让你更接近真实。赞美和认同能缓和关系并得到他们的信任。家长们很快就会认识到，矛盾只存在某种特定的场合。

- 建议2：家长缺席即无法找到解决方案。

对话至少要在两个人之间开展，并且要相互依靠信任。另外，双方都希望能找到解决方法并且积极投入。请认同家长作为他们家庭和孩子的"专家"的身份，并且在解决矛盾的时候同样将这一点考虑进去。

- 建议3：对其他人的观点保持好奇。

试着站在家长的角度看待问题。家长站在他们自己的角度时，会有什么样的理由？这会帮助你理解他们，并且你会知道，从哪里切入更容易找到解决方案。

- 建议4：制造气氛，让家长感觉平静。

用举例的方式使关键问题更突出。注意不要把个人情感带入冲突对话中。这样会降低合作效果，并且激化矛盾。保持实事求是的态度。这样不会造成咄咄逼人的感觉。

- 建议5：设置讨论范围。

当家长扯得太远，超过了你的驾驭范围，或提出一些不实际的期望时，请告诉家长们谈话内容的范围。请把设置谈话内容范围看作一种尊重和共鸣的形式。另外请保持友好，但又要态度坚决。

- 建议6：说出你的观点，而不是指责。

隐性或者直接的指责会引导你的谈话对象进入自我辩护的死角，并且阻碍后续的交流。而用"我认为……""我以为……""我觉得……"等"我—信息"这样的方式不会让你显得咄咄逼人。相反，家长们会更加努力去理解事情的真相，也更了解你的立场。这样就减少了相互争执的可能性。

- 建议7：腾出足够的时间。

主动倾听、准确发问、短暂沉默，都可以减慢谈话的节奏。这会帮助你思考之前听到的内容，并且避免做出过快或欠考虑的回应。同时，这样也能让家长们有足够的时间去解释和补充。

要点回顾

成功的冲突对话策略

重要的是去解决矛盾，而不是回避矛盾，只有这样才能在将来有更好的合作。对话是解开矛盾的重要措施，当然问题不都是简单的。相互指责和批评通常都是因为有情绪，所以保持就事论事的立场也是不容易的。

因此请为谈话做好充分的准备，并且分析你自己的想法。这样能帮助你更加客观地看待矛盾，并保持一个中立的态度。当你了解了你和家长的立场和观点，当你知道了你想讨论哪些问题时，你就可以有把握又有效果地主持谈话了。

准备好三步走。

步骤1：认清矛盾所在。

列出与矛盾相关的所有细节。矛盾究竟在哪里？关注点在哪里？这样你就可以绘制一张现状图，并且把矛盾划分得更直观清楚。一份关于矛盾的一系列问题的表，能在这一步上提供帮助。

步骤2：调节谈话气氛。

谈话都邀请谁参与？为什么要主持这样一场对话？这些都是在准备过程中要解决的重要问题。注意参与双方保持人数均等，并且提早约定时间，好让大家都有足够的准备时间。另外，选择一个不被打扰的安静场所进行对话。

步骤3：计划谈话过程。

当你确实知道什么是你想讨论的，谈话应该怎样进行时，你就会觉得很有信心。请考虑好如何切入主题，如何开始论证矛盾和如何共同寻找解决方案。总结对话结果。这将为你后续的谈话提供帮助。

第三章　家园合作

如何应对家长投诉

佩特拉·巴托丽

来自家长的投诉——令人不愉快但又非常重要。信心十足并镇定地应对来自家长的投诉，不是一件简单的事情，因为投诉通常出现得很突然，让你措手不及。那么应该怎样来应对呢？

通过运用针对家长投诉的急救计划，你会了解到如何让家长的情绪平静下来，并把谈话带回到客观的层面上。一个记录模板能够帮助你把所有重要的内容以书面形式记录下来。通过家长调查问卷，你可以对家长的需求有一个概括性的了解。

一、来自家长的投诉——对于幼儿园来说是一次机会

来自家长的投诉——一次机会？怎么会是一次机会呢？你肯定会有这样的疑问。大多数人认为来自家长的投诉是令人不愉快的，他们在收到投诉时都会觉得尴尬头疼。这就会引起紧张情绪。你要怎样来应对呢？大多数人都尽可能地避免来自家长的投诉，这是可以理解的。让我们来看一看，在家长投诉背后隐藏着什么。

（一）在家长的投诉背后隐藏着什么

家长在投诉的时候，都会表现出他们的恼怒，可能是对你工作的批评，也可能是针对某一个员工或者针对你的教育方面的建议。不过，批评背后大多数时候都隐藏着没有被满足的期望。他们的愤怒通常已经郁积了很长的时间，直到最终变成一次投诉。这种愤怒的出现，显然也是出于这个原因。原因可能有下面几点。

- 不满意、生气或者暴怒。这些都是家长的期望没有得到满足的表现。你要通过和家长进行一次开诚布公的谈话，来确定是哪些期望没有得到满足。
- 沟通不畅。为了使你同家长的交流不产生误解，并使得双方都获得满足感，找出解决办法。
- 一个消除压力的出气筒。当家长进行投诉的时候，首先让他们排出这些怨气。你要注意，你和家长要能够再一次建立起客观的交流。

（二）把投诉看成一次机会

恰当地应对来自家长的投诉？这通常都不是一件简单的事情，特别是当你在面对不客观的并且感情冲动的谴责时。不过，你要知道，让你感到不舒服的东西其实是幼儿园的一次机会，因为当家长鼓起勇气并向你求助的时候，你就能够有机会找出是什么使家长感到不满。这样你就会知道是不是幼儿园有一些工作没到位，并促使你将其作为改变的动力。只有这样才能够提高你的工作质量。

建议

开放地面对投诉

你要严肃地对待投诉。因为当你没有反应或者低估投诉的时候，你的态度会很快地被流传开来。你要一直开放地面对来自家长的投诉，因为不是所有人都敢于说出他们的请求。你要让家长鼓足勇气，让他们说出每一个请求。这样就会让问题更轻松也更快速地得到解决。而这些对于家长来说是非常有价值的。

（三）处理家长投诉时的目标

要与家长保持一个良好的关系，这是面对家长投诉时的一个目标。当投诉是关于自己孩子的时候，家长的反应通常都非常冲动，你要理解这种感受。你要表现得镇定，让他们知道你已经有了解决问题的方法。这能够让家长平静下来，从而使一次客观的谈话成为可能。

二、急救计划——信心十足地应对家长的投诉

家长投诉通常是出乎意料并且非常突然的。如果想要投诉，那么家长可不会提前和你预约。他们会带着愤怒的情绪在一个不好的时刻出现在你的面前。你肯定在第一时间就会感觉受到了来自被激怒的家长的攻击。你通常也会突然带着愤怒和气愤来面对他们，这对你来说很难克制。当你陷于这样一个处境时，要怎样来应对呢？

（一）应对家长投诉的急救计划

首先要平息家长的怨气，这在投诉时非常重要，可以确保矛盾不会激化。你要投入全部的注意力去倾听，然后分析出真正的原因。应对家长投诉的急救计划分为如下步骤。

- 步骤1：使情绪平静下来——严肃地对待家长。

严肃地对待每一个投诉者，即使他们的愤怒在你的意料之外或者表达方式非常不友好。因为这是家长在这个时候对你的最低要求，你要满足这些期望。例如你可以把注意力都集中在他们身上。你要表现出对于他们请求的兴趣，这样你就会第一时间使你们双方的情绪都平静下来。

> **建议**
>
> **严肃地对待投诉，但不辩解**
>
> 严肃地对待一个投诉并不代表有负罪感。你不要辩解，否则有可能使你不能仔细倾听家长的诉求，从而变成了你在寻求原谅和解释说明。一个专业的应对投诉行为更多的是指向内容，你需要充满理解但又要抱着客观的态度来接受。

- 步骤2：采用专业的保持距离的解决办法——信心十足。

你要一直都保持平静和友好的态度。你要知道，家长的气愤是有原因的，因此他们表现出的恼怒也是非常恰当的，这样你就不会感觉受到了人身攻击。你要以一个领导的身份来观察这一情况，保持客观，不要让自己暴怒或产生气愤的情绪。只有这样，你才会专注于发现是什么给家长造成了负担，然后找出解决问题的方法。

- 步骤3：花时间——约定一个有效的谈话日期。

在一开始，家长希望获得你所有的注意力，但你显然不能立刻停下手头的工作。所以你要告诉家长，这个时间不太合适，因为通常他们不会意识到这一点。告诉他们，你同样很希望尽快澄清问题。你要表现出对于他们痛苦的理解，但还是要推迟谈话。你要向他们解释，你更希望预留充足的时间，而不是匆匆忙忙地来讨论重要的事情。然后你就要约定一个具有现实意义的谈话日期了。

- 步骤4：展开谈话——找出他们的难处。

你要找出来是什么使家长心情沉重，然后询问他们，让他们平静地进行讲述。这样他们就有可能发泄自己的愤怒并再一次平静下来。你要给他们一个你理解到哪些内容的反馈，例如通过运用"我听出了你的愤怒，让我们尝试着平静地进行对话"或者"我能够理解你已经非常生气了"的话。你要把家长的话用自己的话总结出来，这样家长就有可能确认你的猜测或者消除误解。

- 步骤5：寻求妥协——表现出你对于解决方法的兴趣。

家长感到被理解了吗？那好，他们已经准备好和你一起寻找解决问题的方法。你要询问怎样能够帮助他们，他们想到了哪些解决方法。当你同意家长的观点的时候，你应该表示出赞同。如果不同意，你也要解释清楚为什么这个方法不可行，然后要尝试寻找更好的解决方法。

- 步骤6：保持乐观心态——积极看待未来。

在谈话快结束时要向家长致谢，告诉他们，你非常高兴他们能够向你寻求帮助。只有这样，你才能够了解他们正在因为什么事情困扰。你

第三章 家园合作

要给家长一种能够掌控全局的感觉,这样能够让他们平静下来,轻松地从这次谈话中走出来。

- 步骤7:把重要的内容记录下来——把这个谈话做成文件保存起来。

你在进行谈话的过程中,要把最重要的内容以书面形式记录下来。再出现类似情况的时候,你可以让员工参阅这个记录。通过运用记录能够让你更加肯定,员工们也能够了解关于这次投诉的内容,并以约定的内容为指导。投诉谈话的文件能够作为改进你工作的基础。

投诉谈话记录

谈话的参与者: 日期和时间: 投诉的缘由:
1. 描述投诉:发生了什么
2. 重现谈话的内容
3. 约定了哪些解决方法
4. 其他(给其他员工传达信息,约定后续的谈话等):
员工签名:

(二)谈话后的工作

记住你的约定,这样就可以避免家长的再次投诉。在一周之后复查一下,找到的解决方法是不是对双方都是有效的。有针对性地与家长商量,请求他们给予一个简短的反馈。解决问题的方法如果效果不明显，你就要思考还需要在哪一步骤采取措施。

> **把投诉作为一次团队会议的主题**
>
> 将一次团队的会议的主题设为投诉的根源。你要介绍这些投诉的理由并进行讨论。在这里不是要批评谁，每个人都会犯错误。你要和大家一起来考虑，你们能够改善哪方面的工作。所有人都会从这次团体会议中受益。

三、家长满意吗——检查家长的满意度

让家长感到完全满意比较难。我们不太可能避免投诉现象的出现。你要尽早了解造成家长不满的原因，并及时地同他们进行沟通，不能让怨气不断累积。

要定期与家长进行沟通，这样你就会及时看清楚产生愤怒的原因是什么。下面这些方法可以帮助你了解家长的满意度。

（一）门边对话

你要花费一些时间同家长进行沟通。你可以进行一次简短的门边对话。这种行为向家长传达了一个信息，可以让他们表达自己的需求并澄清一些问题。当你察觉到家长刻意保持距离或者显得很局促，你就要询问他们是不是一切都正常。即使你不会立刻得到答案，也要向他们表现出你希望和他们保持一个良好关系的意愿，这样他们才会鼓起勇气向你寻求帮助。

（二）与家长的正式谈话

你要在与家长的谈话中反思一下自己的工作。谈话的内容应该不局限于孩子的发展以及共同的目标。为了了解家长的满意度，你要利用这次机

第三章　家园合作

会，严肃地对待家长的种种不满。家长谈话是一个表达批评并就此进行交流的很好的契机。你要接受每一个批评并尝试与家长一起寻找解决问题的方法。

（三）询问家长

家长是否满意？你只要简单地去询问就能得到答案。或许你还需要一个问卷调查，这样你就能够获得反馈并明了家长的意见，如哪些方面是好的，哪些有待改进，从而使你能够有针对性地走近家长，并和他们一起谈论这些内容。调查中肯定会出现没有预料到的批评。你要针对这个批评进行调查。这样你就能了解家长的需求并能够预防激烈的冲突。

家长的调查问卷——您对我们的幼儿园感到满意吗？

姓名：＿＿＿＿＿＿＿＿＿　　　　　日期：＿＿＿＿＿＿＿＿＿

您的孩子：＿＿＿＿＿＿＿＿＿　　　在第＿＿＿＿＿＿班

范　围	非常满意	满意	不太满意	不满意	我的改进建议和期望
1. 对于我们的幼儿园您有什么印象					
2. 您感到满意吗					
3. 您对我们的设施（例如班级房间的布置或者户外场地）感到满意吗					
4. 您对我们教师的教育工作（例如在孩子班级里的工作或者与孩子的相处）满意吗					
5. 您对我们的家园互动（例如家长的谈话或者家长会）满意吗					
6. 您对自己参与幼儿园的途径满意吗					
7. 您对家长与教师之间的信息交流感到满意吗					

建议

设立一个投诉箱

设立一个写有"您的观点对于我们非常重要"的投诉箱。在它的旁边放置一些卡片和一支笔。家长们可以在卡片上写出自己心里的想法，这样你就可以了解他们的需求。如果家长写上了姓名，你就要找到他并向他澄清这个问题。这样你就会知道，你的反馈对家长是非常重要的，投诉箱的放置是有它的理由的。

要点回顾

使用家长投诉急救计划——一切尽在掌握

家长通常是带着投诉突然出现在你的面前，你首先要做的是平静自己的情绪，这样才能够使家长平静下来。然后尽可能地进行一次客观的谈话，注意你的目的是找到一个解决方法。你要关注以下的步骤。

步骤1：使情绪平静下来——严肃地对待家长。

严肃地对待每一个投诉，即使它们已经给你带来了不友好的感觉。在这个时候要把你的注意力都集中在家长身上。你要对他的投诉表示出关注，这样才能使家长的情绪平静下来。

步骤2：采用专业的保持距离的解决办法——信心十足。

你不能有受到人身攻击的感受。你要以一个领导的高度来看待问题，保持客观的态度，克服自己的愤怒情绪，只有这样你才能够找出到底是什么问题给家长造成了困扰。

步骤3：花时间——约定一个有效的谈话日期。

你不会总有时间立刻进行一次谈话。要告诉家长，你也希望很快解决问题。你要向他们解释，你更希望为重要的事情预留更多的时间，然后和他们约定一个谈话日期。

第三章　家园合作

步骤4：展开谈话——找出他们的难处。

你要找出是什么问题使家长心情沉重，让他们平静地进行叙述。这样他们就能发泄愤怒并使自己平静下来。总结家长的话，这样能够确认你的猜测或者消除误解。

步骤5：寻求妥协——表现出你对于解决方法的兴趣。

询问家长，他们设想的解决方法是怎样的。当你同意的时候，就表示赞成。如果不同意，你也要解释清楚为什么这个方法不可行，然后要尝试寻找更好的解决方法。

步骤6：保持乐观心态——积极看待未来。

在谈话快结束时要向家长致谢，告诉他们，你非常高兴他们能够向你寻求帮助，只有这样你才了解他们正在被什么事情所干扰。你要给家长一种能够掌控全局的感觉。

步骤7：把重要的内容记录下来——把谈话做成文件保存起来。

你要把最重要的内容以书面形式记录下来。再出现类似情况的时候，你可以让员工参阅这个记录。

第四章
幼儿园的对外事务

第四章 幼儿园的对外事务

如何利用数字技术展示幼儿园的风采

多罗·本克

你有兴趣在学期结束汇报的时候做一些新的尝试吗？那么做一个数字化的年度回顾，对于你来说，无疑是一个好的选择。通过各种数码设备，你不仅可以展示美丽的图片，还可以很专业地向公众呈现出你的工作。一个熟悉新媒介的幼儿园！这多么让人印象深刻啊！通过这样的沟通，幼儿园可以轻松地获得大众的肯定。下面将告诉你如何通过新的媒介展示幼儿园。

一、放映幻灯片——不应该放弃的五个理由

光阴荏苒，岁月如梭。在幼儿园的时光过得真快！小一点的孩子可能还没习惯幼儿园生活，大一点的孩子就要毕业了。年复一年，循环往复。如果用一种特殊的方式来记录一年的工作，那该多好啊！你可以放映幻灯片，让家长们和其他合作伙伴感到新奇和意外。凭借新媒介的使用，你可以在演示过程中运用各种各样新颖的方式来展现幼儿园的勃勃生机。对于家长来说，能够通过图片的展示来了解孩子一年的生活、学习过程是十分有趣的。同时，你也给大家留下了一个非常专业的好印象。

定义

什么是幻灯片

幻灯片技术可以将照片制作成一部有生气的电影。你可以用自动放映一系列图片的形式来展示制作好的图片。同时，幻灯片也可以和文本、音乐等一起保存。所以，它一个十分有趣而又实用的媒介。

你只相信拍照吗？将照片放入相册再展示是一件十分吃力的工作，还

十分浪费时间。而且，陈列出来的照片仅仅是再现了幼儿园活动的一小部分而已。而放映幻灯片则可以让这个工作变得简单方便，再也不浪费时间。你每年只需花费很少的时间，一次性地制作一个数字化的年度回顾就可以了，而且还更为吸引人。请你相信这个媒介的优势。

1. 给家长一个美好的回忆

孩子们飞快地长大成人，家长们则想尽可能多地参与到他们的成长中。孩子一整天都做了些什么？他和谁一起玩耍？幼儿园都有哪些教育项目？这些问题你都可以凭借一个生动的幻灯片来回答，而且还能够给家长留下更为深刻的印象。对于孩子、家长以及你的同事们来说，这都将是美好且难以忘怀的记忆。毋庸置疑的是，这些画面会被经常想起，并且会在一个惬意的夜晚出现在梦中。

建议

你可以举办一个DVD晚会

你可以在幼儿园举办一个DVD晚会来代替家长会。为此，你需要一个大屏幕的电视放映机和一个DVD播放器。通常，在幼儿园中举办这样的晚会是十分受欢迎的，因为在新颖的幻灯片播放之前，不管是家长、孩子还是同事，他们都不会感到紧张。大家可以尽情地品尝饮料和零食，在温馨的氛围里放松心情。今天所要商讨的并不涉及重要的内容，而是大家围坐在一起，共同回忆一年来的美好记忆，这能给所有人带来无限的乐趣。紧接着，你还可以出售CD，用卖CD所赚的钱来为以后购买新的数码相机提供资金。

2. 营造一个专业的形象

随着人们对幼儿园的要求愈来愈高，家长、上级单位以及公众经常会用批判的眼光来评价你的工作。而凭借一个专业制作的幻灯片，你不仅可以让大家更清楚地了解你的工作，更可以通过新媒介在幼儿园的使用向公众展现你的与时俱进。这不仅会给人留下深刻的印象，也会使那些了解新媒介或从事新媒介工作的家长们感到十分兴奋。

第四章 幼儿园的对外事务

3. 吸引潜在的幼儿家长

对于那些想仔细了解幼儿园的家长们，你可以通过展示幻灯片的片段，给他们留下一个深刻的印象，并能对你的工作和计划有一个准确的了解。因为，一个已经使用新媒介、将新媒介融入日常工作中的幼儿园是足以让人信服的。家长们也会继续向其他人推荐你的幼儿园，由此提高幼儿园的知名度。

4. 广告——让图片说话

毫无疑问，放映幻灯片是广受欢迎的，你还可以用它们来为你的幼儿园做广告。你可以选择一个对外开放的日子，向公众简单地展示幻灯片，这样你就可以使公众信任你的工作。在观众中，往往会存在一个或几个赞助商，这时你就需要一个同事（这一点往往会被大多数人所忽视），专门负责与之进行深入交流，让赞助商详细了解你的幼儿园，从而增加选择幼儿园的可能性。

5. 给上级领导留下深刻印象

与语言相比，图片能够承载更多的信息。对于上级领导来说，图片发挥的作用也是很有效的。领导可以通过图片了解在你的幼儿园中可以做些什么，你实施了哪些项目，幼儿园如何继续发展，你通过什么途径将计划付诸实施，哪些项目能够取得很好的效果，哪些还需要进一步改进。由于图片是生动直观的，当你以放映幻灯片的形式回答这些问题时，领导也可以看到。

二、都准备好了吗——这些都是制作幻灯片所需要的

幻灯片是很容易制作的。在你开始工作前，需要一些必要的技术工具。如今，电脑和数码相机几乎在每个幼儿园中都可以找到。对于幻灯片，你还需要做好以下的准备工作。

（一）放映幻灯片所需要的东西

你需要一台配备有扬声器和CD刻录机的电脑，同时电脑应该自带微

软的PPT软件。

为了能够将照片直接传输到电脑中，你还需要数码相机，这可以帮你免除费时的扫描工作。

为了能够保存演示内容，你需要一张空白的供刻录用的CD或DVD光盘。

为了能够在屏幕上放映幻灯片，你还需要一台大屏幕的电视机。

拥有一些电脑知识是有好处的。在你的团队中，一定也要有一个能够很好解决电脑方面问题的同事，你尽管可以在这方面请求他的帮助。

（二）以照片形式记录一整年的事情

你可以收集整整一年的照片，把平日的工作、举办的项目和庆祝活动等记录下来。由于年末你要做一个年度回顾，所以可以制作一个全面的影片剪辑。你可以请同事拍摄孩子们的照片，然后把照片收集起来存入电脑，并且根据活动和日期进行分类，这样你就可以在最后很方便地找到你需要的照片。

建议

给幼儿园的每个房间拍照

你也可以给幼儿园的每个房间拍照。大多数情况下，这样的照片会在放映幻灯片一开始的时候展示，这样家长很快就能了解一年中幼儿园的改变，新的家长也可以大概了解你们幼儿园的设施等一系列基本情况。

如果想要给孩子们拍照，一定要先征得孩子家长的同意，尤其是当你想要展示幻灯片或者把它们传递给孩子家长时。那些没有家长签署同意声明的孩子的照片，是不能出现在幻灯片中的。不过不用担心，我的经验是，如果你亲自向家长们征求同意的话，大多数家长都是会同意的，并且最后每个人都会夸赞幻灯片中的孩子。

第四章　幼儿园的对外事务

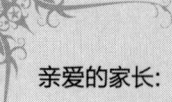

亲爱的家长：

　　我们很高兴您的孩子能参加幼儿园一天的抓拍活动。

　　为了在报纸上发表照片或能在CD上制作年度回顾，我们特别征求您的同意。请您填写下面的内容，并且在×月×日截止日期前交送至幼儿园。

　　如果您有疑问或者您需要更为详细的信息，您可以随时咨询老师。

　　非常感谢您的帮助。

（幼儿园领导签名）

　　我/我们同意我/我们的孩子在＿＿＿＿幼儿园期间被拍照或录像，照片能够复印，并且传给第三方，比如报纸杂志，但是不能用于商业目的。

□是　　□不是

　　我同意把照片用在周年回顾的CD或者DVD上，家长们可以得到这个CD或者DVD作为纪念。

□是　　□不是

监护人签名：

（三）制订幻灯片计划

　　图片能够使幻灯片变得更为出色，如果你想用这样的幻灯片来传达信息，那么一切都会变得生动有趣。所以，你需要考虑的是，你希望自己的幼儿园以什么样的形态被大众所注意呢？比如说你希望新的家长把幼儿园看作专业的教育机构，你想向孩子的家长们展示孩子在幼儿园期间所获得的进步，那么就请你思考一下，你的工作有哪些特色，并把它们突显出来。根据家长对幻灯片的反应，你也可以知道哪些是特别受欢迎的，哪些则不是。

1. 针对所有目标群体的计划

制作幻灯片，你所要解决的首要问题是明确你的目标群体是谁。针对每个受众的特点，你都需要做出不同的计划。为此，你需要注意以下几点。

- 针对在园儿童的家长的周年回顾。

针对家长的周年回顾应该包含大量的图片，并且要持续很长的时间。这个幻灯片的放映目的在于再次向家长概括性地展现这一年的情况，所有的重要时刻、活动的高潮以及普通一天的活动都要在这里体现。当家长们看到自己的孩子出现在大屏幕上，并且看到孩子们在一年中所发生的变化时，他们总会感到高兴和自豪。同时，通过直观地看到孩子发生变化的照片，家长也可以对孩子入园后所获得的进步有一个更为深刻的印象。除此之外，我也有过这样的经验，许多孩子的父母或者爷爷奶奶常常会观看他们孩子的周年回顾。注意你使用越多的图片，这个幻灯片所持续的时间就会越长。一般而言，放映幻灯片的时间控制在45分钟是最合适的。

- 针对未来有可能入园儿童的家长的幻灯片。

当你计划为新家长制作一个幻灯片时，你的目标就是说服他们送自己的孩子来你的幼儿园，因此你需要认真思考一下哪些信息对家长们来说是重要的。你展示的幻灯片应该给他们一个初步的认识，尤其是要让他们了解你的幼儿园。因此，你的展示应该简洁有重点，并有说服力的。在这里，让家长了解孩子在幼儿园一天的经过是十分有意义的。除此之外，你还可以在幼儿园里转一圈，拍下每个角落并向家长展示幼儿园的房间布局和摆设。在拍摄过程中，请注意强调幼儿园的特色。这样，家长们会非常乐意观看这个幻灯片，因为这样的展示不是到处都能够看到的。

- 针对赞助商的报告。

到了年末，赞助商想从你那里了解些什么？他们想快速地了解所有的新消息和新变化。你在过去的一年里做了什么？有员工参加了自然科学主题的进修并为此提出建设性建议吗？这些都会引起赞助商们的关注。这时候，一个简短而有说服力的演示是同样适用的，而且更加有效的。通过幻灯片，赞助商可以清楚地看到你的工作，同时对你下个年度的计划也有所

第四章 幼儿园的对外事务

了解。不过要注意的是，你应该尽可能地保持幻灯片的客观性，并注意选择合适的背景音乐。

2. 借助表格简短而有说服力地概括你的幻灯片计划

请把你的笔记制作成计划。写下目标群体想了解的方面。此外，想一想，在幼儿园里我们是如何将工作目标付诸实践的？由此你就能得出幻灯片演示的重点。

周年回顾展示计划

向谁发出邀请？请选择 □ 新家长 □ 家长 □ 赞助商 □ 活动来宾 □ ……	幼儿园： 日期： 领导：

展示的目的是什么？		

关于我们的工作，目标群体应该了解什么？	在我们的幼儿园中我们是如何把计划付诸实践的？	我应该选择什么样照片？
1		
2		
3		
4		

3. 就这样，一步一步完成演示

现在终于可以开始了！在这里，你可以了解到怎样一步一步地制作幻灯片，同时应该注意些什么。

- 步骤1：只用最好的照片。

一定有很多照片被存在幼儿园的电脑中。在你做出选择前，要确定一下你是否拥有了所有的照片。因为同事常常会漏掉一部分照片，同样的，在某些活动上，有些家长也会拍下一些照片，你应该向他们征集这些照片。在确定你已经拥有了全年的所有照片后你再做出选择，删掉那些过度曝光或者模糊的照片。那些有怪相或者主题不明确的照片也是不合适的。你只需使用最好看的照片。质量好的照片可以表达出很多内容，你还可以把手头的照片进行再加工，将它们处理得更加清晰或者改变它们的颜色。

- 步骤2：注意文件大小。

如果你没有DVD刻录机，那么就应该注意演示的内容能否放入CD中。一些制作软件会显示出存储空间，方便你随时了解文件大小。把一个半小时的幻灯片放入CD中是完全没有问题的，另外在存储时也要检查一下文件的大小。为了能够把所有的内容都放入CD中，你的演示内容不能超过一定容量。如果你的图片超过了，你就要考虑缩小图片文件了。请注意，图片也不能太小，否则在演示的时候会显得很不清晰。

- 步骤3：确定高潮。

请你认真思考一下：你想以怎样的顺序来安排图片？你想从哪张图片开始？以哪张图片结束？你想在什么地方安排哪一个高潮？你可以用微软的PPT软件或者其他可能使用的程序来制作幻灯片，并且千万不要忘记保存！你可以按照一年的时间顺序或者根据内容的分类，比如说节日、集体聚会或者郊游等来展示图片。重要的是，家长们能很快地理解所涉及的内容，接收到你要传达的信息。

建议

请确保每个孩子都经常在照片上出现

请确保每个孩子的形象都能经常在照片上被展示出来，家长们会因此而感到高兴。如果你没有足够的照片，可以补拍一些照片。你也可以请同事在收集图片的时候关注一下，同时他们也要记住有哪些家长不同意拍照，这些孩子的照片不能使用。

第四章 幼儿园的对外事务

- 步骤4：适当间隔。

请你确定每张图片的展示时间。当展示一个或两个人的照片时，五秒钟就足够了。如果照片上有很多人呢？你可以适当地延长展示时长。所有照片都不宜展示时间过长，否则会让观众失去兴趣。

- 步骤5：流畅的过程。

让照片活动起来？这是什么意思？当你在两张图片之间放上活动的效果，那么从这一张图片到下一张图片就会变得十分流畅。制作软件里包含了大量不同的效果，你可以从中选择一个合适的，但需要注意的是，效果的使用不能让人觉得烦躁。同样适用的原则是：效果越少越好。你最好选出一个效果，并把它用在所有的图片上。在展示开始时你可以选择一个特别的插入程序。要突出两个特定主题之间的过渡时，特别的效果看上去也是很不错的。

> **建议**
>
> **用特效来提高展示的价值**
>
> 如果你善于运用电脑并且有探索精神，喜欢为解决一项任务而努力的话，你可以尝试补充一些东西放进幻灯片中。许多程序提供了如动画、变焦距镜头或者不同边框的效果，这些可以使你的幻灯片更为生动有趣。也许，你可以找到一个戏剧帷幕或者类似的开场。不过，不是特效越多越好。少的特效能提高展示的价值。如果特效太多，会让人产生反感。

- 步骤6：导语。

你可以为图片添加简短的评论或者导语。要注意的是，要确保图片有足够的展示时间，让所有的观众都有时间来品味。另外，在幻灯片的末尾添加带有姓名和年份的片尾字幕。所有字幕的字体都要求是易于阅读的。比如，总是在幻灯片里使用同样的字体，这样才不会让整个展示显得非常杂乱。

- 步骤7：用音乐来强调幻灯片。

为了使幻灯片更加有趣，你可以尝试添加一些背景音乐。我们的孩子通常会喜欢比如动画片的主题歌曲或者其他类似的歌曲。比如，可以为有关圣诞节的照片配上一些圣诞歌曲。如果你还能添加孩子的声音，用上孩子的评论或者他们自己唱的歌曲，那么你的幻灯片将会得到一个很特别的加分。但注意不要太频繁地变换背景音乐，否则会让你的幻灯片显得凌乱。在你的电脑中创建一个音乐文件夹，最好和图片文件夹放在一起，这样所有需要的东西都放在一起了，使用起来会很方便。

- 步骤8：彩排。

你可以先在小组中演示。幻灯片怎么样？是不是还有些地方需要修改？所有的内容都清晰易读吗？照片的显示时间足够吗？请你看完后记下所有应该改进的地方。你也可以再在朋友圈中展示一下。通常，通过事先演练，你可以更好地判断出哪些图片不是很好，或者哪些图片需要更长的展示时间。

- 步骤9：妥善保存。

你已经确定幻灯片制作完成了吗？是的话就请你把文件存放入CD或者DVD光盘中。在复制CD或DVD盘之前，你还应该检查一下其他仪器，比如DVD播放器或者电脑是否可以播放CD或者DVD。请你找一位同事或者家长来复制CD，这样可以节省许多时间。还有一个小建议：如果你使用一些幻灯制作软件，文件最后会自动保存为视频文件，所以家长可以在家里直接用电视机观看CD或者DVD。

- 步骤10：附有团队照片的封面。

为了让作品更加完整，请制作一张封面，就像人们常常会在一些图书的封面印上团队的照片一样。把照片放在DVD上会产生极好的效果。同样，花少量的钱也可以印刷在CD上。作为备用方案，你也可以印刷CD标签并且贴在CD上面。你可以在家长里找一位熟悉这些技术的人帮忙。请你详细了解这个效果是如何制作的，那么下一次你就可以自己动手了。同事中谁喜欢做一些创造性工作或者谁有一个富有创造性的朋友？请他为你的CD盒子制作一张照片拼贴画吧。

你可以用核对清单一步一步制作幻灯片。

当然你不需要一个人把所有的工作都做完。你可以在同事中询问一

第四章 幼儿园的对外事务

下,谁愿意帮你制作幻灯片,然后,把愿意帮忙的同事的名字登记在相应的位置,并一步一步审阅核对清单,在你或者你的同事已经完成的工作上做上标记。最好把这个核对清单挂起来,以便每个人都可以看到,这样大家就可以知道他必须在何时完成哪项工作。

幻灯片制作核对清单

负责人:

工作内容	分工	完成情况
1. 确定负责所有图片收集工作的同事		☐
2. 在所有图片中选出最好的,并把它们存放在一个单独的文件夹中		☐
3. 根据需求对图片进行加工		☐
4. 制订一个流程计划,并且确定图片的顺序		☐
5. 把图片按照要求的顺序加入文件		☐
6. 按要求确定所有图片的持续时间		☐
7. 为了能够形成流畅的衔接,你可以在图片中嵌入效果		☐
8. 在图片旁加入解释的话语		☐
9. 添加背景音乐		☐
10. 预先演示一下幻灯片		☐
11. 把演示内容保存在一张 CD 或者 DVD 中		☐
12. 为你的 CD 或者 DVD 制作封面		☐

要点回顾

用数字幻灯片给所有人留下深刻印象

新媒介为你提供了新的可能。你可以在 CD 或者 DVD 上制作一个令人难忘的周年回顾,打造一份永久的回忆,并且可以使记忆中的形象更加鲜明。

展示所需要的工具:数码相机,有 CD 或者 DVD 刻录机的电脑,扬声器,展示软件（比如 PPT），可刻录的 CD 或者 DVD 盘，一个大屏幕电视机。

操作共分以下 10 个步骤。

步骤 1：选择最好的照片。

请你删掉不合适的照片，比如那些不清晰的照片和不合主题的照片。质量好的照片有更好的表现效果。

步骤 2：注意图片文件的大小。

选择合适的图片大小。为了能够把所有的内容放入 CD 盘中，演示内容要视 CD 容量而定。

步骤 3：现在制作幻灯片。

请记下你想以怎样的顺序来安排图片，你可以用微软的 PPT 程序或者其他可以使用的程序来制作幻灯片。

步骤 4：确定图片展示的持续时间。

请你确定每张图片的展示时长。当展示一个或两个人的照片时，五秒钟就足够了。如果照片上有很多人，那么就可以适当延长展示的时长。

步骤 5：添加效果使过程流畅。

在两张图片之间放上效果，就会让两者之间的过渡变得十分流畅。

步骤 6：用图片说明来强调图片。

你可以为图片添加简短的评论或者导语，但要注意图片有足够的时间展示，以便让观众看清楚评论。

步骤 7：选择合适的音乐。

你可以尝试添加背景音乐。给圣诞节照片配一些圣诞歌曲是十分合适的。

步骤 8：请事先做一下展示演练。

你可以先在小组中开始演示。幻灯片怎么样？是不是还有些东西需要修改？

步骤 9：把文件存入 CD 光盘中。

你可以把文件存入 CD 或者 DVD 光盘中。事前应该检查其他仪器比如 DVD 播放器或者电脑是否可以播放 CD 或者 DVD。

步骤 10：制作一个封面。

你可以制作一个封面。在 CD 或者 DVD 盘盒上印上团队的照片怎么样？

第四章 幼儿园的对外事务

如何建设幼儿园网站

佩特拉·巴托丽

在这个互联网时代，通过自己的网站来介绍一个机构变得越来越普遍。对幼儿园来说，制作一个网站意味着让工作公开化，并起到宣传和让家长及感兴趣的人快速获取相关信息的作用。

下面你可以了解到一个令人感兴趣的和有用的网站应该是什么样的。你可以得到更多的启示，比如如何组织好多种要素，从哪里可以得到支持。另外你还可以获得如何对数据进行保护和维护网站的建议。

一、你的网站——幼儿园的特别标签

你想要在网上通过自己的网站来展示你的幼儿园吗？你希望你的页面访问量比较高，一目了然并且很实用吗？下面你可以得到重要的提示和意见。

一个为幼儿园设立的专门的网站是一个补充，当你需要做一个特别的公开的活动的时候，你可以和很多有兴趣的人建立联系。

你也能让所有的访问者了解信息，或者为幼儿园做宣传。

在你建立一个网站之前，要考虑一个有效的网址。你们可以一起思考，如何让你们网站的名字又有意义又易懂好记。

在World Wide Web的缩写之后可以是幼儿园的缩写，选择一个人们容易记住的名字。

接着你需要一个域名，比如".org"或者".com"。这些你可以根据因特网上提供的以及你自己希望的网页名字一起考虑进去。"org"代表非政府组织，"com"是早期在美国的商业域名。这些不同的域名对那些想建立自己网站的所有人都是适用的。你可以进行自由选择。

最新提供的域名，你可以通过搜索引擎或者专门提供域名服务的服务商找到。

你事先就要了解清楚，是否有人资助域名费用和创建网页的成本。

创建一个网站的成本可多可少，如果要买一个软件或者让一个同事或朋友来做就便宜些。如果请一个网站设计师来建立和维护网站的话，费用就要高一些。在你求助于专业的网站建设公司之前，最好咨询一下行情并且了解不同的报价。

二、谁负责——明确各自的职责和分工

你的网站要成功运营的话，还需要分配各人的职责、任务并且找到合作者。在涉及一些细节问题的时候，你需要一个可以规划网站的人。下面是一些方法。

你自己有建立网站的经验，或者同事可以帮忙。你最好买专业正版软件。你也可以在网上下载。

你可以和一个帮你制作网站的专业人士谈谈。你可以在当地的工商名簿上找到这些网站设计者。最好的办法就是，你可以去这些机构的网站上看看。这样你就可以对这些专业人士的工作有个清晰的印象。

你可以问问周围的人，是否认识有制作网站经验的人。通常可以找到那些热衷于为幼儿园帮忙的有能力的合作者。

建议

把上级考虑进去

你事先就需要和上级商量好。及时告诉他们你的网站制作计划，解释网站的内容。也许你还可以在上级那里得到帮助，如找一个专业人士制作网站。另外，在你的网站上应该建立一个到上级机构的超链接。

（一）在团队中分配任务

你要确定谁来规划和制作网站。在团队中你们可以谈论一下必要的准备。对此你需要电子照片和文档。照片最好是jpg格式，文本最好是word格式。每台具有200万像素的数码相机都会自动产生每英寸72像素的照片，这是制作一个网页所必需的。你不需要为了你的网站另外购置昂贵的数码相机。

（二）你需要对建立网站有个大致的概念

如果你要和他人一同合作建立网站，需要事先就确定一位合作伙伴，这样你就可以对网站各项内容的负责情况有个概念。

对网站建设的任务分配

需要完成的任务	负责人	截止日期	完成情况
确定网站的内容			☐
方案撰写			☐
照片处理			☐
拍摄孩子的绘画和有创造性的作品			☐
和上级交流讨论			☐
确定由谁来制作网页			☐
确定由谁和网页设计者或其他任务执行者沟通			☐
定期对网页进行维护			☐

三、制作必须细致——让网站变得更有意思

你希望访问者在网站上停留很久吗？访问者应该在你的网站上得到所有关于幼儿园的重要信息，并且对幼儿园有一个良好的印象。对此你应该注意建立网页的几个注意事项。

- 访问者都是从左往右浏览网页的。这意味着网页在结构搭建时就要

考虑这个问题，左上方要有幼儿园的图标。

● 一个结构明晰的网页布局可以让人在页面上逗留的时间久一点，为此你应该提供一个考虑周全且有说服力的概念供人浏览。

● 访问者首先会快速地浏览一下内容，因此你需要把最主要的信息简短且精确地放在网页的中心位置。把文章最多分成五个段落，并给出关键词，以方便阅读。

> **建议**
>
> 重"质"不重"量"
>
> 网页越简洁明了越好。注意一下你的网页设计布局是否清晰、一目了然。不要过多地使用按钮和文本，否则会让访问者失去兴趣。

（一）你必须了解的内容

要让访问者喜欢访问你的网页，需要注意以下几个方面。

● 直接与读者进行交流。

● 不要使用缩写和括弧，让整个版面看着更舒服。

● 段落与段落之间用空行隔开。每段不宜超过5—6行。要让文本看起来一目了然。

● 尽量避免使用特殊符号（引号、省略号、冒号、分号）。让版面看起来更清爽。

● 一个句子里的字数不应过多。让阅读变得更轻松。

● 最重要的信息要放在句子的开头。不用在句首以"借助、由于、在……之后、尽管"等字眼开头。读者需要马上明白这些信息要表达的意思。

● 你可以使用二级标题，这样网站文章的结构性更清晰，而且读者可以更有针对性地浏览。

● 不要过多地使用图片，这样可以让版面比较清晰，而且可以使人们的注意力集中到这些为数不多的精心挑选出来的图片上。

● 你需要注意的是，图片的意思能让人一目了然。网站上的图片尽量不要太大。如果照片上是远处的几个人，就很难让人明白你要表达的意思。

- 给每幅图都配上一个标题，比如"小丑皮卡里在过暑假"，或者"一个新的沙池"。

这样读者就能马上明白，在这张图片里可以看到什么。

（二）确定具体内容

这些是网站重要的组成部分。

- 幼儿园的图标和名字。
- 首页上有来访者的登录信息。
- 关于我们（工作人员、家长委员会、上级机构）。
- 幼儿园的培养计划。
- 幼儿园的特殊之处（工作的重点、特别的项目）。
- 时间和具体事宜（开放时间、吃饭问题、关门时间、小组活动情况）。
- 最新的信息（日期、报刊评论）。
- 幼儿园的负责人和合作伙伴的链接。
- 联系方式（地址、电话号码、合作对象、电邮地址、到达路线）。
- 版本说明（各版面内容的负责人）。

（三）加入一些吸引眼球的东西

网站上导航内容和链接页面的设计要能够吸引访问者，但最主要的是你需要用一些特别的图片抓住访问者的眼球。你可以使用团队的照片、建筑、花园、教室、功能活动室的照片，翻拍的儿童手工作品照片，或者活动成果照片。

建议

在数据保护方面需要注意的

出于对孩子的保护，你一定注意不要在网站上公开孩子的信息和照片。如果你想给家长提供照片，你可以为此设置一个权限。让网页设计人员了解这些要求。很多软件也会提供这种便利。

把所有东西都考虑进去了吗？

你可以使用一张核对清单，以对网站的准备和完成情况有一个清晰的了解，知道所有必要的步骤。当你把所有的东西考虑进去以后，离成功制作一个网站就不远了。

网站制作核对清单

应该考虑的问题	完成情况
和上级谈论关于网站内容的想法	☐
解释清楚谁来负责网站的制作费用	☐
在团队中征询大家的建议：如何选择一个合适的网址	☐
确定网站的域名	☐
找到网站设计者	☐
解释清楚谁负责网站和内容的更新	☐
确定由谁来协调网站建设工作	☐
制作用于网站的数码照片	☐
制定网站结构的方案	☐
简明清晰地组织文本	☐
给幼儿园制作一个标识	☐
注意保护信息	☐
设置密码，供有权限的访问者查看照片	☐
提供有用的链接，比如上级机构或者合作对象的链接	☐
检查一下所有的信息是否都是最新的	☐
确定谁来更新日期和评论	☐
商议由谁来负责网页的维护工作	☐

四、对网站的维护——时刻关注你的页面

你的网站已经在互联网上呈现出来了，下面你需要注意两点：精心维

第四章 幼儿园的对外事务

护，随时更新。

你要随时更新日期和评论，这样网站会显得比较有吸引力，因为网页的信息是随时更新的。

你需要随时检查那些固定内容的准确性。

定期检查网站，比如每个月，主要查看以下几个方面的内容。

- 地址、通信地址、电邮地址和到达路线是否正确？
- 上级机构和合作对象的链接是否正确？
- 团队、幼儿园还有活动室的照片是否是最新的？
- 访问者是否能够找到最新的活动？
- 已经公布的信息是否是最新的？
- 你需要确定由谁来负责网页的更新。把所有的照片和信息发给负责的人员、网站的维护者，或者是热心的家长。如果页面保持最新的状态，就会很受欢迎。

要点回顾

建立一个网站

一个公开网站可以在网上展示幼儿园的最新情况。一个好的网站可以作为你幼儿园的标签。通过这些公开信息，幼儿园也得到了宣传。

访问者可以在网页上了解幼儿园的信息、工作情况和特别之处。

通过合理的任务分配和专业人员的帮助，你们可以成功地完成网站的建立和制作。

你需要做的是以下 10 条。

- 找到一个容易让人记住的网站名称：简短、能够传递信息。
- 确定网站的域名。
- 确定负责人和各项准备工作。
- 为网站建设工作确定一个协调人。
- 和你的团队一起确定页面的内容。

- 注意整体感觉：越简洁越好。
- 把每部分都制作得令人赏心悦目，可以通过不同的颜色、照片或者卡通形象来吸引眼球。
- 检查一下文章的结构是否合理？句子是否简洁明了？图片是否能传达信息并且是否有标题？
- 如果你要把孩子的照片传到网上，要给未经许可的照片设置一个密码。
- 定期维护和更新网页。

第四章 幼儿园的对外事务

如何制作幼儿园宣传单

多罗·本克

你想要宣传幼儿园，或者想让大家注意到幼儿园某项活动？你需要使用新媒体，并制作自己的宣传单。如果宣传单设计得当，就能吸引家长的注意。

你可以在下面了解到制作宣传单需要的内容，以及注意的要点。制作宣传单并不需要专业的电脑知识。

一、时髦的宣传单——幼儿园可以从中受益

你是否考虑过怎样才能快速、经济地让人们注意到幼儿园或者某项活动？用宣传单就是一个非常简单方式。

定义

什么是宣传单

"宣传单"是一个现在经常使用的概念，其实就是制作精良的普通传单。读者只需要看上一眼，就可以得到关于机构或者活动的最重要的信息。为了能让读者很快地注意到宣传单，宣传单要在视觉上能够引起人们的注意。

宣传单可以为你的幼儿园带来很多好处。

你想不想从众多的幼儿园中脱颖而出？使用宣传单可以让你的幼儿园从激烈的竞争中获益。首先你要先了解宣传单带来的好处。

1. 快速、完整地传播幼儿园的信息

经常会有感兴趣的家长来到幼儿园参观。这时候，如果能为家长提供

一张含有重要信息的传单就非常有用。如果宣传单设计得当，家长一定会认真阅读。宣传单要一目了然。

2. 给家长留下最初的印象

宣传单可以让幼儿园更加透明。幼儿园的一天是什么样子的？幼儿园有什么课程和项目？幼儿园有什么特色？家长可以通过宣传单对幼儿园有一个最初的印象。好处是：感兴趣的家长可以从宣传单上得到幼儿园的电话号码，可以随时联系你们。

3. 快速散发

节日活动、开放日或者在面包房——如果你在这些时间和地点散发传单，不需要任何后续工作。你的宣传单会像畅销商品一样为你的幼儿园做广告。如果宣传单设计得当，所有人就会立刻了解宣传单的内容，也都会愿意阅读。

4. 把宣传单做成幼儿园的标志

由于宣传单的颜色或者标志非常引人注目，所以你可以让宣传单成为幼儿园的标志。如果你把宣传单放大成海报，那么所有人都会立刻知道这是你的幼儿园的宣传单。

5. 便宜、高效地进行宣传

大规模的宣传活动一般只适合企业进行——请考虑好！当然，也有少量幼儿园有钱制作一些带有自己标志的圆珠笔或者宣传礼品。但小规模的宣传活动也大有裨益。与印制有标志的礼物相比，宣传单是一个便宜、高效的产品。

二、准备——制作第一张宣传单需要的内容

自己制作宣传单？"求助，我从来没做过！"你可以思考一下。当然，你既不需要特殊的电脑知识，也不需要很多钱。每个人都可以制作自己的宣传单。这样，你就可以不费力地让所有人注意到你的幼儿园了。

（一）制作第一张宣传单需要的内容

用电脑可以很简单地制作出宣传单。你所需要的只是——

第四章 幼儿园的对外事务

一台可以上网的电脑。你可以在这台电脑上设计宣传单。你可以在设计完成后，通过网络将设计内容传送给印刷厂。

幼儿园的信息、标志和照片。你有很多方法可以将它们应用到宣传单中。

建议

仔细看看其他幼儿园的宣传单

请一位员工从其他幼儿园或者活动中拿一份宣传单。这样，你就会对宣传单有一个最基本的印象。你可以将自己的宣传单与其他的宣传单进行对比。你喜欢什么？不喜欢什么？如果你觉得有不好的地方，就要在自己的宣传单中避免这些问题。你设计的宣传单要符合你的要求。把宣传单展示给所有员工，观察他们对宣传单的反应。

（二）在开始设计之前注意数据保护

如果你想要在宣传单上使用孩子的照片，必须事先获得家长的许可。注意是否已经获得了这个许可。如果没有，向家长们发一封信，请求家长的许可。如果没有得到家长的许可，就不要使用照片。如果你向家长们解释清楚，你为什么要使用孩子的照片，你有什么计划，家长们是会同意的。

你可以使用下面这个声明来获得家长的同意。

同意声明

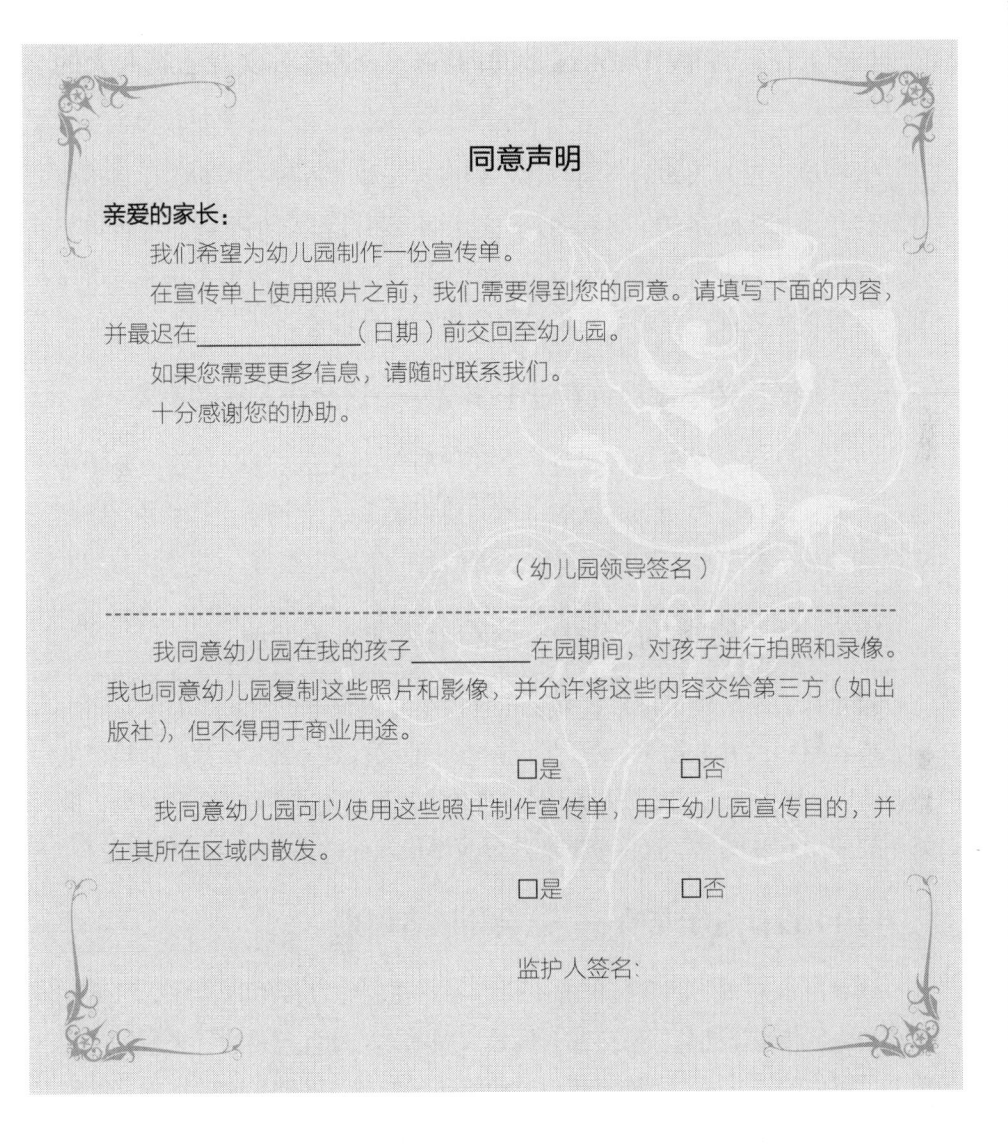

亲爱的家长：

我们希望为幼儿园制作一份宣传单。

在宣传单上使用照片之前，我们需要得到您的同意。请填写下面的内容，并最迟在_____（日期）前交回至幼儿园。

如果您需要更多信息，请随时联系我们。

十分感谢您的协助。

（幼儿园领导签名）

我同意幼儿园在我的孩子_____在园期间，对孩子进行拍照和录像。我也同意幼儿园复制这些照片和影像，并允许将这些内容交给第三方（如出版社），但不得用于商业用途。

☐是　　　　☐否

我同意幼儿园可以使用这些照片制作宣传单，用于幼儿园宣传目的，并在其所在区域内散发。

☐是　　　　☐否

监护人签名：

三、宣传单的内容——需要避免的五个错误

宣传单是一个很好的宣传工具，但如果宣传单不好看或者不专业，那么所有的工作都会白费。所以要注意避免以下五个错误。

（一）在宣传单中加入过多的内容——这会对读者造成太大的压力

宣传单上没有太多的空间，你不能在宣传单上放所有内容。注意不要在宣传单上加入过多的信息和图片，这样不会引起读者的兴趣。宣传单要把注意力集中到关键问题上。信息必须经过过滤，并且能引人注目。所以在制作宣传单之前，考虑好要传递哪些信息十分重要。

（二）把宣传单做得色彩过于丰富——这会让人感到不安

过多的字体、字号或者颜色，会让你的宣传单令人感到不安。要注意这些方面：选择一种便于阅读的字体，使用最多两种字号。少即多！标题可以选择另一种字体。这样可以让关键信息一下跃入眼帘。

（三）使用模糊的图片——这看上去非常不专业

过小或者不清晰的图片，都会让宣传单显得很不专业。如果你要使用标志或者照片，请注意照片的质量。标志一般没有数字格式，都是扫描得来的，所以这样可能造成图片质量很低。如果图片不清晰或者质量差别很大，最好不要使用这些图片。宣传单的图片分辨率应该保持在300—600像素左右。

（四）设计过于花哨——这会让读者困惑

读者应该立刻了解宣传单的主要内容。在制作宣传单时，注意不要过于花哨。宣传单不是广告宣传品，而是要展示你的幼儿园。读者必须从宣传单上了解你的幼儿园。制作宣传单时使用孩子的照片、幼儿园的标志或者照片，选择一种读者可以理解的语言。宣传单上只需要展示最重要的信息。

（五）使用廉价的纸——这让宣传单显得非常粗糙

手工折叠的传单或者廉价的纸已经不适合这个时代了。曾经拿到过专业印刷的高品质宣传单的人，可以立刻分辨出宣传单的质量。在印刷宣传单时，一定要注意纸张的质量。现在你可以用比较合理的价格制作高品质的宣传单。

> **建议**
>
> **如果资金紧张——你可以寻找一些赞助商或者本地印刷厂**
>
> 如果你真的资金紧张，可以寻找一些赞助商，或者咨询一下本地印刷厂，这样得到折扣的机会很大。你可以咨询一下——最后很可能免费呢。

四、就这样——逐步完成宣传单的制作

制作宣传单不需要电脑知识。在线制作的好处是，网站会一步步指导你完成设计，可以帮助你设计图片和文字。你只需要决定你喜欢哪种并输入相应的文字。在线设计完成后，可以直接订购成品。

我们可以使用各种免费模板来帮助设计宣传单。你所需要的只是在不同的服务提供商中进行选择，填充你的图片和信息，然后就可以开始设计了。

- 步骤1：比较网站。

网络上提供这种在线设计服务的网站不少。有的网站上有很多可以用到宣传单上的模板。你只需要选择模板，然后上传自己的图片就可以开始了。除宣传单以外，你也可以在网站上制作名片、地址贴纸或者宣传板。

- 步骤2：规划预算。

思考一下自己有多少预算。如果你的预算有限，宣传单就不要太大。价格与宣传单的尺寸、是否双面印刷，以及彩色或者黑白印刷有关。这样你可以节省一些预算，但又不会影响宣传单的质量。用稍薄的纸或者单面印刷的宣传单都会便宜一些。

> **建议**
>
> **便宜但适宜——使用明信片宣传单**
>
> 为了保证低廉的价格和良好的品质，我们可以使用明信片宣传单，也就是明信片大小的卡片。这样，一方面我们可以省去折叠宣传单的功夫，而且也可以得到更便宜的价格。

第四章 幼儿园的对外事务

- 步骤3：宣传单需要这些内容。

宣传单必须让人立刻了解到幼儿园的位置。读者希望知道宣传单是针对哪家幼儿园的，这家幼儿园又可以提供哪些服务，以及可以在何时通过何种方式和幼儿园取得联系。你要在制作宣传单之前，回答下列问题。这样你就可以确定宣传单中需要哪些信息。

你需要明确说明一个活动的日期，否则宣传单很快会被忽略。

- 步骤4：考虑宣传单要有哪些信息。

把所有的重要信息整合起来。你的宣传单需要哪些内容？你希望把信息传达给哪些人？你是否想要介绍并宣传你的幼儿园？所以你的宣传单要保证可以长期有效。你要使用一些不会很快发生变化的信息。一旦宣传单印制出来，那么就无法再进行改变了。如果你希望介绍某项活动，那么与当天有关的所有信息都要放到宣传单上。

要传达重要信息。每个宣传单都带有一个信息，重要的是可以让读者很快地了解到这些信息，读者看一眼就会立刻判断宣传单是否有意思。所以，认真考虑宣传单的内容是十分重要的。信息必须可以明显、准确和快速理解。这样，读者就可以很快了解宣传单是要说明什么。读者会接受你的宣传单，甚至会向其他人推荐。认真选择所有的信息，因为宣传单上的空间十分有限。

信息要直截了当。要把最重要的信息集中起来。重要的是，要明确你希望通过宣传单传递哪些信息，并仔细考虑如何吸引家长们的注意。然后，你要选择那些你希望用到宣传单上的信息。

- 步骤5：选择一个与内容相匹配的外观设计。

现在考虑一下你的宣传单的外观设计。一般在你构思内容时，就会对宣传单的外观有一个最初的想法。如果你想介绍幼儿园，那么可以使用幼儿园的标志。这样，读者就可以很快认出你的幼儿园。你是否要加入图片？宣传单要有哪些颜色？你是否有想要使用的设计模板或者信纸？你的宣传单风格是现代、活泼还是信息量巨大？重要的是，让宣传单的外观设计与信息相匹配。

- 步骤6：发出印刷信息。

在检查完所有的信息和外观之后，宣传单就要进行印刷。可以利用核对清单确认顺序无误。

五、进阶内容——尝试使用绘图软件

使用绘图软件，比如Photoshop，可以自己在电脑上设计宣传单。有些软件已经内置了大量的宣传单、传单和宣传页模板，可以在转瞬间制作出你要的东西。

要点回顾

宣传单可以让你的幼儿园脱颖而出

花一点时间，用现代媒体手段为你的幼儿园制作一分宣传单。宣传单会向大众介绍幼儿园并带来积极效果。

步骤1：比较网站。

在开始设计宣传单之前，比较不同的设计网站。选择最适合你和幼儿园的网站。

步骤2：规划预算。

比较不同服务提供商的价格，并检查你的宣传单制作预算。

步骤3：规划宣传单内容。

宣传单必须让人立刻了解幼儿园的位置。读者希望知道宣传单是针对哪家幼儿园的，这家幼儿园又可以提供哪些服务，以及可以在何时、通过何种方式和园方取得联系。

步骤4：考虑宣传单要有哪些信息。

你是否希望通过宣传单来争取新的家长，或者邀请大家来参加某项活动？信息和宣传单的设计都必须明确和准确。

步骤5：选择一个与内容相匹配的外观设计。

第四章 幼儿园的对外事务

如果确定了内容，你就要选择照片和标志。巧妙地处理好照片，设计出漂亮的宣传单。很多服务提供商都有很棒的模板。

步骤6：发出印刷信息。

在检查完所有的信息和外观之后，宣传单就要进行印刷。核对清单可以帮你注意正确的顺序。

如何制作幼儿园园报

梅拉妮·费灵

你想在公众面前展示自己吗？你想向孩子家长、兄弟单位、赞助商和合作伙伴介绍你的工作吗？

你可以为你的幼儿园办一份报纸。你可以成为记者、编辑或排版人员。下面，你可以了解到如何对报纸进行设计和出版。第一份报纸的花费是明确的，而且随着后续的出版，开支会逐渐减少。

当你拿到第一份自己亲手制作的幼儿园园报并把它分发到感兴趣的读者手中时，你会感到非常自豪。这是对幼儿园的一次成功的展示。

一、头脑风暴——给报纸取一个响亮的名字

你已经给你的孩子取好名字了吧。开始给你的报纸也选一个好名字吧。和你的同事一起来一次头脑风暴，把所有你知道或听到过的报纸的名字收集在一起，比如《第一快讯》《早报》《信息速递》《新闻》《快讯》《回声》《秀》《世界报》等。

不加评价地把所有的想法收集在一起，写在展板上。然后把幼儿园的名字和报纸的名字组合在一起。比如说幼儿园的名字是"儿童星球"，报纸的名字就可以是《儿童星球最新报道》《儿童星球信使》，或是《来自儿童星球的回音》。

选择一个你最喜欢的名字，或者在小组中和大家共同决定报纸的名字。这样能够很快地给报纸取个名字，不过你在设计报纸内容的时候还可以进行变更。

第四章 幼儿园的对外事务

二、仔细考虑——计划好时间和目标

为你的报纸确定一个固定的出版日期。双月刊比较合适，而且也足够制作出第一份报纸。一份清晰严格的时间计划表可以防止工作的拖延，并且可以让你们时刻对目标的完成情况有所了解。你每隔两天可以抽出一到两个小时在日历上记下工作的进度。

考虑一下工作分配的问题。你是想要单独完成所有的工作，还是想要团队来共同完成这些目标？

在一张创意纸上可以记录下团队中不同的、富有创造性的点子。在每周的工作会议上，你应该预留15分钟来讨论制作报纸的事情。你需要告诉同事们，到目前为止已经完成了哪些工作，收集新的建议或者分配任务。办一份报纸需要很多不同的工作任务。你可以根据同事们的兴趣，给他们分配相应的任务，但是你要在日历上确定日期和目标。通过这样的分配，你可以节约时间，还可以加强团队合作。

建议

给自己多点耐心

不要对自己过分苛刻。每隔一年出版一次报纸，也是一次成功的对外宣传。

三、落实到纸面上——排版和复印

有很多方法可以用来制作一份幼儿园园报。如果你想节省开支，建议限制在10页以内。页数越多越容易让人印象深刻。你可以把这10张纸放在一起，从中间折叠起来。这样就产生了20个更小的报纸版面。当你组织好内容，可以决定采用哪种形式来复制。

- 形式1：更实用，但是花费更多。

100份报纸需要复印100份。在复印店中根据纸张大小费用各有不同，大概耗时1个小时。之后还要把每页整合在一起，折叠并装订起来。除了市面上卖的订书机之外，还有改良的订书机，可以装订比较大的纸张。在大的超市和文具店中，就能买到这种订书机。另外你还需要3000个回形针。

- 形式2：更简便，但是更贵。

你可以把复印和排版的工作直接交给印刷厂。可以和他们商定一个价钱，包括纸张、复印和排版。

另外需要的材料：1000张纸（A4/A3或者A2）=100份报纸、扫描仪、订书机。

四、资金有限——如何获得制作报纸需要的资金

找到赞助者。给自己找到个赞助者，比如印刷公司、玩具商家或者是当地的报社，他们可以资助一笔不小的捐款来支付所有的材料成本。赞助商因此可以获得在报纸上发表的感谢信。

卖报纸。如果你不想把这些报纸免费送给其他人，可以定一个合理的价格。

提供给他人做广告的页面。如果你想要通过这份报纸来宣传你的教育理念，可以在报纸最后的页面留出一块广告版面。比较合适的广告有童装店、幼儿教育课程等。或者那些给母亲和保姆提供的体育课程或者语言课程。你可以根据广告刊登的篇幅大小来收费，或者将这笔费用作为进一步的宣传经费。

> **建议**
>
> **找到赞助者并且提供广告——你可以做口头宣传**
>
> 你想要找到赞助者并给他们提供做广告的版面吗？那你可以告诉家长、合作机构还有附近的商店你办报纸的计划。你肯定也认识一些可以帮助你实现这一想法的人。你可以写封信来表达你的请求。还可以在当地的黄页或者电话簿上找到一些可供你选择的赞助者。

五、准备工作——收集素材

和同事坐在一起,并且把能买到的报纸和不同的杂志分发给大家。把注意力集中在报纸的不同栏目设置上。比如说城市新闻、日历、活动一览、最新活动、受欢迎的电影、谜语、漫画、关于体育、家庭活动、娱乐、音乐、采访、影视、动物、笑话等。

收集幼儿园每天最新的话题,比如最受欢迎的歌曲和绘画、活动的照片、庆祝活动、比赛的想法、计划的活动、家长的最新意见、最新的学习活动。现在你的想法可以不受限制。然后把每一个希望付诸实践的想法都记在一张卡片上,并把这些卡片贴在一张大的宣传板上。

- 20—30篇的文章或者7—8个专栏。你可以刊登一些歌曲、笑话、小诗,或者令人印象深刻的孩子的绘画作品。
- 给家长委员会或者专业协会提供版面。采访对象可以是公众人物,他们可以谈谈自己在幼儿园时代都玩些什么。
- 你可以让幼儿园的孩子们介绍一下他们的家庭活动,或者介绍他们的宠物。
- 把最近的剧院演出和郊游的文件整理在一起。
- 教育类的项目、教师的进修以及教学质量改善的相关信息,也可以在报纸中展现。
- 幼儿园最近取得的各类资格认证应该在首页出现。

把这个布告张贴一周,这样每个人都可以在上面补充新的建议。

六、注重形式——好的排版为报纸添彩

把10张报纸像上面描述的那样叠在一起,排版工作现在可以开始了。在每份要粘贴在一起的纸张的边缘处留出2.5厘米的位置,这样在之后的复印和印刷过程中不会有文字被盖住。在电脑里排好页面并打印出来,以纸张的大小剪下来,并把对应的数字贴到所有的页面上。通过这种方式,你可以创造性地整合这张报纸。报纸的标题、幼儿园的图标、地址、专栏

和报道都可以排出来，然后打印并且粘贴到相应的页面上。同时把幼儿园的照片、广告还有扫描出来的照片也剪下来并粘贴到页面上。

如果你没有扫描仪，肯定可以找到一个可以帮你做这件事情的热心人。如果你自己的电脑使用水平比较好的话，当然可以自己把所有的版面整合起来。但是你必须考虑到第一、第二页是互相独立的，同时还要考虑正面和反面。

当所有的内容都整合粘贴好之后，你需要给团队的成员几分钟时间，让他们看看有没有要修改的地方，是不是所有的信息都准确无误并且符合你的想象。把每一页都复查一遍。有时候页面的边缘会出现深色的条纹。你可以用一只白色的修正笔把它盖住。晾干后再把这页复印一遍，这样页面就会呈现出你想要的效果了。

你已经完成目标了。第一份样本已经做出来了。现在你可以去复印店或者印刷厂批量印刷了。

七、音乐——庆祝报纸的成功出版

（一）在幼儿园里展示新的报纸

当你把最新印刷出来的报纸拿到手的时候，应该适当庆祝一下，邀请孩子、家长、兄弟单位或者赞助者来参加这个小型的庆祝活动。在一个精心布置的房间里，放上一些可供读者阅读的报纸。在轻柔的音乐声中，讲述报纸的诞生过程。也可以另外邀请那些参与排版和图片制作的孩子、家长委员会的成员或者你的同事，讲一下他们的参与过程。如果你还找到了赞助者，那你也要正式地欢迎他们。在开场致辞之后，客人们就可以开始翻阅报纸，互相交流了。

（二）向公众介绍你的报纸

你可以确定一个向公众展示报纸的日期。和孩子们一起装扮一下手推车。和你的同事一起用彩纸和图片给送报的"邮递员"剪一顶帽子。让一些装扮好的孩子和老师去分发报纸。可以在幼儿园周围的高级住宅区、医院、大型游乐场或者广场分发。这里的人们会很高兴能够得到城市里最年轻的"邮递员"带来的新闻。

八、不用花费太多的精力——如何简单地完成报纸制作

是不是精力耗费得有点太多了？不想整日扑在这份幼儿园小报上了？你是不是希望一份文件以报纸的形式呈现出来？有三个能够快速实现的办法。

（一）歌曲速递

在节日或者暑假，用两个版面的篇幅把要唱的歌曲整理在一起。特别之处在于，这些歌单是以报纸的形式呈现出来的，取名为《歌曲速递》。

（二）大尺寸幼儿园报纸

把一些照片根据上面的方法粘贴在一起。把所有搜集到的复印的报纸报道、文件、幼儿园的印章都贴在一页上。你同样也可以给明年的内容留下位置。把第一页编排得像一份真正意义上的报纸。把报纸放在幼儿园的入口处或者在发布信息的墙上，供所有感兴趣的来宾阅读。

（三）迷你小报

相对于一份大的幼儿园报，你还可以做一份四页小报。请幼儿园的每个班级在两张A4纸上出版自己的迷你小报。

要点回顾

这是对幼儿园的宣传

一份幼儿园的报纸不是一天之内就能面世的。不过如果计划周全，需要的花费以及周期也可以一目了然。找到可以帮助你的人。在你的团队中

分配好任务。通过五个步骤，你的第一份报纸也可以很快呈现出来了。

步骤1：起名字。

给你的报纸起一个名字，并且安排好每周的工作时间。这样你可以明确地提出你的目标，而且也表明了你的态度。目标和结果还来自良好的愿望和设想。

步骤2：确定样本数量。

在开始你就要决定报纸复印的形式。你要考虑到费用和资金来源，这样你才可能将它付诸实施。当然，如果你对找到赞助者有信心，或者自己复印报纸的话，那就另当别论了。

步骤3：寻找灵感。

最好的参考榜样就是来自出版领域的样本。你可以从当地报纸中获取灵感，找到主题。仔细地浏览内容、各个板块的设置和整份报纸的排版布局。同时你也可以询问家长委员会或专业协会的意见。问问他们是否也需要一个页面。当然孩子们肯定也有兴趣参与进来。

步骤4：自我评价。

能打印和扫描的电脑是排版最起码的设备。客观地评价你自己的电脑水平。使用剪刀和胶水，你也可以设计出一个有创意的版面。

步骤5：庆祝完成。

为你的第一份报纸的发行制订一个计划。如果你对自己和团队的成果感到自豪的话，可以继续向公众展示。庆祝你们报纸完成的活动，可以在幼儿园或者户外进行。你们可以在教室内或者在广场上进行你们的演讲，哪个方式对你们更适用？

第四章　幼儿园的对外事务

如何计划幼儿园开放日

佩特拉·巴托丽

你想要向家长、合作伙伴和社区介绍幼儿园吗？那你现在就要开始寻找向公众展示的机会。你可以组织一个幼儿园开放日，邀请感兴趣的人前来参加，让他们更深入地了解幼儿园。你会发现这是件十分值得的事！因为你将幼儿园的工作透明地展示给公众，这将使你有机会和专家、教师建立联系并加深与家长和社区的关系。

组织开放日的一个好方法就是运用头脑风暴法。请邀请你的团队加入策划、准备和执行之中。这绝对是一个好主意！

一、开放日——向公众展示你的幼儿园

想要将你的幼儿园向外界展示？那就是时候打开你的幼儿园大门了！从字面上就能看出，开放日是一个促进幼儿园公共关系的很好的活动。

> **定义**
>
> **什么是公共关系（PR）**
>
> PR（Public Relations）是指机构的公关工作，通过如开放日、宣传单或是报刊媒体报道等形式，为机构在公众中赢得很好的声誉。

开放日为何这么有意义呢？

打开幼儿园大门，意味你可以让大家走进你的幼儿园。家长及其他感兴趣的人就能了解到你的幼儿园平日里都做些什么，由此唤起他们对你们工作的兴趣和尊重。

通过开放日活动，你可以把家长带入到教育工作中。他们会了解到幼儿

园的环境和孩子们一天的活动。这种方法也可以消除家长们的顾虑，鼓励他们加入进来。

开放日是幼儿园、园内工作和策划项目的广告平台。倘若你在开放日上对这些项目进行介绍，将可能会有公司或是其他机构注意你的项目。这样可以创造更多合作机会，为你带来更多的赞助商。

可能现在正有些家长在为自己的孩子寻找合适的幼儿园，而你的活动将会为他们提供一个不错的选择。因为在开放日中感兴趣的家长会自发地去了解你的幼儿园并留下深刻的印象。或许以后你的幼儿园就会因此而增加一些新的生源。

请同样利用这一机会邀请一些很少或是只因特定情况和幼儿园有联系的人，例如专家、主治医生和教师等参加开放日。这样一来，可能会产生更多珍贵的合作机会。

请不要再躲躲闪闪了！请你直接出场！开放日提供了许多吸引公众眼球的机会。你一定会给参与者留下深刻而持久的印象。

二、请进来吧——如何为开放日设计标语

你想通过开放日达成什么目标？这一活动的目的是什么？这是你在计划这一活动时首先要解决的问题。

你是想通过向公众介绍以提升幼儿园的知名度吗？

你是想告诉家长他们的孩子在你这里都学了些什么，然后再作为一个教育机构来进行进一步介绍？

你想要赢得新的合作伙伴，例如语言矫正专家、音乐学校、小学等，以此来拓展你的教育项目吗？

拥有一个目标，是开展计划的基础。这样你就会清楚想要和谁聊一聊，也知道这一天内应设定哪些相应的内容。

（一）开放日标语

目标是标语的根本出发点。你所追求的目标是什么，就应当给开放日

设计相应的标语。

> **定义**
>
> **何为标语**
>
> 标语是一个要打动参观者的主题思想或是口号。这句标语应精确到位地指出客人们对于开放日的期待。好的标语都会令人印象深刻并广泛传播。

开放日的标语要依据活动目标、活动内容、你想要交流的对象。

避免起一个花里胡哨却不能切中主题的标语，标语的设计要能向参观者准确传达你的信息。

（二）不同的标语案例

1. 向公众展示幼儿园

如果你邀请了家长、记者和其他感兴趣者参加活动，以提升幼儿园的知名度或是向他们推荐新成立的幼儿园，开放日的口号可以为"睁大眼睛，竖起耳朵——我们这儿有新发现"，或者"关注新的幼儿园——来吧，见证我们的成长"，这样活动会变得更受人瞩目！

2. 与家长对话

你是否特别想和孩子家长谈话，向他们介绍孩子们在幼儿园中一天的生活？那么在开放日中，请展示一个教育机构的形象。标语可以为"我们是一所幼儿园——走近我们，了解我们"，或者"让我向您展示——教育事业，伟大奉献"。

3. 赢得合作伙伴

倘若你想要赢得新的合作伙伴，例如小学或运动协会，以使教育形式丰富化，那么你的标语也要相一致。比如"成功迈入小学——同行更美"，或是"运动健美——走向奥运会"。

请在团队里搜集各种标语并确定开放日的内容，通过民主投票的形式做最终的选择。这样员工们也会认可你的口号。

三、头脑风暴

为了让开放日获得圆满成功，必须有精心的准备。策划将占每次商讨最长的时间，可是大家可能还是觉得，好像有什么事情被遗漏了。为了避免此类问题的发生，尽早开始制订一个详尽的计划是非常重要的。

在开始开放日准备工作时，可以就主题"我们是一所幼儿园——走近我们，了解我们"展开一场想法收集会。大家共同合作，把分散的建议整合成一个整体"套装"。可以在策划会或是团队会议中展开一次头脑风暴。

头脑风暴法是一种特别的搜集创意的形式。它简单易行却又效果出众，对下一步的计划是一个很好的基础。

现在开始行动吧！

请你提出一个问题：我们的开放日应该是什么样的呢？

将头脑风暴的原因画在"创意图"的正中间：开放日，再添加上你们的标语"我们是一所幼儿园——走近我们，了解我们"。这样一来，活动目标就清楚地展现在所有人面前了（建议：横向使用报纸）。

将主要的任务围绕这一原因写下来并连线。主要的任务包括：游戏，教育项目，捐款活动，售卖蛋糕，科技实验，参观引导，餐饮，流程，宣传展位，向家长等提供咨询。

员工们将针对每一项任务献计献策。请你将全部想法迅速画到图上，注意不要带任何的评论。将建议与各项主要任务画线相连，有需要时就随时扩展这张图。

最终你会根据重点和活动计划做出选择，并将任务分配给每一个员工。请用不同颜色的马克笔将员工名字也写到图中。

这种方法不会漏掉任何一个创意和想法。所有建议都被清晰而有条理地展现出来。这样你就能得出结论，幼儿园开放日应该是怎么样的。

脑图大概是这样的——在你的团队中进行补充。

第四章 幼儿园的对外事务

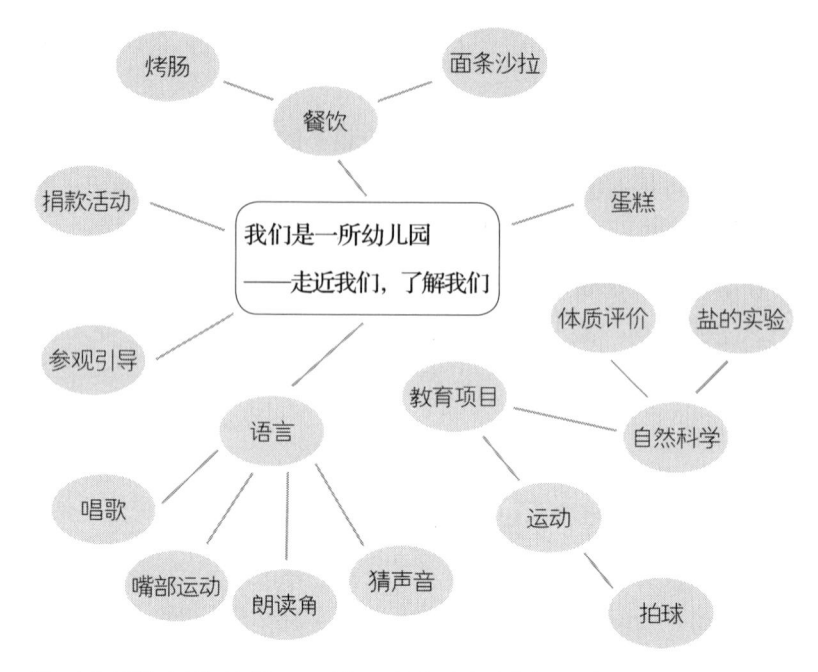

```
                    烤肠 ─── 餐饮 ─── 面条沙拉
        捐款活动                          蛋糕
              我们是一所幼儿园
              ——走近我们,了解我们
                                    体质评价  盐的实验
        参观引导                             
                    语言        教育项目 ─ 自然科学
              唱歌                    运动
        嘴部运动  朗读角  猜声音          拍球
```

接下来请询问你的员工,是否所有人都同意活动流程和任务分配?是否还有其他问题?看看他们会不会又想起什么?补充什么?是不是有人对此有不满意的地方?你需要现场解释每一个关键点,这样才能避免出现误解和不同意见。如果大家都没有问题,就开始动手去做吧!

四、现在就开始吧——把想法付诸实施

你已经确定开放日标语了?你已经知道在你的开放日上要怎样向公众展示自己?那么现在需要做的就是好好准备每一项内容和活动。下面就让我们一步一步开始吧。

- 第一步,确定时间和地点。

尽早确定开放日的日期,选择适合的场地。活动的核心部分是不是应该在花园中进行呢?还是集体活动室更适合些?

- 第二步,分配工作。

请与团队一同思考谁来着手筹备哪项活动,并确定好任务要在什么时候完成。你要随时跟进,检查计划是否顺利实施。

- 第三步，请进行正式的邀请。

你希望邀请哪些人？除了家长和投资方代表之外，是否还应当邀请社区人员或者专家，例如语言矫正专家？请尽早向客人们发出邀请。这样他们就能及时调整计划，有充足的时间准备参与。还有一个积极的影响：活动还可以通过口头宣传得以广而告之，更多参观者意味着受众更广。

请草拟一份邀请函并通过社区公告栏进行宣传。

我们是一所幼儿园——走近我们，了解我们
热烈欢迎！

我们诚挚地邀请您

参加于_____年_____月_____日_____点

举办的开放日活动！

您知道吗？我们可以自己制作盐。您知道吗？纸屑能自己跳舞！

我们的小朋友都知道这些！

因为我们是一所幼儿园。

若您一直以来都想了解小朋友们都在我们这里学了什么，做了什么实验，唱了什么歌，学了几首诗，那您可千万别错过本次开放日活动。

小朋友们将用水、冰块和盐为您演示科学小实验，为您表演球类游戏，还有踩高跷、蹦蹦床等！

您好奇吗？那就来看看吧！您一定能从中获得无限乐趣！

同时，我们将举行烧烤会！届时将会有香喷喷的烤肠、烤土豆和面条沙拉供应。

我们期待您的光临！

××幼儿园全体工作人员

- 第四步，计划开放日细节。

请与你的团队再一次一起审核一遍所有的计划项目。你还需要再为此准

第四章 幼儿园的对外事务

备些什么？你是否把展示环节、游戏环节和表演环节的所有材料都备齐了？

你是否要备一些饮料和小食品？哪些家长是确定要来参加活动的？为了在活动当天能够很好地辨认工作人员，你和员工是否应该统一着装？名牌卡也有助于辨认。建议你制作一个活动日的流程表。

建议

请面带微笑

即使开放日那天很慌乱很忙碌——也请试着尽量多微笑。微笑能让人身心放松，并显示出对每一位到访者的亲切友好。如果真的出了什么岔子，你直接用幽默来应对便再好不过了。

- 第五步，团队共同反思。

当你们又重新关上了大门，就到了对开放日活动进行总结与反思的时间。哪些地方进行得非常顺利？哪些地方有些差强人意？哪些方面可以在下一次开放日中加以改进？请将这次活动的心得体会和经验教训运用到今后的活动中。

开放日总结表

开放日各阶段	阶段内容	很好	不好	为什么？	如何改进？
准备阶段	搜集想法 分配任务 准备工作 邀请客人				
执行阶段	欢迎仪式 展示 各项活动 餐饮 闭幕				
反馈阶段	孩子 家长 社会				

要点回顾

运用专业方法来规划你的幼儿园开放日

一个开放日会使你的幼儿园成为公众的焦点。运用头脑风暴法可以很好地记录所有的创意、想法,并进行相应的组织。富有创造力的头脑风暴和万无一失的计划与执行将赢得开放日的成功。你的幼儿园会和客人们一同受益。

五步走向成功的开放日。

第一步,想出一个开放日的标语。

第二步,运用头脑风暴法来搜集举办开放日的所有创意。

第三步,将任务分配给员工。

第四步,分发邀请函。

第五步,开放日活动结束后的反思。

第四章　幼儿园的对外事务

如何做好幼小衔接

幼儿园的时光结束了，但你希望不仅仅把你的孩子送入新的学习阶段，而是让他可以开始新的生活阶段？那么对你来说，与小学的配合和协作是很重要的。让孩子感受小学校园的氛围，你可以和他们一起看看周围的环境，或许让孩子在学校上一堂课？

下面你可以了解到如何成功地与学校开展合作，如何建立联系，如何共同合作，想出好主意，并付诸实践。通过了解各种合作方式的实用建议，可以让孩子成功地度过过渡期。

一、综合评述——我们处于什么位置？小学呢？

日程每天都有变化，上课的时候要安静地坐着，会进入一个新的班级，还会有其他更高的要求，这就是孩子们即将入读的小学。孩子们为进入小学做好准备了吗？他们知道迎接他们的是什么吗？幼儿园和小学的环境的差别越大，他们的过渡就越难。

幼儿园和小学都是接受教育的地方。为了让孩子实现顺利的过渡，两个教育机构的教学计划和工作风格应该协调一致。有关学习能力的话题在此有比较重要的意义。

最重要的问题是，学习能力意味着什么，以及如何界定。在幼儿园中已做了什么，将来在小学需要做什么？有哪些要求？孩子将要面临什么？孩子已经具备了什么能力，还缺少什么？

二、成为合作伙伴——我们应该怎么做

（一）了解机构

对两个教育机构来说，不管是在幼儿园还是在小学，知道对方是在什么环境下工作是很重要的。你可以看看小学校园并邀请小学的老师来参观幼儿园，让老师了解幼儿园使用什么样的学习材料。

（二）认识老师

每年至少一次让你们的团队以及小学的所有老师见面，相互认识一下。这样可以使相互的合作变得更加容易。

（三）了解教学任务

没有特定的法律规定幼儿园和学校之间一定要开展合作，但是幼儿园和相关的机构特别是小学开展合作，使幼儿园开展的活动和小学的教学任务相关是非常重要的。

（四）了解教育计划

每个机构都会按照由特定的计划来安排活动。交换这些计划是实现合作的基础。请互相介绍你们的计划并详细说明这些计划，寻找可以合作的地方。

（五）了解预约日期

请安排会面。见面不需要很多，但是需要保持联系。在合作协议中你要最终确定双方的见面时间。

三、第一步——成功实现合作

（一）建立联系

在有些地区，幼儿园和小学的合作往往更容易，因为有可能幼儿园和小学是唯一的，人们没有选择的余地。在大城市中，幼儿园可以把孩子送到更多的

小学。把关于你的幼儿园的介绍发给所有的学校，特别是有关幼儿园过去一年的主要工作情况。选择大多数孩子准备上的小学，并向他们表明合作的意愿。

（二）确定联系人

确定一个特定的联系人，对于持续有效的合作来说更有益。很多学校都设置有专门服务于这些合作的职位。

（三）确定交流的日期

交流开始后，就应该确定双方会面的日期。你要确定谈话的内容，并确定谁来做准备工作。

（四）交换计划表

请熟悉对方年度计划的日期安排。通常双方会有重叠的部分。那些有多个子女的家长往往不能同时参加两个活动。

（五）实现共同的目标

孩子是最主要的。幼儿园和小学的基本目标都是培养孩子，培养孩子发挥优势、发展独立性以及社会能力。

（六）制定共同参与的活动

让孩子对他们未来的生活有所了解。最重要的是，让他们对学校的发展模式和环境有所了解。和小学中孩子未来的老师建立联系。由两个机构组织的家长见面会需要给父母传达这样的信息，即孩子的过渡期将在一个安全的范围内实现。这两个机构是合作而不是竞争的关系。

可供参考的活动——共同参与活动将会其乐无穷

1. 参加小学的开放日

2. 互访

3. 信息交流会

4. 邀请观看活动或演出

5. 和小学的孩子一起上一堂课

6. 给即将毕业的幼儿园孩子的家长和小学老师安排见面交流会

7. 在幼儿园中给孩子安排朗读课

8. 共同组织节庆活动

（七）如何对待那些不到年龄但有能力上学的孩子

关于这类孩子的问题，很长时间以来在父母、儿科医生和小学之间都是一个敏感的话题。如果儿科医生说孩子已达到入学的能力，家长往往会被这样的观点说服，但事实上只有小学的校长也认为孩子的能力已达到入学要求才合适。

对孩子能力进行评价的好处是，我们对孩子的所有优势、能力，甚至是他们的不足之处有比较准确的认识。你们可以坐在一起，和每个孩子单独交流。同时给孩子提供到小学旁听的机会，让他们获得学校学习的经验。你们还可以和小学老师共同举办家长咨询会。

（八）制定一份合作合同

你可以和小学一起制定一份合同。合同的内容应该包括以下八条。

- 合作对象。
- 合作的法定基础。
- 合作的目标。
- 合作的形式。
- 举行会议的时间。
- 合作日历。
- 和家长之间的合作。
- 和孩子一起的活动。

（九）制作一份合作日历

在这份合作日历上，你和小学一起确定明年的会面日期。这样双方就

第四章 幼儿园的对外事务

不会发生冲突了。

请把需要共同参加的活动和参观日记录在日历上,如确定语言能力培训的日期及地点,并标明所有活动的分工职责。

四、过渡的一年——进入小学的过渡阶段

在幼儿园的最后一年是向小学过渡的一年。孩子们需要为入学做准备,幼儿园需要给他们提供特别的帮助,培养孩子的兴趣,提供那些专为学龄前孩子设置的项目。这样孩子们能够适应新的角色,并且你也有机会观察孩子学习表现。

很多幼儿园在过渡阶段会给学龄前的孩子提供这些训练。这些活动要对家长公开,并让他们参与到这些项目和计划中来。邀请小学的老师来参与这些项目,如圣诞节的小游戏或者某次展览。或者可以在家长见面会上介绍你的计划,请小学的工作人员也参与进来。

要点回顾

幼儿园和学校——成功地实现合作

很多孩子对小学和入学时分发的书本很期待,但是小学究竟是什么样的呢?他们能够胜任小学的学习吗?陪伴在孩子身边,这样孩子可以顺利地度过过渡期。你需要让他们对未来生活的地方有所了解。你们可以共同感受小学的学习氛围。

- 建立与小学的联系。
- 互相交换信息。
- 制定合作的形式和目标。
- 制作一个对双方都有效的合作日历。

不要一下子做很多事。一步一步做那些你在日常工作中需要克服解决的事情。你同样也需要休息。

第五章

幼儿园安全工作

第五章　幼儿园安全工作

如何有效预防火灾

曼弗雷德·福格尔

火灾随时都有可能发生在每个幼儿园里。幸运的是，火灾实际上很少发生，尽管如此，我们仍然要为此做好充分准备。下面你会了解到哪里会有潜在的危险，应该如何消除隐患，以及如何让孩子学会预防火灾。这样就可以尽可能保证在你的幼儿园里没有人受伤。

非常实用的核对清单可帮助你预防火灾，让你在紧急情况下也可以处理得当。

一、消防专家在此——你应该做什么

在这里，我们专门请来了消防专家。他们会通过观察评估你的幼儿园的消防安全，总结出一份鉴定报告，指出可能存在的风险。为了孩子的安全，每个幼儿园必须要在规定的期限内消除这些安全隐患。如果存在严重的风险，消防专家甚至会封锁整个幼儿园的部分地方，直到彻底清除所有隐患。

定义

什么是消防检查

消防检查是用来确定安全隐患和危险源。为了确保火灾发生时所有的安全和建筑预防措施能发挥作用，我们必须立刻消除这些隐患。这样才可以预防火灾，减少幼儿园中的潜在危险。

（一）什么时候进行消防检查

在你搬进幼儿园所在的建筑之前，要进行第一次消防检查。之后还要经常不定期地进行消防检查。不能和消防检查混淆的是逃生演习，所有的公共大楼都应该进行逃生演习。这适用于大部分地区，也适用于幼儿园。作为领导，你必须向员工说明，在火灾中所有人都应该迅速撤离。

（二）作为领导要承担的责任

作为领导，你必须尽可能地预防火灾的发生，确保孩子们和同事的安全。做到以下几点，你就可以完成这项任务。

1. 立即消除所有的隐患和危险源

要立即消除幼儿园内的所有隐患和危险源。你需要和安全人员一起定期检查幼儿园，查看一下所有的安全设备是否正常运转。要保证所有的逃生和救援通道是畅通的，没有被易燃的材料堵塞。假如遇到一些重大的自己不会清除的隐患，应该马上请教专业人士来帮忙。

2. 和你的团队一起练习火灾发生时应该如何正确处理

和同事讨论，火灾发生时怎么做是正确的。在和园内的孩子们进行逃生演习之前，自己最好先演练一次，这样做才会更安全，逃生演习也会进行得更顺利。并且，还要提前做好一些重要的安排，例如，谁去打开警报，谁拨打火警电话等。定期和你的团队进行这样的演习，会让所有人都有身临其境的感觉。

3. 对孩子们进行消防教育

对自己幼儿园的所有孩子，要定期进行消防教育。这样，小孩子就知道要小心处理火。在火灾发生时或逃生演习时，他们才能知道应该怎么做，这也就能降低他们的受伤概率。

二、幼儿园的消防措施——消除隐患

你所在的大楼是根据最新的安全标准建造和布置的吗？请让你的安

第五章　幼儿园安全工作

全人员定期检查，确定在你的幼儿园中各处的危险源全部被消除。虽然建筑法规是国家的事，并且给予了专家自由的裁量权，因此每栋大楼在细节方面会存在不同的规定，但关于逃生通道、隔墙和耐火门的规章还是相似的。

（一）为了确保幼儿园的安全，要注意以下内容

逃生和救生通道——道路是畅通的吗？道路上做好明显的标记了吗？

为了你和孩子们可以迅速安全地到达室外，一定要确保所有的逃生和救援通道一直都是畅通的。另外，逃生和救援通道的狭窄处是否合理，对于小孩子的安全也是至关重要的。请检查以下几点。

1. 所有的逃生平面图都挂在显而易见的地方吗

所有的逃生平面图都挂在房间的门旁边吗？图片应该固定在门把手一侧的墙壁上，当人们需要逃离房间的时候就能很快地看到。大家都应该熟悉逃生和救援通道。如果有疑问的话也可以很快地看一眼。平时要注意检查，例如图片有没有被其他图片覆盖，或者因其他缘故而无法看清。它们还适用吗？是否由于扩建和改建，逃生通道已经改变？这点也要细心检查。

2. 所有的逃生通道都做了明显的标记吗

火灾发生后，一切都会很匆忙。如果所有的逃生通道都用图片做好标记，图片上面能显示逃生线路就更好了。一般情况下，绿色的图片表示可以通行，上面标有白色的小人和白色的箭头。你的设备只是在白天使用吗？如果是的话，那么这些图片的照明可以直接接入普通电网。如果你的设备晚上也要使用，那么你就必须检查这类照明是否运转正常。

3. 作为逃生救援通道的过道是畅通的吗

如果过道是逃生和救援通道的一部分，就应该保持畅通。人们一般喜欢在过道里堆东西，例如玩具或者小型家具。殊不知，过道里堆积的物品大大缩小了孩子的逃生通道。所以，我们可以让孩子们在过道里玩耍，但不要让他们把玩具摆放在过道里。在紧急情况下，就算是一辆很小的玩具

汽车也可能会让人摔倒，造成无法挽回的后果。所以说，逃生和救援通道的障碍就是危险源，也会浪费宝贵的逃生时间。

4. 所有的楼梯平台都空着吗

过道要保持畅通，同样的原则也适用于楼梯。楼梯平台上的物品也会妨碍逃生。人在逃生时，由于情绪紧张，在楼梯上逃跑就很不容易。要想顺利通过就不能太急，更要特别小心。楼梯上的障碍物势必会造成不必要的危险。所以，要注意保持所有楼梯都不堆放物品。

5. 远离所有的易燃物品了吗

不要把易燃的物品堆积在过道里或挂在过道上，这点也要尤为注意。木材、泡沫塑料和纸板等都属于易燃物品，它们都应该远离过道。例如，我们经常看到，有的木偶小剧场由于缺少空间就直接建在大门口。一旦着火，火势就会很快蔓延。同样，墙面上的装饰材料和天花板下的活动装置也不能用易燃物品。它们很可能会变成燃烧的火把落下来，砸到逃生的孩子。所以，幼儿园里的一切都要远离所有的易燃物品。

6. 所有的消防通道是畅通的吗

确保所有通往幼儿园的道路都是畅通的，这样救护车和消防车就可以迅速到达现场。所以，应当用一张图片来标记紧急通道，立刻移走错误停放的车辆。同时，还要确保紧急通道处于良好的状态，定期清理道路，例如落叶、积雪和垃圾等都要及时清理，这样就能避免滑倒的危险。所以，应当要求安全人员每天检查所有的紧急通道。

7. 所有的门都是完好的吗

我们再来做更深一步的检查，所有的门都是完好的吗？开门、关门需要花很大的力气吗？门可以锁，还是要用其他东西固定？防火门能正常关闭也是很重要的，这样烟雾就不会很快蔓延开来。所以，出于这样的考虑，就要保证防火门无须借助其他外力就能很好地闭合。

8. 安全检查时不要忘记第二条逃生通道

你的幼儿园有第二条逃生通道吗？不要忘记去那里检查。如果第一条逃生通道因为烟雾不能通过时，就要使用到第二条逃生通道。

第五章　幼儿园安全工作

> **建议**
>
> **所有的逃生道路都不能通行怎么办**
>
> 如果两条逃生通道被烟雾挡住了，或者浓重的烟雾包围了厚厚的防火门，这时候该怎么办呢？你应该待在房间里，锁好门，用湿毛巾堵住门缝，这样就可以防止烟雾进入。确保房间里暂时安全后，走到窗边尝试联系消防员或者站在外面的人。敲打、招手、叫喊和向窗外扔毛巾——只要能让人们尽快注意到你，一切都是允许的，救援人员很快就会赶到。

（二）用核对清单检查逃生和救援通道

把下面这份核对清单交给幼儿园的安全人员，这些清单有助于他们做定期的安全检查。务必要求安全人员做到每个点都要检查。逃生路线是畅通的吗？有隐患吗？和同事一起讨论所观察到的问题，这样所有人都能从中有所收获。不管怎样，要确保立刻消除所有的隐患。把核对清单都放在指定的文件夹里，这样你就可以很清楚地知道是否定期进行了安全检查。

防火——逃生和救生通道是畅通的吗

安全人员姓名：
幼儿园：
日期：

检查项	发现的问题	一切正常
1. 所有的逃生挂图清晰可见吗		
2. 所有的逃生通道做了明显的标记吗		
3. 作为逃生救援通道的过道是畅通的吗		
4. 所有的楼梯平台是空着的吗		

建议

和团队一起通过所有的逃生通道

首先，你要走遍所有的逃生通道，可以用较快的速度尝试。逃生时会有一些东西阻碍你吗？有的话就要立刻把它们处理掉。和团队一起演习逃生时也要快速通过逃生通道，这样如果有东西妨碍你，就能很快发现。因为障碍物使得道路更加狭窄，尽可能地注意那种露在外面的长条形的障碍物和占据逃生通道的家具，这样就能尽快消除隐患。

（三）安全设备——它们都能正常运作吗

让安全人员检查安全设备以防止火灾，不但要查看所有设备是否能够正常运行，还要注意定期保养。检查时需要考虑到以下内容。

1. 幼儿园拥有一个大家都熟知又都听得见的警报吗

你的幼儿园拥有一个独立的电网系统吗？这个系统要能够在火灾发生时发出很响的警报，信号必须紧迫而独特，并在幼儿园的每个房间都能够听到。事实证明，手动的报警器是非常有效的，它不会被人忽略，而且在断电的情况下也能运转。要把警笛放在电话机附近，不要让孩子们触摸到，平时都要检查它是否能正常运转。如果幼儿园的规模很大，就应该考虑再买一个警笛，或者想想动手做一个可以自动触发或者通过烟雾感应的警报器。当你的幼儿园有了这样一个警报装置，就要认真检查，以便它能正常运作。

2. 现有的灭火器足够吗，可以使用吗

幼儿园拥有足够的灭火器吗？虽然现在已经不需要在每个房间都安放这样的装置，一般300平方米的面积安装一个灭火器就足够了，但要在供暖的地方安装一个灭火器，厨房也需要装一个。要注意灭火器不能被其他物品所遮盖，还要留意它的检验说明。根据类型的不同，灭火器应该每年或者每两年都要由专家进行检验。专家的通讯地址可以从灭火器的供应商那里得知，如有疑问就要咨询当地的消防部门。

第五章　幼儿园安全工作

3. 所有的烟雾报警器都能正常运作吗

在紧急情况下，烟雾报警器可以节约宝贵的时间，因为它们会较早地发出警告。如果你的设备只是白天使用，那可能起不了多大作用。大部分的地区会使用电池驱动的烟雾报警器。它们有一个缺点，那就是如果没有人在房间里或者电池没电了，人们就听不到警报。不依赖电网的火灾报警装置当然更安全，不过也会比较昂贵。仔细浏览报警装置的使用说明，上面会写着如何从运转性能方面来检查这种装置。如果危情无法确定时，许多报警装置会用灯光信号来显示。检查报警装置还要检查电量是否充足，假如出了故障，要请专业人员来修理。

4. 厨房里的灭火毯能正常运作吗

厨房里发生的火灾，常常是由油脂引起的，这类火灾除了用灭火器之外，还可以使用放在厨房里的灭火毯来灭火。检查一下你的灭火毯是否处于良好的运作状态，它们适合用来熄灭油脂类引起的大火。不过要注意的是，灭火毯是一次性的，不能反复使用。当你能确保没有人受伤时才能使用灭火毯。如果存在生命危险，就应该立刻拉响警报。

> **建议**
>
> **手机被允许使用吗——在紧要关头手机能够挽救生命**
>
> 你的幼儿园里所有人都能接触到电话吗？平时，通向房间电话的道路应该是畅通的，这样意外发生时人们能很快拿到电话。在紧急情况下，手机非常实用，它就在手边，人们可以迅速拨打火警电话，以避免造成更大的损失。

把下面这份核对清单交给幼儿园的安全人员，让他们对着这份清单检查所有消防安全设备的完好性，并记录下所有的问题和维修日期。你还有更多的安全设备吗？如果有的话，就在表格中做好补充，不要忘记任何一件设备。最后，要注意把这些核对清单都放在指定的文件夹里。

防火——所有的安全设备都完好吗

安全人员姓名： 幼儿园： 日期：		
请检查	问题和下次维修日期	一切正常
1. 警报系统和手动警笛运转正常吗		
2. 有足够的灭火器，都能使用吗		
3. 所有的烟雾报警器都运转正常吗		
4. 厨房里的灭火毯完好吗		

（四）所有的电气设备都得到安全保管了吗

如果电器不能正常运转或者被错误使用，会引起火灾。安全检查时要注意以下内容。

1. 电气设备保管得安全吗

厨房是火灾频繁发生的地方。平时，厨房不用的时候上锁了吗？上了锁才能避免孩子们在老师不注意的时候单独待在厨房里。或者还有另一种方法，就是为你的电气设备安装一个开关。这样能确保只有你和你的同事们能够使用这些设备，通过指示灯也能观察到供电系统是否安全。如果你的幼儿园里没有安装这样的开关，那么就要请所有的同事都要注意，不要让孩子单独留在厨房里。

2. 电气设备附近有易燃物品吗

认真检查电气设备附近是否有易燃物品，如果有的话要立即清除。这样就能避免火势的迅速蔓延。不要在炉灶上摆放任何东西，否则一不小心就会酿成火灾。同时也必须经常提醒所有的同事，离开厨房时要确保已经关闭所有的电气设备。

3. 所有的电器都配了不可燃的保护垫吗

保管好所有的小型电器，例如在电热水壶下放置一张不可燃的衬垫。因为类似的设备在使用时会升温，所以要小心暗火的产生，使用玻璃衬垫会更加安全。

4. 所有的电气设备运转正常吗

检查所有电气设备的运行状况是否正常，包括厨房的全部设备、灯光，甚至是洗衣房里的吹风机也不要漏掉。特别是要检查一下电线是否完好，使用已经损坏的电器很容易引起火灾。原则上，只有拥有安全标志的设备才能使用。以上这些，都是从安全角度考虑的。

防火——所有的电器都运转正常吗

安全人员姓名：
幼儿园：
日期：

请检查	问题/维修日期	一切正常
1. 燃气灶的开关运转正常吗		
2. 有孩子被单独留在厨房里吗		
3. 使用时会升温的电器都放好了吗		
4. 吹风机运转正常吗		
5. 烤面包炉运转正常吗		
6. 电热水壶运转正常吗		

（五）存在的所有隐患——得到控制的所有隐患

下面的清单，可以帮助你找出所有的隐患。在表格中记录下所有发现的隐患，并记好隐患何时由何人解除。已经清除的隐患也要登记解决的日期。

防火——还有哪些隐患要消除

安全人员姓名：
幼儿园：
安全检查的日期：

谁发现了隐患？	如何解除隐患？	隐患清除的日期

三、紧急情况的逃生演习——做好充分准备

假设现在火灾报警器响了。首先要做什么呢？为了避免束手无策的情况发生，要认真做好紧急撤离演习。可以让各班单独练习，直到大家都顺利完成后，再进行集体演习。

建议

让员工接受培训

所有的工作人员都应当接受培训，知道在紧急情况下要做什么，怎样顺利、迅速地撤离。虽然火灾很少发生在幼儿园，但是如果所有人都知道在火灾中应该怎么做，那么在紧急情况下就可以挽救生命。要确保这个主题经常被提及、被讨论，那么大家就不会遗忘这方面的知识了。

在许多地区，消防部门规定每年都要进行疏散演习。虽然有些地方这样的演习还不规范，但也应该给予足够的重视，因为在紧急情况下大家都知道应该怎么做是非常重要的。这点适用于工作人员，也适用于儿童。为了所有人能安全撤离，所有人都应该保持冷静。在火灾中应该如何正确处理？你可以阅读下面的内容。

- 第一步，报警。

发生火灾时，应该约定谁去触发警报，谁拨打火警电话。通常是发现

第五章　幼儿园安全工作

火灾的人立刻触发警报并拨打火警电话，这样做可以节约时间。所以，在警报装置附近安装电话是非常实用的。打电话时要保持冷静，传达所有重要信息，例如姓名和地址。接到报警电话，消防员会迅速赶到现场。

● 第二步，集合孩子们，一起离开房间。

如果你要带领孩子离开房间，先小心打开房门，确定过道是否可以通行。如果可以通行，就迅速集合孩子们，让他们在门前排成两队，确保没有孩子被遗漏。消防员说，经常会有小孩子因为害怕躲在房间里，他们觉得那里是安全的，但这样有时会造成意外事故。大家穿过逃生通道到达室外，同时要记得拿上点名册！一定要拿，这样就能够确保所有的孩子都到了外面。当你离开房间时，还要注意要关上门，防止火势进一步蔓延。

● 第三步，大家都集中在集合地点。

应该为每个班规定一个单独的集合地点。他们应该待在安全范围内，并且一定要让他们明白他们必须待在那里。

● 第四步，清点所有孩子的人数。

大家都到达集合地后，不要忘记立刻清点人数。每天早晨确定儿童的人数，这个习惯不能轻视。因为在这种情况下知道确切人数是非常必要的，这样就能知道是否有小孩子还留在房间里。所以，带上点名册也很重要，如果人数少了，就要立刻通知消防员。

● 第五步，带孩子们去一个安全的地方。

不是只有在天气好的时候才会发生火灾，天气恶劣的时候也会出现意外。在紧急情况下，大家可能都没有时间穿衣服，所以建议先带领孩子们到紧急寄宿处。可以和附近的学校、饭店或者其他机构提前约定，如果发生紧急情况可以让孩子们暂时安顿在那里。

● 第六步，通知家长。

一旦发生火灾，很快就会被媒体报道。所以，每位教师应该立刻通知在家或在上班的家长们，告诉他们孩子在什么地方。这个时候，手机就派上用场了。注意，平时在点名册里要记录家长的电话号码，因为发生火灾时，你是不能返回幼儿园的。

一份供紧急情况下使用的电话清单也属于预防措施。紧急情况下，要能够直接联系到家长，所以仅仅有家庭电话是不够的，还要记录下家长的手机号码和办公室电话号码。同时还要问清楚，如果无法联络到家长时，应该联系谁。记录这些资料，也包括约定好的临时寄宿处的地址。

紧急情况的电话清单

幼儿园： 教师： 小组： 日期：	临时寄宿处地址：			
幼儿姓名	家长姓名及地址	紧急情况电话联系方式	其他联系人	确认联系到家长

除了紧急联系清单，还要带上下面这份遇险提要。火警电话接通后，要想想应该做些什么，哪些信息是必须要告诉消防员的。

火灾——应该这样做

火警电话119	消防员需要这些信息： ● 谁打电话 ● 哪里着火 ● 发生了什么
应该这样做： ●报警 ●通过逃生通道到达室外 ●站在集合地点 ●检查是否所有的孩子都在 ●通知家长	

第五章　幼儿园安全工作

> **建议**
>
> **起火——能自己灭火吗**
>
> 当你确保没有人会受伤时,才可以自己去灭火。就像有些很小的火,用一点水就可以把它熄灭。大部分时候,火势刚刚产生,你就在现场,这种情况发现及时就可以把火熄灭。如果火势已经失去控制或者发现火势已经开始蔓延,那就应该立刻离开房间,关上房门,立刻报警,把孩子们带到安全的地方。关于消防员救火有严格的规定:必须优先营救生还者。

四、幼儿园里发生火灾——谁来承担损失

如果你达到了消防专家的要求,你和你的同事也遵守了消防部门的规定,那么你就不用担心被追究责任。

以下情况也可能会发生。

- 情况1,员工失职。

如果之后的起因调查指出,是员工的责任。例如你的一位员工没有小心处理树枝花环,从而引起了火灾,那么这就属于失职行为。尽管如此,这样的情况保险公司也必须赔偿。

- 情况2,你违反了消防安全规定。

只有当你严重违反了消防安全规定,造成重大损失,你才要承担责任。当然,保险公司也会赔偿,但是保险公司会要求你一起承担赔偿责任。这意味着,你是有偿还义务的。

- 情况3,有人纵火。

即使自己熄灭了火情,也必须通知警察。警察会记录损失,调查是否有人故意纵火,要不要追究其法律责任等。

要点回顾

安全的幼儿园——采取正确的消防措施

幸运的是，幼儿园里的火灾发生率并不高。尽管如此，消防还是至关重要的。要采取正确的消防措施，要知道在火灾中应该如何正确处理，这样才能确保火灾中没有人受伤。

1．消除前期隐患

● 所有的逃生和救援通道是畅通的吗？

发生火灾时，所有人能够顺利离开幼儿园是最重要的，因此要检查所有的逃生和救援通道是否畅通。逃生和救援通道的标记明显吗？过道上有玩具吗？到达幼儿园的救援通道畅通吗？将所有的隐患都记录在核对清单上。

● 所有的安全设施运作正常吗？

安全设施如火灾警报器和灭火器等能够阻止情况恶化。你的幼儿园充分配备了这些设施吗？警报装置对于所有幼儿园都是很有必要的。烟雾报警器能够较早报告火灾。在厨房里的一条灭火毯就能够很快熄灭小火。

● 所有的电气设备运作正常吗？

清除所有损坏的设备，确保孩子不会接触到厨房里的电气设备。在一些电气设备如电热水壶、咖啡壶下放置一张不可燃的垫子。用核对清单检查所有电气设备，在隐患清单中记录所有的隐患和维修日期。

2．发生火灾时正确处理

● 报警。一旦发现火灾，就立刻触发幼儿园里的警报器，同时立即拨打火警电话，报告火势情况。

● 和孩子们一起离开幼儿园。检查过道是否可以通行。让孩子们在门边集合，排成两队，清点人数，然后带领他们通过逃生通道到达室外，不要忘记拿上点名册。

● 在外面的集合地点集合。让孩子们在外面的集合地点集中起来，让他们待在一起。用点名册清点人数，如果有孩子失踪，要立刻通知消防员。

● 带孩子们到临时寄宿处并通知家长。这样家长就知道到哪里接孩子了。

如何正确和及时处理卫生保健问题

卡罗尔·莱纳

如果在你的幼儿园爆发了某种病毒，你应该怎么办呢？在通知家长领走孩子之前，你的时间不多。下面将告诉你，当幼儿园发生其中一种病情的时候，你可以采取哪种卫生保健措施。

一、关于幼儿园易发的传染病的几个基本概念

（一）病原体

特定的微生物可能会引起疾病。在大多数情况下，传染病总是仅由一种病原体触发。但也有的传染病可能由多种病原体触发。如何采取适当的措施，重要的是知道它的病原体是细菌还是病毒，它们需要使用不同类型的消毒剂。有疑问的话，请咨询医生，你需要使用哪种消毒剂进行消毒。

（二）感染源

感染源可能是病人的体液，也可能是已经被污染的物品。根据感染物品的种类，要采取不同的卫生保健措施，以防止其感染源进一步扩散。

（三）传播路径

病菌可以以不同的方式和不同的路径从一个人传播到另一个人。在幼儿园中最常见的传播路径是以下几种。

● 直接接触感染。病原体会通过握手、拥抱，或者是直接从人到人来传播。

病原体也可以通过接触物品，例如触摸玩具、门把手、待洗的脏衣物或碗碟来传播，或者之前接触过感染者也有可能被感染。

接触感染是很常见的感染途径，有时其路径很远，如使用厕所后不洗手的已被传染的人，把细菌附着在玩具上，一个健康的人接触后，就有细菌在他们的手上。他再用手拿苹果，那个要做沙拉的苹果上就有了细菌。由另一个人吃这份水果沙拉，细菌便通过这个途径传给第三方。他从没有见过那个被传染的人，但是已经感染了这种细菌。

- 空气传染。病原体可以通过打喷嚏、咳嗽来传播，还可以通过吸入或呕吐非常细小的飞沫，即喷雾传播。在这种情况下，空气中充满细菌，人直接被感染。

（四）潜伏期

潜伏期是从感染到出现发病症状平均经过的时间。只要感染，就有潜伏期。在出现发病症状之前，受感染的儿童也可能感染其他儿童。

（五）防护装备

- 手套。自我保护的最基本的措施是使用一次性手套，因为手接触排泄物、分泌物、体液，或者已感染的身体部位，如暴露的伤口会带着病原体，抑或是受病毒污染物品上的病原体。因为人们永远无法保证，在脱去手套后，会始终如一地洗手。
- 口鼻保护。在空气中，也有通过呼吸的空气传播的疾病，所以在日常交往中口鼻的保护是必要的。
- 护目镜。这始终是必要的，飞溅的血液或者分泌物、咳嗽或打喷嚏形成的喷雾必须预计在内。
- 防护服。如果污染是通过病菌，就是所谓的污物传播的，就要始终穿上防护服。因为这样可避免病菌通过衣服来传播。防护服必须在使用后丢弃。

（六）消毒、净化、清洗

你必须知道，你所采用的消毒措施是要消灭哪种病菌。在厨房里沙门氏杆菌（细菌）是无害的。需要说明的是，你的消毒剂在哪些范围是有效的，你可以参考包装标签或产品说明。如仍有疑问，请联系制造商或供应商。

在大多数情况下，来自物体和表面感染的风险是很小的。因此消毒一般只限于所谓的接触表面，即在物体表面上。

（七）手部卫生消毒

人的手是细菌、病毒和真菌最常见的携带者。因此，手的卫生消毒是针对传染病的发生最重要的卫生保健措施之一。这能除去大约99%的细菌。将如何进行手的卫生消毒的海报挂在洗手池的附近。这样，你的员工随时可看到如何正确洗手消毒的方法。

（八）纺织品的清洗

来自病人的衣服和毛巾也存在病菌传播风险。被呕吐物、血液污染的衣服或者其他纺织品，诸如手帕或者孩子接触过的被单，通常会在洗衣机里清洗时传播。因此，配备一种消毒清洁剂是必要的。

（九）垃圾处理

病菌从垃圾中传播的风险同样也不是很大。一般来说，所有的垃圾通常是通过当地污水处理系统处理，比如尿液或粪便，均被导入下水道系统。

然而，仍然有大量的被污染的固体废物要处置，请你和当地的卫生部门联系，并共同决定垃圾处理的方法。这要基于对病原体的传播途径来处理，病毒的生存能力与病毒的污染程度相对应。

（十）剩饭剩菜和器皿

一般情况下，你要处理剩菜剩饭，同时对器皿消毒，但是不可以将所有的器皿放在一起洗。清洗时，选择最高温度。病人用过的要直接放进洗碗机里，不要放置在厨房或其他地方！

二、几种易发传染病

幼儿园易发的传染病有传染性腹泻、肠炎、结膜炎、流行性感冒、腮腺炎、风疹、猩红热和水痘等。

（一）传染性腹泻、肠炎

因为有许多孩子手部卫生不够好，所以感染性腹泻可能会在幼儿园里迅速蔓延，传播给其他孩子和工作人员。因此，你必须应对越来越多的人被感染的事实。如果只有一个孩子被感染，也可能是食物不消化、有压力，或过敏造成的。

你需要知道的

- 病原体：沙门氏菌、轮状病毒、冠状病毒等。
- 症状：每天数次出现水样腹泻，有时伴有腹部绞痛、恶心、呕吐、发热。
- 传播途径：接触感染，部分飞沫感染。
- 传染性物质：粪便、尿液、呕吐物、血液。
- 潜伏期：1小时或长达21天。

（二）结膜炎

腺病毒可引起眼结膜的炎症。如果不及时治疗，结膜炎会影响视力，同时也会蔓延到身体的其他部位。

> **你需要知道的**
> ➤ 病原体：腺病毒。
> ➤ 症状：眼睛发红、发痒，有灼热感，眼中有异物，流泪或者分泌液体，部分角膜混浊。
> ➤ 传播途径：经由接触感染，有些可能是通过飞沫感染。
> ➤ 传染性物质：被污染的手、物品，如毛巾等，眼科医生使用的器具，如滴管或眼药水。某些类型的结膜炎也可通过受污染的游泳池水、眼睛分泌物传播。
> ➤ 潜伏期：5—12 天，在第二至第三周仍然可以传染。

（三）流行性感冒

像最普通的感冒一样，流感是由病毒引起的。通常来说，生病过程比普通感冒更严重，咳嗽、流鼻涕和发烧的症状会加强，并且维持更长的时间。因此，根据流感是如何发生的，可以避免严重的甚至致命的疾病发生。

> **你需要知道的**
> ➤ 病原体：流感病毒。
> ➤ 症状：疲劳，食欲不振，体温迅速升高（超过 38℃），流鼻涕或者鼻子堵塞，喉咙痛，咳嗽或呼吸急促，肌肉和关节痛，头痛。
> ➤ 传播途径：打喷嚏，咳嗽，或者例如吃饭时使用共同的餐具而被感染，间接的是通过手接触新鲜的唾液（咳嗽）或被鼻腔分泌物污染的物品表面（手帕、个人物品、手）。
> ➤ 传染性物质：唾液，鼻腔分泌物。
> ➤ 潜伏期：1—3 天。

（四）腮腺炎

这种感染发生在唾液腺，通常会影响儿童，成人很少，而且可能会导致脑膜炎的并发症。

> **你需要知道的**
> ➢ 病原体：腮腺炎病毒。
> ➢ 症状：发热，单面或双面发炎，腮腺肿胀。
> ➢ 传播途径：飞沫传染，接触感染。
> ➢ 传染性物质：咳嗽时的飞沫、眼泪、唾液、血液、尿液等。
> ➢ 潜伏期：14—21 天。

（五）风疹

在怀孕期间要担心感染风疹，因为它可能会导致未出生的孩子严重的发育异常。如果儿童感染了风疹，是不允许与孕妇接触的。

> **你需要知道的**
> ➢ 病原体：风疹病毒。
> ➢ 症状：在躯干和四肢上会有红色的、独立的、微微凸起的斑点，常有发热、头痛、全身酸痛，后脑勺、颈部和耳朵后面的淋巴结肿大。
> ➢ 传播途径：接触传播。
> ➢ 传染性物质：呼吸道分泌物、血液、尿液、粪便。
> ➢ 潜伏期：12—21 天。

（六）水痘

这种传染病主要发生在学龄前儿童身上，还可引起并发症，如脑炎或肺炎。

第五章　幼儿园安全工作

> **你需要知道的**
>
> ➢ 病原体：带状疱疹病毒。
> ➢ 症状：轻微、短暂发热，头痛及全身酸痛，全身和面部会有红色的小颗粒，会形成小水泡。
> ➢ 传播途径：通过空气（例如打喷嚏或咳嗽）、和受感染的儿童亲密接触（例如拥抱）传播。接触被感染物品没有感染的风险。
> ➢ 传染性物质：咳嗽或打喷嚏时的唾液，小水泡里的东西具有高度传染性。
> ➢ 潜伏期：14—21 天。

（七）伤口感染

膝盖撞伤、肘伤和划伤，这对于儿童都是相当正常的。但是如果伤口发炎，就会细菌感染。必须要小心注意，不要使炎症变成危险的传染病或者败血病。

> **你需要知道的**
>
> ➢ 病原体：绿脓杆菌、金黄色葡萄球菌、化脓性链球菌。
> ➢ 症状：伤口化脓，发热，发红，肿胀。
> ➢ 传播途径：接触感染，也可能是飞沫传染。
> ➢ 传染性物质：伤口分泌物，脓液。
> ➢ 潜伏期：1—4 天。

三、如何正确和及时处理

（一）应急措施

- 通知家长领走孩子。
- 与受感染者接触后，洗手消毒。

（二）防护服

• 手套：在可能和排泄物、分泌物、体液、感染部位或受病毒污染的物品接触时，戴防护手套。当你脱下手套后，始终要洗手消毒。

• 口罩：与受感染的人密切接触时，佩戴口罩。

• 防护服：在可能和排泄物、分泌物、体液或受病毒污染的物品接触时，穿戴防护服。

（三）消毒、净化、清洗

• 手部卫生消毒：在接触病人或带有病原体的材料后，以及脱去手套后，一定要洗手消毒。

• 消毒：消毒清洗被血液、分泌物或排泄物污染的物品和表面。使用有效范围内的消毒剂。

• 垃圾处理：按规定处理被污染的垃圾。

• 剩饭剩菜和器皿：按规定处理。在洗碗机中用最高温度消毒清洗器皿。

• 纺织品的清洗：用消毒洗涤剂清洗患者的毛巾和床单。

第五章　幼儿园安全工作

如何保持幼儿园各个环节的卫生

卡罗尔·莱纳

一、幼儿园的卫生保健——实现目标才是最重要的

在任何地方，只要有人互相接触，就会出现病菌。这是非常正常的，尽管有时会伴有一种或更多致使人生病的病菌。对此我们通常都能应付。

但孩子对这些传染性疾病却是毫无抵抗能力的，他们还不具备像我们成人一样完善的免疫系统。因此，在卫生方面我们要特别细心。

> **定义**
>
> **什么是卫生管理**
>
> 卫生管理意味着首先要了解感染的风险并将其消除，其次才是清洁措施和消毒措施。

以下三点是你的幼儿园所要达到的卫生要求。

1. 院内感染率下降到不可避免的最小值

院内感染是一种在某一人群聚集地，或是在一个医疗地点，比如诊所里出现的感染。这种感染是无法完全排除的。因为凡是有人的地方，就会有病菌。幼儿园的卫生目标就是，将这种疾病的数量尽可能减小到最低，确切地说是，减小到不可避免的最小值。

2. 排除孩子、员工还有第三方的感染风险

没有人希望自己的孩子在幼儿园感染上传染性疾病。你的同事也不想在他工作的地方被感染。同样的，家长也不希望在自己接孩子的时候被感染。因此你的目标就是通过卫生保健措施，让你、你的同事、家长、其他来访者在你的幼儿园内免受传染病侵害。

3. 应对疾病出现的最佳反应

当一种传染病已经出现，此时必须迅速准确地做出反应。这样受到感染的孩子或同事能很快康复，并且不再传染其他人。

卫生关系到一切。你作为园长必须对幼儿园的卫生安全负责。你需要通过向你的同事们传授必要的卫生保健措施和知识，来履行你的职责。你的任务就是每天监督他们是否明白这些指令，并且正确执行。不仅是作为园长的你，连同你的同事，都必须负责查看卫生准则的履行情况。

二、幼儿园卫生保健——你必须了解的

现在是关于实际的卫生操作——在清洁、消毒、处理纺织品以及厨房卫生上哪些方面是关键。

（一）幼儿园的清洁

在日托幼儿园里减少病菌很重要，因为清洁的环境能使致人生病的病菌不那么容易传播。在清洁幼儿园时，哪些规定是需要注意的？至少多长时间清洁一次幼儿园？请你继续阅读。

1. 以下八条规定在使用清洁剂时非常重要

除了保护孩子，对于员工以及清洁工的保护也相当重要。

● 坚持穿防护衣，以及戴上合适的手套。防护衣，如罩衫或是围裙，能够保护衣服免受飞溅的液体、腐蚀性清洁剂以及污染的侵害。手套能保护敏感的双手免受化学清洗剂的腐蚀，免受细菌侵害。

● 任何清洁工作过后都要洗手，并且涂上乳液。即使戴上手套，在清洁时也会给人的肌肤造成负担。肌肤在手套下无法呼吸，会很快出汗。因此，清洁工作完成后要清洗双手并涂护手霜。

● 准备清洁剂溶液时请用冷水。专业清洁剂由于是混合的，因此要用冷水才能发挥作用。使用温水和热水会产生很多热气，一旦吸入就会呼吸困难。千万不要先将清洁剂倒入桶中，而是先倒入水中，否则会产生泡沫。

第五章　幼儿园安全工作

- 严格遵守定量规则。清洁剂过量不仅毁坏环境，也很浪费。此外，清洁过后，会在物体以及地板上留下一层黏黏的薄膜，并粘上灰尘和脏污。清洁剂剂量过低又会使清洁作用无法完全发挥。

- 千万不要将各种不同的清洁剂混合。几乎所有清洁剂都含有一些物质，这些物质互相混合后，会产生有害健康的反应。它会产生有害气体、生热，并且使原本想要清洁的物品变色。

- 移动容器时要确保它是密封的。移动整瓶清洁剂时，要注意是否是密封的。密封的清洁剂就不会撒得到处都是，同时幼儿园内的物件和地板也不会遭受侵害。

- 不要把清洁剂转注到饮料瓶中。不要把清洁剂转注到饮料瓶中，因为你的同事和幼儿园的孩子可能会把它误认为饮料拿来喝而受到伤害。

- 将清洁剂放在孩子接触不到的地方。孩子是喜欢探索的，会被所有他们不了解的东西吸引。因此要小心地把清洁剂锁起来，即使是一些中性的洗涤剂。这样你就能避免产生意外。

建议

彩色包装诱导孩子去探索，因此请你只用专业清洁剂

清洁剂不仅有害健康，并且在一定程度上是有毒的。请不要使用从超市买的家用清洁剂。这些清洁剂出于广告效应，颜色往往非常艳丽，而且闻起来甜甜的，有水果香味，会促使那些不识字或是看不懂警告信息的孩子尝试和探索。

专业清洁剂生产者放弃使用彩色或是好闻香料的办法，而是使用信号色，以揭示如何使用这款产品，比如红色通常就表示卫生清洁一类，蓝色表示洗护一类，还有绿色表示中性洗涤剂。

2. 对清洁频率的最低要求

请你根据制订的计划来清洁幼儿园。这必须与幼儿园的实际情况相一致。比如说为了安全起见，清洁浅色易脏的地板要比清洁结实花哨的油地毡频繁一些，清洁直接通往花园的房间要比清洁储藏室频繁一些。这些对于清洁频繁程度的最低要求已被证实是有效的。

幼儿园清洁频率的最低要求

清洁内容	清洁频繁程度
地面	
会议室、厨房、卫生场所、前厅	每周5次
办公室、员工室、卧室、小贮藏室	每周2次
纺织薄料，如地毯	每周5次真空吸尘
公共卫生场所	
脸盆、沐浴、厕所	每周5次
厨房	
地板	每周5次
垃圾桶	每周5次，由清洁工打扫
办公台、家具、冷藏设备和器具	需由厨房员工根据分开的清洁计划进行清洁

3. 定期检查幼儿园的卫生

定期检查幼儿园的卫生。当然，清洁工作是由谁来完成并没有太大关系，只是必须受到监督。这无关刁难或者不信任，而是你作为园长为你的同事完成的任务。

检查监督工作并不需要专业人员来完成，比如家政服务业领导，这些工作必须由你来完成。

卫生检查大概每月做一次。重要的是，你要把检查的结果告诉清洁工。这样就可以互相信任。最好的卫生检查时间是一天中工作开始的时候，这时清洁工已在昨晚就把工作做好了。这样，就不会产生误会也不会说出"我正要打扫呢"这样的话。这张检验清单能使你在卫生检查时获得帮助。

第五章　幼儿园安全工作

幼儿园的卫生监督——检查清单

机构名称：			
1. 厨房		备注	完成情况
窗台	窗台是否无尘无指印		☐
窗帘	窗帘是否无尘		☐
窗户	窗户是否无尘无指印		☐
工作台	工作台是否无尘无指印		☐
其他家具	家具是否无尘无指印		☐
水槽	水槽是否无斑点无指印		☐
柜门	柜门是否无指印		☐
柜子顶部	柜子顶部是否无尘		☐
电灯开关	所有开关是否无尘无指印		☐
插座	插座是否无尘无指印		☐
灯	灯是否无尘无指印		☐
垃圾桶	垃圾桶是否清空		☐
厨房门	门是否无指印		☐
其他：			
监督者：	（签名）	日期：	
2. 公共卫生场所		备注	完成情况
垃圾桶	垃圾桶是否清空		☐
门	门是否有指印		☐
盥洗池	盥洗池是否无尘无指印		☐
浴缸/沐浴装置	浴缸和沐浴装置是否无尘无指印		☐

续表

墙砖	墙砖是否无尘无痕		☐
镜子	镜子是否无痕		☐
扶手	扶手是否无尘无痕		☐
存放架	存放架是否无尘无痕		☐
取暖器	取暖器是否无尘		☐
厕纸架	厕纸是否无印痕		☐
手巾架和纸巾盒	手巾架和纸巾盒是否无尘无印痕		☐
肥皂盒和肥皂	肥皂盒和肥皂是否清洁		☐
马桶	马桶是否无尘无印痕		☐
马桶座和马桶盖	马桶座和马桶盖是否两面都无尘无印痕		☐
马桶刷和挂刷架	马桶刷和挂刷架是否无尘无印痕		☐

其他：

监督者： （签名） 日期：

3. 会议室		备注	完成情况
窗户	窗户是否无尘无指印		☐
取暖器	取暖器是否无尘无指印		☐
桌子	桌子是否无尘无指印		☐
椅子	椅子是否无尘无指印		☐
柜子	柜子是否无尘无指印		☐
架子	架子是否无尘无指印		☐

续表

图片	图片是否无尘无指印		☐
电话	电话是否无尘无指印		☐
电灯开关	电灯开关是否无尘无指印		☐
插座	插座是否无尘无指印		☐
电灯	电灯是否无尘无指印		☐
垃圾桶	垃圾桶是否清空		☐
门和门框	门和门框是否无指印		☐

其他：

监督者	（签名）	日期：	
4. 通道		备注	完成情况
地面	地面是否无脏污		☐
	地面是否无尘		☐
扶手	扶手是否无尘无指印		☐
家具	家具是否无尘无指印		☐
图画	图画是否无尘无指印		☐
电灯开关	电灯开关是否无尘无指印		☐
插座	插座是否无尘无指印		☐
电灯	电灯是否无尘无指印		☐
取暖器	取暖器是否无尘		☐
垃圾桶	垃圾桶是否已经清空		☐
门和门框	门和门框是否无指印		☐

续表

窗户	窗户是否无尘无指印		☐
窗台	窗台是否无尘无指印		☐
内玻璃	内玻璃是否无尘无指印		☐
楼梯	楼梯是否无尘		☐
扶手	扶手是否无尘		☐
其他：			
监督者：	（签名）	日期：	

5. 办公室		备注	完成情况
地面	地面是否无脏污，楼梯上是否无印记		☐
地毯	地毯是否无印痕		☐
脚板	脚板是否无尘		☐
窗户	窗户是否无尘无指印		☐
窗台	窗台是否无尘无指印		☐
窗帘	窗帘是否无尘无指印		☐
椅子	椅子是否无尘无指印		☐
其他家具	其他家具是否无尘无指印		☐
图片	图片是否无尘无指印		☐
柜门	柜门是否无尘无指印		☐
电话	电话是否无尘无指印		☐
电灯开关	电灯开关是否无尘无指印		☐

续表

插座	插座是否无尘无指印		☐
电灯	电灯是否无尘无指印		☐
垃圾桶	垃圾桶是否清空		☐
门和门框	门和门框是否无指印		☐
取暖器	取暖器是否无尘		☐
其他:			
监督者:	（签名）	日期:	

（二）幼儿园的消毒

放弃每天司空见惯和预防性的表面消毒吧。这样你不仅保护了环境，也可以使你的孩子避免遭受不必要的影响。过于频繁的消毒会助长细菌的滋生，会使细菌对消毒剂再也没有反应。

1. 请你在以下情况下使用表面消毒剂

● 在厨房接触生鸡蛋、生肉、鱼或者肉沫过后。

● 在出现特定传染性疾病之后，比如传染性腹泻、带状疱疹、皮癣、结膜炎、流感、百日咳、疥癣、腮腺炎、肺炎、风疹、水痘、创伤感染等。

● 病原体出现并有扩散危险的地方，比如由呕吐、大便、尿液引起的污染，或是已经感染到的孩子。

只使用指定的消毒剂，并按规定的浓度以及作用时间使用。

建议

请你不要使用自带消毒剂

自带消毒剂是不允许使用的，因为每一种消毒剂都不尽相同。每种产品都有它自己特殊的作用范围，并且必须根据已经出现的病菌小心选择，这样才能发挥作用。自带的消毒剂无法得到保障。

2. 选择正确的消毒剂

并不是每一种消毒剂都能完全杀死所有的细菌。在你使用消毒剂之前必须知道，你要对抗的是哪种疾病的病原体。当你的幼儿园出现传染性疾病时，你可以让医生来诊断，或是寻求卫生部门的帮助。你可以从他们那里了解到是哪种细菌引起的感染。

3. 请你注意消毒剂的正确使用剂量

消毒剂用量不足就无法将所有细菌都杀死，有些微生物会残留并继续蔓延，也就达不到消毒的效果了。消毒剂使用量长期不足，使细菌的滋生的空间增加，结果就是所选药剂达不到消毒效果。

消毒剂过量首先会加重呼吸道、黏膜和环境的负担。太多的消毒剂会损伤器具以及外观，也浪费金钱。

4. 让消毒剂充分发挥作用

消毒剂发挥作用需要时间。不同消毒剂的作用时间从几秒钟到几小时不等。如果你缩短作用时间，比如说提前用水把消毒剂擦拭掉，就和消毒剂用量不足的效果是一样的。关于作用时间提示，你可以在消毒剂容器或外包装上找到。

> **建议**
>
> **残留的消毒剂残渣要谨慎处理**
>
> 消毒过后停留在表面的消毒剂残余，一般来说是对人体有害的。要注意千万不能让这些残留物通过嘴巴吸入体内。例如案板等食物直接接触到的表面，必须在消毒剂作用时间过后，用冷水清洗干净，以免粘到食物上。

> **正确进行消毒**
>
> 第一步：用厨房抹布、面巾纸或是一些类似的东西将脏污擦去。
>
> 第二步：根据包装上的说明，确定消毒剂剂量。只用冷水。
>
> 第三步：将染有脏污的表面用消毒剂完全湿润。
>
> 第四步：之后不要擦拭，也不要弄干。
>
> 第五步：根据包装上的提示，使消毒剂完全发挥作用。
>
> 第六步：作用时间过后，用冷水将接触食物的表面洗净。

5. 纺织品的消毒

通常情况下，擦碗巾、手巾和清洁用纺织品应该在90℃的高温下清洗消毒。这种方法对床上用品以及睡衣等也适用。

一旦幼儿园出现了传染性疾病，就有必要对纺织品，如外套、袜子和外罩等进行消毒。对此，可以在40℃的低温环境下也能发挥作用的消毒性洗涤剂。大部分化学品厂商都会提供这些洗涤剂。虚心接受消毒剂供应商的建议。

（三）纺织品卫生

除了手，清洁布是病菌传播的第二大途径。当然在其他纺织品上也会有细菌活动并因此蔓延。

例如，接触过较脏食品包装袋的围裙，包裹过发烧的孩子的外罩，擦过未完全洗干净的手的手巾，都是细菌传播的介质。纺织品清洁干净的话，就不会有高的传染风险。

细菌只有在理想的生存环境下，例如温暖、潮湿和营养的环境，才能存活并繁殖。以下几点告诉你，应该怎样预防细菌污染纺织品。

1. 清洁布及擦布

清洁布及擦布必须每天更换。你还要注意有足够的布来换。这样细菌就不会从一个地方蔓延到另一个地方。经验法则：一块擦布可以清洁10平方米的地板——卫生场所最多5平方米。每个房间都应该备有一块清洁布来擦洗表面。清洁性纺织品使用过后，要尽快洗干净并烘干。不能让它湿淋淋地放在那儿，不管是干净的还是脏的地方。

2. 手巾

放在角落被揉成一团的湿手巾是各种细菌的寄生地。你要注意，在每次使用过后都将手巾挂起。这样它们能更快地干燥。要把所有手巾集中起来放在洗衣机里清洗，至少一星期一次。如果有需要的话，可以更频繁一些。

3. 厨房纺织用品

所有在厨房使用的纺织用品，必须每天更换。必须和其他纺织品分开来清洗。洗过之后不能湿淋淋地长时间暴露在空气中，否则又会滋生细菌。厨房纺织用品不能放在甩干机里甩干，必须把它们挂在晒衣架上，但也不能随意放置。不要把用过的、湿的擦碗布放在暖气管或是热的洗碗机上，因为在这样湿润、温暖的环境中，会迅速滋生有害细菌。

4. 可拆洗的床上用品、罩单、枕头、沙发以及床垫

对于沙发和床垫的建议：在幼儿园的玩耍区和休闲区，通常都有很多沙发、大靠枕、床垫和罩子。这里建议大家给这些坐和躺的物品套上可拆卸和清洗的罩子，并定期清洗。对于"定期"这个词的含义，你也许并不了解。许多幼儿园选择按季度来清洗。请你务必注意，床垫和沙发至少要一星期吸一次尘。

对于床、床垫和可拆洗床上用品的建议：孩子在幼儿园常常要午睡，病菌会在孩子之间互相传染。因此我们建议，选用自己的床上用品并且至少每两个星期换一次，一旦脏了要立即换。睡衣则每周都要换。对于床垫、睡毯、枕头，必须一年清洗一到两次。

如果床上用品、睡衣、床罩、枕头或被罩被孩子的排泄物污染了，常规的清洗就足够了。如果可以的话，将水温控制在60℃左右。如果是被有传染性的排泄物弄脏的，要进行消毒性清洗。

三、幼儿园休息室的标准卫生条例——专题报告

在这里你可以参考有关政策文件，也可以以下表为蓝本，再根据幼儿园情况加以补充。将本表发给相关人员，以便工作时随时对照。

幼儿园休息区的清洁计划

位置	时间	清洁用品	清洁方式	负责人
床架	定期，至少一年四次；有脏污立即处理	清洁剂	擦湿	保教老师或保洁人员
地板或楼梯地板	至少每星期一次；有脏污立即处理	清洁剂或吸尘器	擦湿或吸尘	保教老师或保洁人员
床垫、床垫套	定期，至少一年两次；人员更换	清洁剂	擦湿；清洗	保教老师或保洁人员
被罩、枕头、可拆洗的床上用品	频繁程度根据脏污程度，脏了就立即清洗，否则的话两周一次	洗衣机	更换，清洗	保教老师或父母

四、厨房的卫生

以下是12条你要注意的厨房卫生规定。

所有接触、加工和分发食物的人，都必须在接触特别容易腐败的食物时接受相关培训。为了排除风险，认真负责，并根据卫生要求给予工作人员安全保证，所有规定都必须遵守。

1. 厨房里的工作限制

患有以下疾病的人不能在厨房里工作：皮疹、溃疡、流脓和发炎的伤口、疖、严重的腹泻和呕吐或其他传染性的疾病。

2. 手部卫生

手在传播细菌中扮演着重要角色，因此基本的手部清洗是必要的：厨

房工作开始之前，工作区域更换后，每次上完洗手间后，接触带有细菌的、脏的、生的东西，如猪肉、家禽的肉和蛋，接触脏的物体后，打喷嚏和咳嗽之后。

3. 防护衣

防护衣能保护所有工作人员免受细菌污染。厨房里工作时通常来说应该系好围裙。工作鞋前边必须封闭，也不能有呼吸孔。后面也必须封闭或者系上带，提供一个安全的支撑。工作鞋不能穿到外面去，例如不能在买东西时或是上班的路上穿。离开厨房时要脱下防护衣。防护衣必须每天更换，弄脏时也要更换。

4. 干净和不干净的工作

细菌会在准备和烹调菜肴时传播并传染到其他食物上，因此干净和不干净的工作不能同时完成。当一项不干净的工作完成，继而要在同一位置完成干净的工作，此时必须将工作台清洁干净。接触生肉、鱼肉和生鸡蛋时要消毒。工作人员要清洁和消毒他们的手。

干净的工作：餐点准备、分餐、布菜。

不干净的工作：洗蔬菜和水果，加工新鲜的动物食物如猪肉，洗盆和碗，清洁。

5. 接受和加工食品

如果不是在幼儿园厨房加工的，而是由园外成品厨房提供的，那么，对于由成品厨房提供的餐点、饮料和食物的责任就转移到与之合作的机构上。

6. 自助餐

在食橱里放的一般都是经过冷却的食物，桌上放的是未经冷藏的食物。

- 精致的食物，如肉片、黄油和奶制品，必须尽可能地保持冷藏。在开饭前才把它们从冰箱里拿出来。
- 扔掉放在食橱里长达两小时没有冷冻的食物。
- 鸡蛋要始终煮熟。荷包蛋要煎两面。
- 接触食物前要洗手——包括饭前饭后。这些规定也适用于小孩子。

7. 自备的餐点

对于孩子从自己家里带来的餐点，幼儿园可以不用负责。家长对此要明确了解。

8. 食品捐赠

例如幼儿园分发由家长或其他人捐赠的食物，这些食品的安全责任就转移到了幼儿园身上。出于这些原因，幼儿园不要接受以下这些食物。

- 带有以生鸡蛋为材料的自制蛋黄酱的沙拉。
- 含蛋黄和蛋清的甜点，如提拉米苏。
- 冰激凌。
- 含有生鸡蛋的土豆沙拉。
- 未经烘烤且馅和奶油是由生鸡蛋做成的糕点和蛋糕。
- 生肉，如瘦猪肉。

9. 清洁措施

通过仔细清洗厨房设备和厨具，可以避免食物的污染。现已证明以下观点是值得关注的。

- 根据清洁计划，定期打扫储藏柜和架子。
- 工作台、灶台和水槽一旦脏了，要立即清洗。
- 洗碗机每周彻底清洗一次。
- 冰箱每周彻底清洗一次，冰箱里的食物要注意保存时间，观察有没有腐烂征兆。
- 冰柜要融冰和清洁。
- 垃圾会吸引害虫，因此垃圾桶每天都要清空。
- 抹布每天都要更换。
- 所有清洁措施都应被记录。

幼儿园关于清洁的文件

哪天完成了哪些工作要做好标记，并在相应的地方签上姓名							
日/月	橱柜里外	窗台	冰箱里外	炉灶和取暖器	架子	地板	
	星期一	星期二	星期三	星期四	星期五	每天	

10. 碗具清洗

碗具清洗和其他清洁工作一样都必须认真仔细。尽管如此，大一点的孩子已经完全可以参与到这项工作中来。他们必须像你的同事一样做好个人防护措施，往洗碗机装碗之前和清空洗碗机之后，都要洗手并穿上围裙。

出于卫生考虑，洗碗机洗要比手洗更好，但这又不现实，因为大锅和平底锅没法放进洗碗机，而且它们必须高温清洗。这些都不能让孩子来做。你要每天更换抹布和擦碗布。

11. 保留样品

年龄在12周岁以下的孩子都属于易感染疾病人群。用新鲜鸡蛋拌入蛋糕烘烤就不需要保留样品，因为在蛋糕烘焙过程中，鸡蛋能够完全成熟。

当你做布丁时，如果蛋清还未成熟就拿出来，此时需要保留一份样品。采用经过巴氏法灭菌的利乐包装或瓶装的鸡蛋来代替鲜鸡蛋，这样就无须保留样品。

如果餐点是由园外的厨房供应的，那就要保留一份样品。一份样品至少含有100克的相应食物。你可以专门使用指定的可回收杯或一次性杯子来装。小心地将它封好。所有样品都应标有成分、食用时间以及采集时间和签名。冷藏样品7天。最简单的方法是，每份样品都标注一个号码，然后登记。

第五章　幼儿园安全工作

样品资料

机构名称				
采集日期	时间	编号	食物	负责人

12．根据饮用水规定，调查饮用水

为了预防病菌传染，幼儿园应依照规定每年定期对饮用水进行检查。这样的检查需由认可的实验室来完成。你可以向主管的卫生部门进行咨询。

要点回顾

幼儿园的卫生理念

幼儿园的卫生是很重要的，但不能成为目标本身。审视幼儿园的卫生理念，如有可能进行补充，这样可以一直走在卫生理念的最前沿。与监管部门协调一致，在任何情况下都是有用的。

关于卫生，你必须要知道以下三条。

1．卫生措施的目的

在你的幼儿园中采取卫生措施的目的是防止传染性疾病，其中包括在降低园内感染率方面的努力，以及发生感染时正确快速地处理，以保护孩子、员工和家长。

2．涉及的卫生概念

- 幼儿园的清洁。
- 幼儿园的消毒。

- 纺织品的卫生。
- 厨房卫生。

3. 作为园长的任务

作为园长，你要建立和补充卫生理念。你可以按照相关法律法规来安排和落实教育和培训。

第五章　幼儿园安全工作

如何确保室外安全

曼弗雷德·福格尔

哪个孩子不喜欢去外面奔跑、攀爬、大吼大叫，尽情玩耍呢？作为孩子的照看者，你首先关注的自然是孩子的安全问题。通过常规的检查可以减少孩子受伤的风险，但你需要关注哪些问题？这方面有哪些法律依据？作为孩子的照顾者，你又有哪些义务？这些问题的答案在这里都可以找到。

如果你按照核对清单上列出的"常规检查中应注意事项"去执行的话，孩子们就可以尽情地享受儿童游乐设施带来的乐趣了，而你也会更加放心。一个记录模板能帮助你记录检查内容，确保已经记录了所有不足，并帮助你很快将这些不足纠正过来。

一、儿童在室外的安全问题——由谁负责

你要定期进行安全检查，解决问题，尽你所能避免意外和安全事故的发生。重要的是，要认真履行你的义务，因为偶尔的疏忽会导致你违反相应的规定。

以下为五个注意事项。

- 你要与你的团队共同预防意外事件的发生。不仅是你自己，你的团队也要负责避免意外事件的发生。鼓励所有人共同关注儿童游乐设施的问题，并马上把问题记下来。这样你们就能够快速做出反应，同时立刻停止有隐患的儿童游乐设施的使用。这样的话，就没有儿童会受伤了。
- 向你的团队解释有关安全的问题。你需要关注的是，你的同事们是否了解有关防止意外伤害的规定，并且遵守这一规定。定期召开相关的主题会议。

- 从你的团队中指定一个负责人,这样能帮助你们遵守事故保险的相关规定和法规,帮助你实施规定的安全措施检查,并且登记儿童游乐设施的问题。
- 立刻解决游乐设施的问题。需要注意的是,你不能独自解决游乐设施的问题,而是要借助外部专业力量。这些人拥有专业知识,并且能根据相关规定修复所有设施的问题。
- 你要确保对儿童的安全教育。你要向孩子们解释,他们应该如何行动,才能避免意外。安全教育的目标是让孩子学会遵守规则。这样可以帮他们战胜恐惧、辨别危险,并对危险做出正确的反应。

二、关注儿童游乐设施的购买——质量是关键

从哪些方面防止事故的发生?当然,我们肯定不能将希望寄托于对游乐设施进行检查,从而防止意外事件的发生。我们应该从购买儿童游乐设施时就开始。儿童游乐设施是由不同的供货商提供的,你在购买时必须关注以下事项。

1. 检查标志和产品规格,保障儿童游乐设施的质量

室外活动区域所有的设施必须要符合国家相关标准。

2. 随时准备好产品信息以及安全证明

- 普遍的产品信息,如生产商的名字、地址,产品所对应的国家工业标准以及设施特征、生产日期等。有了这些,你就能在设施损坏时及时找到所有重要的产品信息。
- 产品安装及维护说明。这些信息是绝对不能缺少的。游乐设施多久进行更换?如何进行维护才能保证它们的安全启用?把这些信息都列出来,才能保证设施的安全。
- 使用说明。你要通读使用说明书。说明书中会告诉你,如何按照正确专业的方法使用游乐设施。另外,说明书里还可能包含诸如游乐设施可以同时供多少个孩子一起玩耍之类的信息,这样你就有据可依了。

第五章　幼儿园安全工作

● 年龄限制。你在购买儿童游乐设施时要特别关注，这个设施适合几岁的孩子玩耍。通常情况下，在每个儿童游乐设施中，你都能找到适合孩子玩耍的年龄的限制规定。

● 产品保质期限。产品保质期有多长时间？如果设施坏了，能联系谁？这些信息同样重要，它能帮你省下一笔昂贵的维修费用。

3. 如果没有质量保障怎么办

自制儿童游乐设施的质量保证应该从哪里获得呢？你可以通过相关书面说明来证明你的儿童游乐设施符合相应规定。同时你也可以找相关方面的专家，比如说技术监督协会的人来对你的儿童游乐设施做出判断，并让他们出具相关证书。你最好在制订计划时就咨询他们，这既节约时间也节约金钱。如果最后因为你的儿童游乐设施不符合相关安全规定而不得不停用的话，这真是很遗憾。

购买儿童游乐设施时必须要关注安全性能，下面的核对清单会对你有帮助。你在购买儿童游乐设施或在网上浏览设施的相关资料时，最好准备好核对清单，有目的地查询这些设施是不是缺少了相应的信息。

核对清单——购买儿童游乐设施需要关注的事项

我在买新的儿童游乐设施时必须关注的事项		已关注
1. 有"安全性已认证"标志吗		
2. 普通产品信息	生产商的名称和地址	
	设施特征	
	生产日期	
3. 有安装说明和维护说明吗		
4. 设备有使用年限吗		
5. 有使用说明吗		

三、正确实施安全检查监督——只要三个步骤

儿童游乐设施不能永远使用。随着时间的推移，游乐设施的磨损是很正常的，因此你要定期进行安全检查。建议你几天或者每周至少一次对儿童游乐设施进行检查。两次安全检查之间的日期不能超过两周。你可以按以下三个步骤去做。

- 步骤1：为所有的儿童游乐设施建立一份资产目录清单。

为所有的儿童游乐设施做一个存货盘点，这样你就不会忘记对所有的儿童游乐设施进行安全检查了。

所有儿童游乐设施概览

序号	儿童游乐设施	购买日期	生产商的联系方式	保质期

- 步骤2：你要注意以下安全隐患。

你要检查室外区域是否安全，比如溜冰场以及每一个儿童游乐设施。

（1）螺丝是不是松了——螺丝绝对不能松动

你要关注凸起的钉子或松动的螺丝。孩子会因为它们受伤。你必须马上把螺丝拧紧。如果你自己不能操作，你应该让负责安全设施的同事或者维修人员帮忙。

（2）是否有存在安全隐患的零部件——这些可能有让儿童受伤的危险

比如说地板、多功能游乐设施的防护墙或木材部分存在裂缝吗？秋千的链条完好吗？被作为秋千座的汽车轮胎还能正常使用吗？你要立刻解决这些安全隐患。一个存在安全隐患的零部件是不能保证儿童游乐设施的安全性的。

（3）所有地面上的东西都没问题吗——请你关注地基

把你的目光放在地基上。地基的稳固确保设施的安全。地基如果存在安全隐患，会使儿童游乐设施侧翻。你要确保这些儿童游乐设施的稳固，最好做一个颠簸测试。

（4）木头上是否有小碎片——这些小碎片很小，但是会使人感到疼痛

儿童游乐设施的表面或者其他木材装置是否平滑？木材是否碎裂了？儿童很容易就因为这些小碎片而受伤。碎裂的木材或者表面粗糙的地方必须马上修复。锉刀和砂纸就能够磨平这些表面。

（5）所有用来坐的设施都没问题吗——关注座椅

检查座椅。是不是所有的座椅都没问题？坏的座椅可能会勾住孩子们的衣服，或者导致他们受伤。滑梯、秋千和跷跷板上的座椅都要检查。

（6）有障碍物妨碍运动吗

在设施的滑落区域和运动场地有障碍物吗？儿童在跑步过程中很容易被障碍物绊倒，所以运动场地和滑落区域必须保持无障碍物。你要检查是不是有误放进此区域内的三轮车或者手推车，在儿童来到室外玩耍之前把这里清理干净。

（7）还缺什么吗——所有零部件是否都齐全

游乐设施缺少某个零部件的话，很容易危害到儿童的安全。你要检查是不是所有的零部件都齐全。也许缺少防护墙，或者台阶缺了一级？儿童很容易从这里摔下去。如果有这样的情况，尽快通知儿童游乐设施生产商，并且向他们索要备用件。还要在设施旁放上一块红色的"禁止使用此设施"的标志，并且尽快修复。

（8）是不是都清理干净了——垃圾也能导致儿童受伤

室外是不是都被清理干净了？垃圾放入垃圾箱了吗？一片碎玻璃或塑料片都能让儿童受伤。沙子是否已倒入沙袋？儿童经常把沙子放入口中，这是很危险的。立即清除这些垃圾，在必要时把沙子换成其他东西。

核对清单能帮助你检查每一个儿童游乐设施。仔细检查每一个儿童游乐设施，是不是还有一些你在每次安全检查中都需要关注的重要检查对象？把它们添加到核对清单中，这样在下次安全检查时你就不会忘记了。

室外安全检查核对清单

请你检查以下项目						
1. 所有的螺丝、钉子都稳固吗						
2. 游乐设施所有的零部件都完好无损吗						
3. 地基稳固吗						
4. 木质材料的表面光滑、没有小碎片吗						
5. 所有的座椅都完好吗						
6. 在运动场所和下滑地有障碍物吗						
7. 所有的零部件都齐全吗						
8. 室外有垃圾吗						

- 步骤3：记录所有安全隐患

记录每一次安全检查，这样可以证明你定期进行了安全检查，并且解决了所有安全隐患。好好保存这份记录——至少要保存三年。如果请外面的专业人员来维修，向他要一份维修报告。你必须保证，你真的进行了维护，这份维护报告至少要保存五年。

安全检查记录模板

安全检查实施项目					
设施	有损坏吗	哪些损坏	严重吗	怎样解决	已解决

第五章　幼儿园安全工作

要点回顾

所有的都要考虑吗——围绕室外安全

对孩子来说，室外是最好的玩耍和活动空间。不过，最重要的是注意安全。为了防止意外事件，你必须竭尽全力规避风险。请考虑下面的安全措施。

1．防止意外——这是你应当承担的责任

作为孩子的照看者，你应竭尽全力防止意外的发生。你要立即解决所有安全隐患，并禁止存有安全隐患的设施使用。防止意外事件的发生同样属于对儿童的安全教育。你不必独自去完成这些工作，你可以从团队中获得有力的帮助，这样会让你的幼儿园变得更安全。

2．适用哪些法律规定——你要了解这些安全规定

你可以访问国家相关网站，了解相关的意外防护规定，并更好地理解这些规定。

3．新的儿童游乐设施的购买——关注这些质量标志

你在购买儿童游乐设施时要关注安全认证标志。所有带有该标志的儿童游乐设施都是经过有效的安全性测试的。每个儿童游乐设施都要具备诸如产品信息、安装说明、维护说明、使用说明、使用期限以及保修说明等信息。把这些材料交给管理员保管。在购买儿童游乐设施时，核对清单会对你有所帮助，让你和孩子更安全。

4．简单又安全——正确进行安全检查

安全检查既要求查明安全隐患，又要求查出设施损坏。首先对所有儿童游乐设施做一次盘点，并记入资产目录清单，不要遗漏任何一个设施。检查所有的儿童游乐设施，看螺丝是否松动，木板是否碎裂，是否有存在安全隐患的零部件。这样你就可以确定定期进行了安全检查并解决了所有安全隐患。有关事项你可以对照记录模板。

幼儿园外出活动的安全预案

比尔吉特·多布勒

动物园是孩子们非常喜爱的郊游地点，孩子们能近距离地观察大象、长颈鹿和狮子等。因为很多孩子只能从图画书里认识这些动物，所以这种经历对孩子们来说非常特别！

你作为幼儿园负责人，必须对这次活动进行周全的计划并负起完全的责任。下面的内容可以帮助你消除在法律问题上的不确定性并且为这次郊游做好充分的准备。这样的话，这一天的活动对你来说也会成为一个非常特别和愉悦放松的经历。

一、照料和看护职责—— 这两者在郊游中意味着什么

照料和看护职责意味着，要保证委托给你的儿童不受到身体上和心理上的伤害。关于看护责任的要求，与孩子们的年龄、身心发展阶段有关系。年幼的或者残疾儿童需要更精细的看护，而且不同的地点也会对你的看护职责产生影响。越多潜在危险的地方，你就越需要更加警惕。

在郊游中你对儿童的监护责任从幼儿园来到了街道上、公车行驶过程中和动物园内。请你好好地计划并为这次郊游做好准备。如果你清楚地知道如何处理危急情况，就不会感到不确定和缺乏安全感。

出发前与上级、家长和团队交流。在你计划郊游前需要和上级、家长还有同事们交流意见。这样你就可以消除家长和同事方面存在的不确定性。

第五章　幼儿园安全工作

以下的建议可以帮助你。

- 建议1：上级——在郊游中需要注意什么？

每个幼儿园都有一定的规章。需要确定的是，在这次郊游中应该如何处理出现的情况。这样可以帮助你更好地准备。你还需要明确郊游是否需要报告，哪些事情需要报告。

- 建议2：家长——怎样才能排除不确定因素？

在郊游前你需要通知家长。请你用家长信的方式通知，信中需说明你的详细计划，并且让孩子们参与到其中来。许多家长也非常乐意陪伴孩子们一同郊游。这对你来说是有益的帮助。

亲爱的家长：

　　终于可以出发啦！所有的孩子们已经期盼这次郊游很久了。在_____我们将带领孩子们游览动物园。

　　我们于_____（时间）在幼儿园集合，然后我们一起乘坐_____前往_____。

　　大约_____（时间）我们可以返回幼儿园。我们期待着_____小朋友与我们同行。为了让孩子们在这次发现之旅中吃好喝好，请您准备好早餐和饮品，放在孩子们的旅行背包中。

　　动物园的门票是每个孩子_____元。

（幼儿园领导签名）

回　执

我的孩子_____（□参加/□不参加）此次郊游活动。

关于照顾我的孩子的一些特殊情况说明：

日期：　　　　　　　　　　　　　　　　监护人签名：

> **建议**
>
> **为郊游做好准备**
>
> 你需要经常对孩子们进行交通教育,带他们散步和游览游乐场,并把这些活动展示给家长看,让他们确信自己的孩子为郊游做好了准备,这样他们就不会担心了。

- 建议3:团队——我怎样让同事们也做好准备。

你的团队应该都受过良好教育并且有能力全面照顾好孩子们。与同事之间的谈话是一个很好的准备,可以共同解决很多问题,而且大家一起确定的规定也更加保险。把这些规定写在纸上或者贴在布告栏上。重要的一条规定是,在郊游前必须检查急救装备是否完备或者如果儿童生病应如何应对。你应该提前声明哪些同事可以参与。各个班级的孩子们也可以打乱分组。这些规定可以帮助你为那些不可预见的事件做好准备。

二、一个良好的动物园计划——我要这样为郊游做准备

孩子们很期待郊游,所以你也应该意识到自己的职责。郊游给孩子们带来很多乐趣和生活体验,对于你和你的同事来说却是一个挑战。你应该在准备过程中注意哪些方面呢?

(一)所有的孩子你都熟悉吗

你和你的同事们认识所有参与郊游的孩子们吗?明确你需要的是什么,可以简化你的看护职责。请检查以下的几点。

- 你了解孩子的所有疾病或者是过敏情况吗?需要带哪些药品?
- 参与这次郊游的有残疾儿童吗?你需要做哪些防护措施?
- 是否有一些孩子行为较特殊,比如好动或者吵闹?
- 带上写有家长电话号码和地址的表。你要让家长们写上常用联系方

第五章　幼儿园安全工作

式，保证你可以全天联系到他们。

- 请你为手机充好电。这样你就可以在紧急情况下随时联系到家长。你也应该记住警察局的电话、火警和急救电话。

> **建议**
>
> **药品——必须经过家长认可**
>
> 只有在家长给你书面的剂量指导并提供书面许可的前提下，你才可以用药。当儿童在郊游过程中感觉不适时，你应该给家长打电话。当你无法联系到家长时，请立即带孩子就医。

（二）去动物园游玩的着装

你已经做好准备并要出发了吗？为了防寒你应该穿上毛衣、大衣和结实的鞋子。雨鞋、雨衣和雨伞可以帮助你对抗潮湿，帽子和轻便的衣服可以保护你的身体不受阳光的暴晒。你应该提前关注天气预报，并且告知家长他们的孩子在这次郊游中需要穿什么，带什么。这样在各种天气状况下，你都能游刃有余了。

当然了，为了准备得更为充分，食物和饮品是必需的。你应该提醒家长为孩子们准备一小份餐点和充足的饮品。

另外在孩子们的包上贴上写有名字、地址和幼儿园电话号码的标牌也是很有好处的。这样当有孩子走丢时，遇到他的人就可以知道，应该把他送回哪里。孩子们就可以被安全地带回来。

让孩子们穿同样颜色的毛衣、反光背心或者戴相同的帽子可以帮助你始终看到孩子们。你可以在动物园中很快地辨别出，哪些孩子是你带领的。

（三）在动物园中的急救以及上路和行为准则

你应该特别注意在往返动物园路上的安全防护措施。

1. 急救

在你带领孩子们上路前,应该为可能发生的急救状况做好准备。

在每次郊游时请你携带以下物品:急救箱、隔热板、呕吐袋、镊子以及用来放置有毒植物和小虫的小盒子。

如果被小虫咬了,你应该把该虫保管在一个盒子里。请你记录下日期和被咬孩子的姓名。这样,当有症状发生时,医生就知道病原体是什么了。他就可以很快地做出诊疗。这一条也适用于碰到有毒植物的状况。

2. 上路

上路前的准备是保障交通安全最重要的事,这样就会使一路的行程对孩子们而言也变为一种激动人心的经历。请你想到以下方面。

- 根据路线计划,始终按照正确的路线行走。

请你打印出路线计划并且很好地掌握路线信息。这样你就不会在往返的路上担心路线问题了,从而更好地将精力放在孩子们身上。

- 在动物园中乘坐电瓶车和小火车。

在公共交通中不一定需要把每个孩子都绑牢在座位上,但是应该保证每个孩子都有自己的座位。

- 选择小轿车作为交通工具。

当你使用比如小轿车这类的私人交通工具时,必须遵守交通规则,如按规定的乘车人数携带乘客。请你为所有孩子系牢安全带。低于150厘米和小于12岁的孩子需要一个儿童座位。请你确保携带的孩子们都能拥有符合自己身高和年龄的座位。

3. 动物园内的行为准则

请你了解清楚动物园的安全条例。请你和孩子们一起阅读条例,并且保证每个孩子都理解了所有条例。

- 请看管好孩子们,保证他们不翻过栏杆或者攀爬山崖,尤其是圈起来的区域。
- 请注意动物园中诸如草地、游乐场和类似场所对年龄的限制。
- 请不要大声喧哗打扰到小动物们,或者用物品戳刺动物。

第五章　幼儿园安全工作

- 未得到允许请不要随意给动物喂食。
- 请注意不要让孩子们走出游客通道。

> **建议**
>
> **让看护责任变得简单——将孩子们分组**
>
> 你可以把孩子们分成不同的组。在你们出发前，应该和同事们明确每个人负责看护哪些孩子们，然后分组行动。这样就简化了你的看护责任，因为不是每个看护者都需要同时看护所有的孩子。请你也要考虑到孩子们之间的友谊，以便更好地分组。

三、一切都记录了吗——在遇到意外损失情况时有确凿的证据

为了完满地履行看护责任，你必须要好好地为郊游做准备并且遵守法律规定。对于一切郊游活动，最重要的基础是不要因为粗心大意导致无法履行你的看护责任。

当你遇到意外情况而又能良好地履行看护责任时，没有人会因为该意外而指责你。请你尽可能地用书面形式记录比如说团队会议中涉及看护责任的内容或者相关同事间的对话。在郊游的过程中你也应当记录下你所采取的安全防护措施。

以下的检查表帮助你更好地来检查并且确保你已经在准备期间做好了所有的重要安全措施。这个表格也可以在将来的郊游中协助你。请你根据自己的情况自行补充或修改检查单。

动物园游览准备工作检查表

此次郊游的目的：	日期：	看护人：
以下方面需要注意	个人笔记	是否完成
1. 郊游的目的——我是否考虑到了此次郊游的年龄限制因素		☐
2. 此次郊游按照计划持续多长时间		☐
3. 撰写并且寄出家长信		☐
4. 打印路线图		☐
5. 携带急救箱		☐
6. 了解动物园的相关规定		☐
7. 需要使用交通工具吗？孩子们知道这件事吗		☐
8. 所有的孩子们都知道路上的安全行为准则吗		☐
9. 我还需要其他人员陪同协助吗？如果需要，是谁		☐
10. 我了解孩子们的疾病状况和过敏状况吗		☐
11. 准备家长通讯录（家长电话以及紧急情况下的电话号码）		☐

请你将写有看护职责的文件小心地放在文件夹中，并且装入以下的资料。

- 游览动物园准备工作检查表。
- 家长信和家长的参加同意书。
- 有关看护职责的团队会议或者同事对话的记录。
- 关于动物园郊游所共同确定的规定。

这样你就可以在意外损失情况时，证明你很好地履行了看护职责。

第五章　幼儿园安全工作

要点回顾

去动物园吧——但是要注意安全

为了让你和孩子们都可以在动物园郊游活动中感到愉悦，需要你为此好好准备。请提前了解，在路上和动物园中哪些安全措施是必要的。

已经周密思量过了吗？参照以下步骤，你就可以放松地游览动物园了。

步骤1：在出发前请对监护人、父母和你的团队进行一次宣讲，这样你就可以解决现有的问题并且消除不确定性。

步骤2：孩子们需要携带哪些物品和装备？请你提前收听天气预报，并且为家长们列出清单。

步骤3：请你为一切可能发生的意外情况做好准备，比如说请你带上急救箱。

步骤4：请你掌握好路线信息。请提前帮助孩子们练习好如何在乘车过程中遵守交通规则。

步骤5：请你了解动物园的规定并且提前告知孩子们。